今文《尚书》

汉字文化研究

翟明女 著

本研究得到江苏省社会科学基金课题『基于今文《尚书》的汉字文化研究』（编号：14ZWB004）、苏北发展研究院2020——2021年度研究课题、淮阴工学院博士科研启动费的资助。

江苏人民出版社

图书在版编目(CIP)数据

今文《尚书》汉字文化研究/翟明女著.—南京:
江苏人民出版社,2021.11
ISBN 978-7-214-26585-2

Ⅰ.①今⋯ Ⅱ.①翟⋯ Ⅲ.①中国历史-商周时代②
《尚书》-汉字-古文字-文化研究 Ⅳ.①K221.04
②H121

中国版本图书馆 CIP 数据核字(2021)第 194549 号

书　　　名　今文《尚书》汉字文化研究
著　　　者　翟明女
责 任 编 辑　金书羽
特 约 编 辑　张　欣
装 帧 设 计　许文菲
责 任 监 制　王　娟
出 版 发 行　江苏人民出版社
地　　　址　南京市湖南路 1 号 A 楼,邮编:210009
照　　　排　江苏凤凰制版有限公司
印　　　刷　南京新洲印刷有限公司
开　　　本　652 毫米×960 毫米　1/16
印　　　张　15
字　　　数　202 千字
版　　　次　2021 年 11 月第 1 版
印　　　次　2021 年 11 月第 1 次印刷
标 准 书 号　ISBN 978-7-214-26585-2
定　　　价　78.00 元

(江苏人民出版社图书凡印装错误可向承印厂调换)

序

　　《今文〈尚书〉汉字文化研究》成，将付梓，翟明女请我写个序，义不容辞，欣然应允。

　　翟明女入学前就研读过《尚书》，并在淮阴工学院开设过"《尚书》阅读和研究"课程，在我所有的博士女弟子中是唯一的，既无前行者，亦无后来者。《尚书》佶屈聱牙，人皆畏而远之，她却敬而爱之，非常之人方为非常之事，或以为奇。翟明女天资聪颖、思维敏捷、勤学好问，自然成绩优异。兼之行事果断、干净利落，举止有矩、言行得体，学院每每请她应对来客，客人常常好评有加。她读博期间先后主持学校的科研管理和党办校办的相关负责工作，又是父母的女儿、女儿的母亲、丈夫的妻子，角色转换，寒来暑往，辛苦异常，但她能享受工作、学习和生活的紧张，张弛有度、相得益彰。她的博士学位论文选题源于她自己主持的一个江苏省社会科学基金项目，而这第一部学术专著又基于她的博士学位论文。我见证了她博士生学习的全过程，是她博士学位论文的指导者，也是她第一部著作的第一个读者，心中甚喜。

　　《尚书》为"政书之祖、史书之源"，上自原始社会末期的唐尧，下至春秋时期的秦穆公，记录了上下数千年重要的历史人物和历史事件。它是中国古代社会的一面多棱镜，折射出华夏古老文明璀璨的不同侧面，产生了极为深远的文化影响。作为中华民族精神支柱的优秀传统文化,其肇端于尧舜禹时代,发展于夏商周时期。《尚书》与我国传统文化中诸多元素的形成与发展关系极为密切,承载着中国前"轴心期"(axial period)的文化形态,保存着优秀传统文化最为系统丰富的始创性论述。

汉字,是华夏文明最显著的标识,是优秀传统文化中极富魅力的重要组成部分。它既是华夏文明的密码,又是打开优秀传统文化宝库的钥匙。汉字是独特的表意体系的文字,"字里有乾坤""一字一世界",其形音义及其发展演变蕴藏着复杂而神秘的文化信息。《尚书》是汉字记载的最早的政史资料汇编,不仅保存了汉字有些现已湮没无闻的构形义,也展示了汉字形音义演绎的各种路向。学术界公认可信度极高的今文《尚书》正是开展汉字文化研究不可多得的语言材料。因而,《今文〈尚书〉汉字文化研究》的选题既前沿新颖,又具有重要的理论价值和实践价值。

《今文〈尚书〉汉字文化研究》立足《尚书》为政事史料的文本性质与"敬天""明德""慎罚""保民"等核心思想,采用定量与定性相结合的研究方法,先对今文《尚书》的文化负载字进行"竭泽而渔"的全面梳理和分类整理,再选取最能代表《尚书》文化特质又极具现代意义的"天""德""罚""民""酒"等汉字,进行"窥斑见豹"式的系统分析和专题研究。全书自此至彼,由表及里,层层深入,尽力探究这些代表字形义演变的历史轨迹及其承载的不同文化信息,以期在《尚书》汉字文化研究的系统性、方向性等方面筚路蓝缕、开拓创新。此外,全书理念新颖、思路清晰、观点正确、方法科学,既超越了传统的考据之学,又显现出当代学术研究之趋势,可为上古典籍的汉字文化研究提供一种新的范式。

研究表明,今文《尚书》八成左右的"天""德""罚""民""酒"均出现于《周书》中。从《虞夏书》至《商书》再至《周书》,"天""德"的意义均呈现出越来越丰富的内在张力,其中"老天""道德"之义始终为核心字义;"罚"几乎涵盖从本义到引申义的所有义项,"处罚、惩罚"为基本字义;今文《尚书》中的"民"没有本义"奴隶"的语例,字义均为引申义,以"庶民"义为主;"酒"有名词"酒"与动词"饮酒"两种用法,前者居多。李唐以降,堪称《尚书》经典训诂之作的唐孔颖达《尚书正义》、宋蔡沈《书集传》和清孙星衍《尚书今古文注疏》,既各自独立,又互为补充,共同构建了《书》学阐释的庞大话语体系。考察三者对"天""德""罚""民""酒"的相关训诂,比较分析,或可揭示汉语文化负载字系统形成的内部机制和外部原因。

今文《尚书》中"天"字共 184 见,反映了中华文化传统中"天"文化的构建过程。其意义有自然之天、神化之天和意志之天等。《虞夏书》《商书》主要把"天"看成是世人必须绝对服从的万物主宰;《周书》在敬天的同时,强调人为,力推明德尚德,关注民情民意。今文《尚书》"敬天"文化主要包括君权天授、行由天命、天监下民、天意可察、天命无常五方面,影响民族文化史极为深远。

今文《尚书》中"德"字共 116 见,《周书》凡 88 见。其意义有本义"升、登"、假借义"道德"、内化的"美善"、外化的"德政""贤人"等。今文《尚书》中的"德"总体上呈现出明显的褒义化倾向,而作为我国尚德文化源头的"明德"思想亦愈显清晰。《尚书》"明德"文化通过儒家的规范得以升华,明德尚德逐渐成为中华文化的显著标识。

今文《尚书》中"罚"字共 48 见,《周书》凡 41 见。其意义有罪、罚金、惩罚、刑罚四个义项。今文《尚书》"慎罚"文化主要包括敬畏刑罚、先教后罚、采用中罚、该轻则宽、当罚必严五个方面。"慎罚"是儒家刑罚思想的滥觞,后来逐渐形成了"德主刑辅"的基本架构,成为中华法系的基本特质。

今文《尚书》中"民"字共 187 见,《周书》凡 144 见。其意义有庶民、臣民、人三个义项,以"庶民"为多。今文《尚书》在天的视域下审视"民",从超验的维度解答了执政者保民的必要性和重要性。今文《尚书》"保民"文化着力从君与臣两个主体推动商周文化由"神本"向"民本"方向转变。

今文《尚书》中"酒"字共 16 见,其中有 13 次见于我国第一部禁酒令《周书·酒诰》。周初,酒被赋予新的内涵,成为关系王朝兴亡、个人命运、国计民生之物,当然也是饮而勿醉的祭祀之物、其乐融融的孝亲之物、饮而可醉的进献之物。周公的禁酒,体现的是理性对反理性的遏制而非剿灭,充满了浓厚的人文理性。

比较《尚书正义》《书集传》《尚书今古文注疏》对今文《尚书》中"天""德""罚""民""酒"的相关训诂,或可得知,时代发展,观点更新,文化对语言的干涉从更为广阔的范围更加深入。自唐至宋迄清,《尚书》"天""德""罚""民""酒"构字理据的象形意义和自然属性日渐式微,文字的理性意义和文化属性日益强化。

《今文〈尚书〉汉字文化研究》从"天"字开始论述,逐步过渡到对"德""罚""民""酒"的分析,体现了一种逻辑上的体系性。天生万事万物,自然之天当可神化人化。"德者,得也。"德配天方能得,"德"也就具有合法性。"罚"列"德"后,恰恰体现了二者之间的辩证关系,即德治法治,德主罚辅,相辅相成。"天"为民主,"民为邦本";德罚兼施,"本固邦宁"。"天""德""罚""民"属于观念形态的范畴,"酒"为日常生活之物。文化负载字的意义范围包含这两个方面,"酒"亦是沟通二者的中介。禁酒令体现"天"的意志,需要德罚相辅,方能利民,化解理性与非理性的对立,凸显先秦文化中的人文精神,形成源远流长的酒文化。全书构思精巧,展现了一个首尾呼应的逻辑圆环,且叙述平实、考据扎实、分析缜密、论证充分。

无可讳言,任何著述都不可能十全十美,《今文〈尚书〉汉字文化研究》亦然,后续相关研究尚有拓展空间,在此略述一二。

一是可以进一步扩展研究范围。今文《尚书》是比较可靠的商周遗文,但"晚书"也有极高的史料价值和文化价值。"晚书"的文化负载字更为丰富,研究"晚书"的文化负载字以及历代训诂,在很大程度上可以补充今文《尚书》文化负载字研究的不足。另外,今文《尚书》文化负载字还有很多,诸如,"和"有27见,"中"有41见,"帝""王"分别为93见和278见,"礼"有11见,"元"有20见,"玉"有13见。这些都是值得关注与研究的汉字。系统设计,分类、分层、分级、分阶段选取代表性汉字,进而扩展到对《尚书》以外典籍的文化负载字的研究,不仅可以构建《尚书》的文化概念和文化观念体系,还可以构建整个上古的文化概念和文化观念体系。

二是可以积极尝试汉字文化研究的国际化。早在 17 世纪,《尚书》就被译为拉丁文,此后又陆续被译成法文、英文、俄文、韩文、越南文、蒙古文等十余种文字。《尚书》曾经是东亚汉字文化圈各个王朝的共同政治教科书。关注《尚书》文化负载字的对译,不仅可以开辟中华经典汉字文化研究的新领域,有利于中国文化的国际传播,还可以增进世界命运共同体的文化交流,有利于凝聚各国人民的文化共识。

文字是人类告别愚昧的火炬,走进文明时代的灯塔。汉文化研究者与域外文化研究者可以联合起来,共同开展相关典籍的文化负载字研究,共同建立一个美好的世界,共同开创一个美好的未来。

翟明女博士爱《书》,道义在肩,难能可贵。惟望不忘初心、砥砺前行,理当可见红日喷薄、前程锦绣。

斯为序。

钱宗武
庚子腊月于广陵京华城

目 录

绪　论

　　我国古典文献最重要的部分是儒学元典，儒学元典中最重要的著作是《尚书》，又称《书》《书经》。唐代刘知几《史通》云："夫《尚书》者，七经之冠冕，百氏之襟袖。凡学者必先精此书，次览群籍。"[①]清代段玉裁也指出："经惟《尚书》最尊。"[②]

　　《尚书》，即"上古之书"（汉代孔安国《尚书序》），是上古时期历代史官编撰的君王的文告和君臣的谈话记录，也是我国最早的政事史料汇编。它是当时王室所藏的官方文献档案，大约在先秦就已经有了定本。《尚书》虽非成于一人、一时，但经过后人的重新删编，已经成为一部前后连贯、思想统一的整体性著作。作为儒家经典之尊，《尚书》记载的内容带有浓厚的儒家政治文化理想。而且，"经学者考订这些内容是由春秋时代或战国时代，有的甚至是秦代所编辑整理，当然不免留存着辑录年代的印记，但《尚书》仍然是一部我们研究三代的十分珍贵的历史文献，是我们考察先秦三代的政治、经济、文化、哲学、文学所不可或缺的重要资料，也是儒家经典中的重要内容，一直为历代统治阶级和知识分子所

---

① （唐）刘知几：《史通》卷四《断限》，长春：时代文艺出版社 2008 年版，第 52 页。
② （清）段玉裁：《古文尚书撰异·序》，上海：上海古籍出版社 1996 年版，第 1 页。

必读的重要政治教科书"①。《尚书》是语料价值与史料价值均极高的历史文本，"从根本上说还是客观世界的反映，说到底应该是历史本身发生了变化。直接、真实和系统地录下这种嬗变及其意识形态，使《尚书》富有有字可征的思想史滥觞价值"②。

《尚书》在先秦时代已经是当时其他书籍尤为青睐的援引对象。陈梦家先生说："《尚书》是我国古代最重要的一部经典"，"先秦士大夫著书立说皆视为古典的训诂而加以援引"③。据他的《尚书通论·先秦引书篇》的统计，《论语》《孟子》《左传》《国语》《墨子》《礼记》《荀子》《韩非子》《吕氏春秋》9 种先秦书籍共引《书》168 条。其中，《论语》有 3 次提到《书》，《韩非子》引《书》仅 1 见，其他 7 种书引《书》较多。作为我国政书之祖，《尚书》是治国安邦的重要参考，明太祖朱元璋曾专门命令儒臣把《尚书》中的一些重要篇章"揭于御座之右，朝夕观览"④，"书于殿壁，朝夕省阅"⑤。即便如今，《尚书》中的一些经典语句还常被领导人引用。

《尚书》的内容历史久远，影响深远。"尧舜时代是中华早期文明产生的时代，是华夏集团形成与连续性——从尧到舜到禹的发展时代，处于中华文明史的开端阶段。"⑥夏商周三代，出现了被孔子称为"三代之英"（《礼记·礼运》）的禹、汤、文、武、成王、周公六君子，其中，周公旦是西周礼乐典章法度的制作者。周礼在夏商的基础上制定，丰富多彩得令孔子向往："周监于二代，郁郁乎文哉！吾从周。"（《论语·八佾》）我国的传统文化，发端于遥远的夏商周三代，尤其是西周时期。所以，《尚书》与我国传统文化中诸多元素的形成与发展关系极为密切。它所承载的是

① 王定璋：《从敬天保民到敬德保民——〈尚书〉中神权政治的嬗变》，《天府新论》1999 年第 6 期，第 77 页。
② 刘挺生：《从测天到治人——〈尚书〉与中国古代治安思想探源》，《华东师范大学学报（哲学社会科学版）》1999 年第 1 期，第 27 页。
③ 陈梦家：《尚书通论》（增订本），北京：中华书局 1985 年版，第 6 页。
④ （明）胡广等：《明实录·明太祖实录》卷一八〇，上海：上海书店出版社 1984 年版，第 4 页。
⑤ （明）余继登：《典故纪闻》，北京：中华书局 1981 年版，第 96 页。
⑥ 张碧波：《中华早期文明的文化人类学考察——读〈尚书·尧典〉》，《学习与探索》2005 年第 1 期，第 138 页。

德国思想家卡尔·雅斯贝斯(Karl Jaspers)提出的人类"轴心期"之前的文化形态①,"于传统文化诸元素之始创性论述最为广泛丰富,是华夏文明一些重要思想、理论、概念、观点的渊薮"②。历史学家顾颉刚先生甚至认为:"《尚书》一书可说牵涉到全部中国古代史,以至影响全部中国史。"③

以汉字"华"为例,它在今文《尚书》中一共出现了五次:

(1) 予欲观古人之象,日、月、星辰、山、龙、华虫,作会(《皋陶谟》)

(2) 华阳、黑水惟梁州(《禹贡》)

(3) 西倾、朱圉、鸟鼠至于太华(《禹贡》)

(4) 南至于华阴(《禹贡》)

(5) 牖间南向,敷重篾席,黼纯,华玉,仍几(《顾命》)

例(1)是舜和禹讨论君臣之道时,禹建议舜要谨慎对待在位的大臣,舜表示赞同,认为大臣是得力的助手。比如,当舜想在衣服上展现图案时,大臣就将日、月、星辰、山、龙、雉六种图形绘在上衣上。其中,雉是华虫。

中间三例均出自《禹贡》。例(2)介绍了梁州位于华山的南部到怒江之间。华阳即华山的南面。例(3)讲的是大禹治山,从西倾山、朱圉山、鸟鼠山到太华山都得到了治理。其中太华是山名,即华山。例(4)是讲禹疏导黄河。通过治理,黄河从积石山开始,流向龙门山;再向南到达华山的北面;然后向东、向北,分成九条支流,再会合成一条逆河,流入大海。其中华阴指华山的北面。

例(5)出自《顾命》。周成王临终前命令召公、毕公率领诸侯辅佐周康王,第二天就逝世了。太子钊主持丧事,在祖庙接受册命仪式。《顾命》详细叙述了祖庙中的陈设。其中,门窗之间朝南的位置,铺设着双层

---

① [德]卡尔·雅斯贝斯著,魏楚雄、俞新天译:《历史的起源与目标》,北京:华夏出版社1989年版,第8页。

② 钱宗武:《〈书〉学大道 必兴中华》,《光明日报》,2016年5月23日,第16版。

③ 刘起釪:《古史续辨》,北京:中国社会科学出版社1991年版,第382页。

竹席,镶饰着黑白相间的丝织花边,陈设彩玉、几案。文中的华玉即彩玉。

尽管"华"字在今文《尚书》中出现的次数不多,但已经可以看出其在词汇学和语法学方面的一些特点:从构词能力来看,"华"是一个不能单独成词的语素,必须与其他语素组合成复音词,在今文《尚书》中主要是偏正型的双音词。它可以承担所组词的部分基本意义,位置自由,可以前置,也可以后置。前置时,与"阴、阳、虫、玉"搭配,形成"华阴、华阳,华虫、华玉"的组合;后置时,与"太"搭配,形成"太华"组合。从词性来看,它可作名词、形容词。"华阴、华阳、太华"中的"华"都是名词,"华虫、华玉"中的"华"都是形容词。从意义来看,它可作山名,也可表示"五彩的""多彩绚丽的""彩色的"。"华阴、华阳、太华"中的"华"都是山名,指"华山","华虫、华玉"中的"华",指"五彩的""多彩绚丽的""彩色的"。华玉即五色玉,郑康成曰:"华玉,五色玉也。"五彩是白、青、黑、红和黄色,从五行学说上讲,分别代表金、木、水、火、土,也可泛指各种颜色,如五彩缤纷、五彩斑斓等。"五行"是在后代形成概念系统的。从"华"的意义可以看出,"五行"这个重要的概念在《尚书》中已经出现了雏形,本指自然界金、木、水、火、土五种基本物质。汉代学者用"五行"解释一切自然现象和社会现象,从而构成了中国古代历史哲学体系,形成了宣扬"天人感应"的神学史观。"五行"思想后来发展为"相生""相克"两种逻辑体系,相反相成、变化无穷,无所不能、无所不在,渗透到社会的各个领域。

"一字一世界",汉字是中国传统文化的重要载体,自身也蕴藏着丰富的文化内涵。"一滴水可以折射出太阳的光辉",今文《尚书》中的每个汉字因其所在文献均熠熠生辉。从汉字文化的角度来看,"华"字反映了非常丰富的文化学意义,主要有以下三点值得关注。

一是"华"是"花"的本字,古代"华""花"通用。"华"(華)本是个象形字,甲骨字形像一棵树上满是花枝的样子,本义是树木开花,引申为花朵。因篆文加上"艸"(草),也就变成了一个会意字。《说文解字》:"華,榮也。从艸,从𠌶。""华"字有"花"这一义项,如《诗经·周南·桃夭》中

"桃之夭夭,灼灼其华。之子于归,宜其室家",以桃花起兴,开篇讲的就是桃花盛开、色彩明艳,与新娘两相辉映,烘托了一种欢乐热烈的婚庆气氛。

二是山名"华"源于"花"。华山,又称太华山,因其西有少华山,故称太华。《山海经·西山经》:"又西六十里,曰太华之山,削成而四方,其高五千仞,其广十里,鸟兽莫居。"华山是古代五大名山"五岳"中的西岳,在今陕西省华阴市南。"华山"的得名有两种说法,一说是因远望其形如花得名,一说是因其山顶池中生千叶莲花得名。可见"华山"之"华"虽读为去声,其义源自"花"。"华阴、华阳"分别指华山的北面、南面。"山南水北为阳,山北水南为阴"的说法,与我国处于北半球的地理位置有关。山的南面阳光很容易照射到,所以为"阳",而山的北面阳光不容易照到,所以为"阴";水在山间流淌,其南面一般都被大山遮住,阳光不易照到,所以为"阴",反之其北为"阳"。华阴位于陕西省,本是春秋晋地,战国魏地,纳于秦后惠文王改名为宁秦,汉高祖八年(前199年)改称华阴,故城在今县东南。华阳,地名,今陕西省商县地,秦宣太后弟曾封华阳君,昭王曾立太子爱姬为华阳夫人。山水附近的地名由山名或水名加"阴"或"阳"字组成很常见,如衡山之南的衡阳、长江之南的江阴等。

三是以"华"修饰之物象征尊贵。"华"的本义引申出"多彩"之义。如《艺文类聚》卷九一引三国魏钟会《孔雀赋》"五色点注,华羽参差"。华丽多彩之物可显尊贵,在古代很受重视,所以"华虫"绘在上衣上,"华玉"陈于祖庙中。《说文解字》:"有足谓之虫。"《礼记·月令》:"虫是鸟兽之总名也。"汉郑玄注《周礼·考工记·画缋》认为"所谓华虫,在衣,虫之毛鳞有文采者",即"五色之虫"。唐孔颖达疏《礼记·王制》:"华虫者,谓雉也","雉是鸟类,其颈毛及尾似蛇,兼有细毛似兽",认为华虫就是雉,即人们俗称的"野鸡"。华虫也称"赤鷩",即红腹锦鸡,羽毛鲜亮、兼备五彩。华虫是中国古代的服饰等级标志十二章纹之一,通常为羽毛五色的雉鸡,甚美,取其有文采之意,象征文采昭著,常被绘于古代冕服上。华玉,彩玉,又称"五色玉"。"玉得五色沁胜得十万金、千金难买五色玉",

玉经地下埋藏,渐渐会自然演化出各种沁色,一般有两三种,好的有五种,极为珍贵。所以,《顾命》中,太子钊主持丧事,在祖庙接受册命仪式时,华玉成为祖庙中的陈设之一。

《今文〈尚书〉汉字文化研究》将今文《尚书》、汉字文化结合起来,研究视角较新。具体来讲,本书以汉字文化为研究对象,以今文《尚书》为研究文本,探究今文《尚书》中代表性汉字形义演变所携带的文化信息、汉字在今文《尚书》中的用法与意义、汉字所承载的文化信息以及唐宋清经典训诂所反映的文化信息等,以期在基于古典文献的汉字文化研究的系统性、理据性、示范性方面有所建树。

一、今文《尚书》的流传与汉字文化的内涵

在传世文献中,《尚书》的流传最为复杂,既有今文本,又有古文本;既有失而复得,又有得而复失。据传,孔子曾经删定《尚书》为120篇,但秦始皇焚书与秦末战火的浩劫让《尚书》散失了不少篇什。

(一)今文《尚书》的流传

汉代时,秦朝博士官山东济南人伏生于秦始皇焚书时收藏保存下来《尚书》28篇,在汉惠帝刘盈取消禁书令后,他就用这28篇在齐鲁地区讲授。这个传本是秦王朝官方定本,已根据秦始皇统一文字的诏令用秦的隶书(秦隶)改写过,汉承秦制,隶书仍然是汉代日常通用文字(汉隶),故称为今文《尚书》,也称伏生本。汉文帝刘恒发现皇家藏书中没有《尚书》,因民间唯一讲授《尚书》的伏生年事已高无法应召入朝,遂令时任太常掌故的晁错去向伏生学习《尚书》。晁错转抄伏生本28篇带回朝廷,收入皇家书库。后来,朝廷又从民间求得一篇《泰誓》,也编入伏生本。这29篇便是汉代的官方定本。西汉时期,传授伏生本今文《尚书》的主要是欧阳高、夏侯胜、夏侯建三家,他们被称为今文学家,大多有政治势力,形成了始终处于统治地位的《尚书》今文学派。他们注重阐述微言大义,解说烦琐,且严守家法师法。今文《尚书》在西汉长期立于学官,作为国家规定的研究和讲习科目,终汉一代,一直是官方规定的标准读本。

东汉末年,朝廷把立于学官的今文学派各经刻在石碑上作为范本,昭示天下,这就是有名的"汉石经"。"汉石经"因于汉灵帝熹平四年(175 年)开工,又称"熹平石经";因只用了隶书一种字体,又称"一体石经"。今文《尚书》曾流传了 100 多年,然而,遗憾的是,经西晋永嘉之乱后,各个版本均不幸失传。

东晋初年,汝南(今湖北武昌)豫章内史梅赜向朝廷献出所谓孔安国《孔传古文尚书》58 篇,其中 33 篇的内容与伏生本今文《尚书》28 篇相同,只是分篇有所区别,多出的 25 篇后来被称为"晚书"。从东晋至隋唐,绝大多数学者坚信梅赜所献正是失传的孔壁本古文《尚书》与孔安国作的传。唐太宗时,冀州衡水(今河北衡水)孔颖达以其为底本撰《尚书正义》,宋代时被编入《十三经注疏》,有幸流传至今。然而,从南宋初年开始,就有学者陆续开始怀疑"晚书"的真实性,并展开了相关的论证研究,至清代山西太原阎若璩写出《尚书古文疏证》,《孔传古文尚书》作为伪书成为历史定案,因此被学术界称为伪《孔传》。然而,值得注意的是,伪《孔传》并非全伪,而是真伪相杂,其中与伏生本内容相同的 33 篇被后代学者一致认定为源于伏生所传,是真实的文献,这也就是留存至今的今文《尚书》,通常称为"今文《尚书》二十八篇"。清代和近现代学者多注重研究今文《尚书》,因为"今文《尚书》是学术界公认比较可靠的商周遗文,有极高的语料价值和史料价值"①。

(二)汉字文化的内涵

短语"汉字文化"向内看可以有两种语法学的解构:一是"(汉字)文化",即"汉字的文化";二是"汉字+文化",即"汉字与文化"。前者属于偏正短语,"文化"是中心语,"汉字"是修饰"文化"的定语;后者属于联合短语,"汉字""文化"二者是并列关系。前者属于本体论;后者属于关系论。

1. 学术界的主要观点

汉字是一种表意文字,它的结构单位本身没有语法的变化。它是适

---

① 钱宗武、杜纯梓:《尚书新笺与上古文明》,北京:北京大学出版社 2004 年版,第 338 页。

应汉语的需要而产生的,是一种成熟的完善的文字体系,在商代后期甲骨文时代基本形成,周秦之交完全形成。对于"汉字文化"的内涵,学术界意见不尽统一。归纳起来,主要观点有以下五类:

一是汉字文化有宏观、微观之分。宏观上汉字文化指汉字的起源、演变、构形等基本规律所体现的文化内涵;微观上汉字文化指汉字自身所携带的、通过构意(原始的造字意图)体现出来的各种文化信息。微观的汉字文化是宏观上汉字文化存在的基础。

二是汉字文化重在汉字形体结构历史演进所反映的文化。汉字文化以汉字字形及其构形系统为中心,既可以从汉字共时的形体结构特点入手进行静态的文化分析,也可以从汉字历时的形体体系特点入手进行动态的文化分析。黄德宽先生认为,对汉字文化的研究,"汉字形体结构历史演进的展示,应成为一条贯彻始终的主线"[①]。

三是汉字文化是汉字基础上的古今中外文化。汉字文化包括汉字中的古代文化内涵、人们对汉字的研究所形成的文化现象、以汉字为基础的中国文化以及其他使用汉字的各民族、国家和地区的文化。

四是汉字文化涉及面很广泛。汉字文化主要体现在汉字的产生与演变、结构与使用、形体与欣赏以及如何认识汉字、怎样使用汉字、用什么态度对待汉字等若干方面。

五是汉字文化是一门以汉字为核心的多边缘交叉学科。汉字文化这一学科的主要任务是从汉字入手研究中国文化,从文化学的角度研究汉字,抑或是探究汉字自身构成与种种文化现象相联系的规律和内容。

2. 本研究的界定

汉字作为一种符号,在从古至今的发展变化历程中,蕴含、体现着大量文化信息。汉字作为一种跨越时空的载体,记载我国文明史大约已有3 000年之久,因而有效保存、流传了我国悠久的古代文明。基于这样的

[①] 黄德宽:《多层次展现汉字文化的独特魅力》,《郑州大学学报(哲学社会科学版)》2005年第5期,第11页。

认识,结合学术界对于"汉字文化"内涵的主要观点,本研究综合了短语"汉字文化"内部两种语法学的解构,认同"从汉字入手研究中国文化"的观点,也赞同"微观的汉字文化是宏观上汉字文化存在的基础"以及汉字"形体结构历史演进的展示,应成为(汉字文化研究)一条贯彻始终的主线"等观点。同时,本书还从汉字训诂的角度对"汉字文化"现有的学术观点进行了补充,因而,对"汉字文化"内涵的界定采取了较为宽泛的标准,即:

　　本研究从汉字入手研究中国文化,根据汉字形体结构的产生与演变、汉字在今文《尚书》中的使用与训诂等情况,全面系统地分析汉字自身所携带的文化信息、汉字历史演进所蕴含的文化信息、汉字在今文《尚书》中的使用与训诂所反映的文化信息,进而深入研究与别样展示我国一些独具魅力的文化现象。

二、研究意义

　　今文《尚书》汉字文化研究不仅具有重要的理论意义,更具有很强的实践意义,有利于挖掘、继承、弘扬中华优秀传统文化,有利于探索汉字文化研究的新途径,有利于探索今文《尚书》研究的新途径,有利于各级各类的汉字教学。

(一)有利于挖掘、继承、弘扬中华优秀传统文化

　　英国社会人类学家马林诺夫斯基(Malinowski)于 20 世纪 30 年代著《文化论》(*A Scientific Theory of Culture*)一书,把文化分为物质的和精神的两大类型,具体包括物质设备、精神方面的文化、语言、社会组织四个方面。他认为:"人的物质设备:举凡器物,房屋,船只,工具,以及武器,都是文化中最易明白,最易捉摸的一方面。它们决定了文化的水准,它们决定了工作的效率。""这部分是包括着种种知识,包括着道德上,精神上及经济上的价值体系,包括着社会组织的方式,及最后,并非最次要的,包括着语言,这些我们可以总称作精神方面的文化。只有在人类的精神改变了物质,使人们依他们的理智及道德的见解去应用时,

物质才有用处。"①精神文化是深层次的文化。汉字文化就属于精神层面的文化,它蕴含于汉字的形义之中。汉字,是人们记录、交流信息的重要符号,是中国古代文化的活化石,是中华民族、中华文明的显著标识,是中国文化中最富特色与魅力的重要组成部分。汉字文化犹如浩瀚的海洋,博大精深不易把握,而今文《尚书》所收文献时间早、跨度大、可信度高、内容成篇,是开展汉字文化研究上好的取样对象,它的字里行间折射着中国古代文化丰富多彩的不同侧面,华夏文化史中上古一段的文化来源都能从中找到依据。因此,对今文《尚书》汉字文化的研究是挖掘、继承、弘扬中华优秀传统文化的一种新的尝试,恰如取海水之一瓢,相关汉字如水之一滴,折射出璀璨的华夏文化。

(二)有利于探索汉字文化研究的新途径

20世纪20年代,王国维先生倡导"二重证据法",指出:"吾辈生于今日,幸于纸上之材料外,更得地下之新材料。由此种材料,我辈固得据以补正纸上之材料,亦得证明古书之某部分,全为实录,即百家不雅驯之言亦不无表示一面之事实。此二重证据法,惟在今日始得为之,虽古书之未得证明者,不能加以否定,而其已得证明者,不能不加以肯定,可断言也。"②"二重证据法"在古代文化研究领域被奉为圭臬,至今仍起着指导作用。这种方法高度重视语料的真实性,而今文《尚书》正是可信度极高的遗文,是汉字文化研究的上乘语料。汉字文化的研究任重道远,基于以今文《尚书》为代表的古典文献进行汉字文化方面的研究是一条十分有效的途径。这种研究方法的优点显而易见。一是可操作性强,体现在古典文献的确定与选择相对比较容易,汉字选择与统计的范围相对封闭而自成系统。二是文化信息丰富,体现在汉字本身的形体及其演变承载着文化信息,历代训诂反映着文化信息,汉字所在的古典文献也能够提供较为丰富的文化信息。三是能以点带面,体现在研究方法可以在不同

---

① [英]马林诺夫斯基著,费孝通等译:《文化论》,北京:中国民间文艺出版社1987年版,第4—5页。

② 王国维:《古史新证——王国维最后的讲义》,北京:清华大学出版社1994年版,第2—3页。

的古典文献间推而广之,研究成果既具有代表性,又具有普遍意义。尽管学术界已经关注这种研究方法并做了一些尝试,但总体看来,截至目前,这方面的研究成果依然非常薄弱,亟待进一步开展。

（三）有利于探索今文《尚书》研究的新途径

研究今文《尚书》的文献相当丰富,自 20 世纪 80 年代以来,相关著作有近 30 部,相关论文有近 100 篇。但是,书籍多为考证之作,其次为研究其语法、词汇的著作;论文主要集中于对其词汇的研究,约 50 篇,其次是对其语法的研究,有 10 多篇。对其文字、文化方面的研究很少。因此,对今文《尚书》汉字文化的研究是对今文《尚书》研究新途径的一种可行的探索。

（四）有利于各级各类的汉字教学

东汉著名经学家、文字学家许慎《说文解字·序》有言:"盖文字者,经艺之本,王政之始,前人所以垂后,后人所以识古。"①他明确指出了文字对人类思想文化的承载、传承功能。汉字不仅仅是一个个共时的、平面的、纯粹的字符,它还是一个个历时的、立体的、文化的载体。充满文化气息的汉字教学是富有生命力的,将会给学生留下深刻的印象,提高学生汉字学习的兴趣与效果。这一点毋庸置疑,所以学术界从教育教学角度开展的汉字文化研究不少,相关著作有数部,相关论文有 20 多篇,有的从教育改革的高度进行倡导,有的源于教学一线的实践与体会,有的侧重于对外汉语的汉字教学等。通过对今文《尚书》汉字文化的研究,我们可以进一步加强汉字教学,主要包括汉字形、音、义、用以及发展演变等方面的教学,这对各级各类的汉字教学都具有很强的现实意义。

三、研究现状

《尚书》研究一直是中国古典经学关注的一个热点,历代学者对《尚书》的形成、训诂、流传等学术问题进行了持续不断的研究,逐渐发展成

---

① （汉）许慎:《说文解字》,长沙:岳麓书社 2006 年版,第 316 页。

为一门研治《尚书》的专门学问——《尚书》学。

自 20 世纪初,人们就开始对汉字文化进行有意识的研究。很多研究者"开始根据甲骨文、金文字形来探索古代历史,对史前社会、殷周社会的各种文化现象做出种种推测,或是与史书相印证,或是提出新的看法、做出新的解释"①。随着时代的快速发展,社会对汉字文化的研究,不断给予高度重视。很多学者积极开展研究,取得了令人振奋的成果,相关著作有近 40 部,相关论文有近 400 篇,相关学科的建设也相应推进。

然而,我们也发现,截至目前,学术界对于《尚书》文化的单一研究较多,但对汉字文化研究的规律性、系统性不足,显得随意、散乱,研究尚有很大的提升空间。此外,学界对《尚书》汉字文化的研究虽已略有涉及,但纯粹基于今文《尚书》的相关研究明显欠缺。

(一)《尚书》研究现状

近年来,随着大批商周甲骨文、金文地下资料的发掘,特别是战国竹简中《书》类文献的不断整理发布,并与传世文献相结合,学者们对《尚书》具体问题的研究越来越广泛,研究文籍汗牛充栋、博大精深,极大地推动了《尚书》学研究。《尚书》学研究涉及《尚书》出土文献、政治、思想、哲学、训诂、考证辨伪、学术史、语言学、文化学以及域外传播研究等多个领域,既反映出《尚书》学研究的新进展、新路向,又反映出发掘经典国学新价值的时代诉求。

王连龙在《近二十年来〈尚书〉研究综述》一文中,从综合性研究、注译研究、年代等问题研究三方面,综合评述了 20 世纪 80 年代以来的《尚书》代表性研究成果。在"《尚书》年代等问题研究"部分,作者对《尚书》的年代研究、《禹贡》研究、语言研究、思想研究、价值研究五方面加以综述,他认为"如何正确的评价《尚书》在中国学术史上的地位,如何认识今古文问题,如何尽早编纂出一部科学性更强的《尚书》新注释本,如何在

---

① 章琼:《二十世纪汉字文化研究评述》,《语言教学与研究》2002 年第 2 期,第 73 页。

更广泛的当时社会背景中去研究《尚书》,都是需要今后解决的问题"①。

叶修成综述了近 10 年《尚书》研究的热点,着重分析了《尚书》学领域的四大热点,即"晚书"真伪问题的再争鸣、借助出土资料来研究《尚书》的有关问题、博士论文多维度地研究《尚书》、国际《尚书》学会提供了相关的研究平台。作者认为,"新材料亦不能解决一切问题,更新理念,寻求新的理论和方法则更为重要"②。《尚书》相关博士论文的选题角度比较多样化,但还是以《尚书》断代学史作为研究对象的比例较高。正如作者所言,国际《尚书》学会自 2010 年成立以来,先后在扬州、长沙、曲阜、香港、兰州等地召开了 5 届《尚书》学国际学术研讨会,为《尚书》研究者搭建了良好的学术交流平台,有力推进了《尚书》学研究,提升了《尚书》研究水准,开创了《尚书》研究的新局面。

从以上两位学者对《尚书》近 30 年研究成果的回顾,我们可以看出《尚书》研究著述日渐丰厚,这充分显示了《尚书》学研究蓬勃发展的学术态势。尤其值得学术界高度关注的是,《尚书》学研究专家、国际《尚书》学会会长钱宗武先生专事《尚书》研究几十年,著作等身,主要有《尚书入门》《尚书词典》《今文〈尚书〉词汇研究》《今文尚书语法研究》《今文〈尚书〉句法研究》《今文尚书语言研究》《今古文尚书全译》《尚书新笺与上古文明》《〈尚书〉传承研究》《〈尚书〉诠释研究》等,其学术成果对于《尚书》研究具有极其重要的理论价值,为《尚书》研究提供了可靠的语料和重要的理论参考。

在《尚书》研究中,对于《尚书》文化的研究,学术成果比较丰硕。目前,《尚书》文化相关的研究论文已有 100 多篇。其中,有少量的论文是针对今文《尚书》的,如王健《论西周王朝政治意识中的合法性理念——以今文〈尚书〉为中心》(2003)、吕胜男《今文〈尚书〉珍宝名物初探》(2008)、王福海《〈今文尚书〉"天命"观研究》(2011)、许晨《今文〈尚书〉中

---

① 王连龙:《近二十年来〈尚书〉研究综述》,《吉林师范大学学报(人文社会科学版)》2003 年第 5 期,第 93 页。

② 叶修成:《近十年来〈尚书〉热点研究综述》,《丽水学院学报》2016 年第 4 期,第 89 页。

所见农业思想述论》(2016)、许美平《中国"义"思想探源——以今文〈尚书〉为中心》(2017)等。其他论文主要集中探讨《尚书》中的政治思想,尤其是德治思想,还有法律思想、民本思想、教育思想、伦理思想、和谐思想、诚信思想等。如张树旺《〈尚书〉政治思想发展脉络简论》(2002)、张幼良《〈尚书〉德治思想原论》(2000)、王定璋《"明德慎罚"——〈尚书〉的"以德治国"思想探析》(2003)、江曦《〈尚书〉德治思想略说》(2018)、薛其晖《〈尚书·尧典〉法律思想辨析——试论中国法律的起源》(1984)、朱晓红《礼与刑:〈尚书〉的法思想解读》(2009)、王友富《〈尚书〉民本思想解析》(2009)、杨飞《论〈尚书〉的古代成人教育思想》(2011)、余达淮和张永博《〈尚书〉伦理思想探析》(2012)、孙熙国《中国古代和谐思想的两大源头——以〈易经〉和〈尚书〉为中心的考察》(2008)、唐贤秋《〈尚书〉中的诚信思想管窥》(2003)等。从《尚书》入手进行专门文化研究的书籍也不少。相关书籍主要呈现出如下一些特点:有的单纯从今文《尚书》入手进行研究。如钱宗武、杜纯梓的《尚书新笺与上古文明》(2004)以全新的研究理念,在前修时贤研究的基础上,以传统的注笺形式,对今文《尚书》及其文化进行了新的解读,力图拓展今文《尚书》训诂研究的新领域,探讨其在中国文明史上的重要价值。再如,刘振维《论〈今文尚书〉中的天命观与政治哲学》(2010)认为今文《尚书》自有一套哲学体系,这体系建立在三代之人对"天命"的崇敬上,是政权合理思想的根源,但由于历史的更迭,也产生了对整个人事应如何践行的思索。有的未区分今古文,如姜建设《政事纲纪〈尚书〉与中国文化》(2001)主要介绍了《尚书》与现实生活、《尚书》与中国传统政治、《尚书》与中国传统思想、《尚书》与中国传统法制等内容。游唤民《尚书思想研究》(2001)通过哲学思想、政治伦理思想、从《尚书》看周召二公三大方面论述了《尚书》所蕴含的众多思想,阐述了其对春秋战国思想文化发展的深远影响。王灿《〈尚书〉历史思想研究》(2011)运用中西比较的方法,采用中外最新史学理论,对《尚书》中所包含的历史思想进行了多角度的研究,主要包括先秦史视阈下的《尚书》历史思想、《尚书》编纂中的华夏历史意识、《尚书》"天人"历史观念、

《尚书》历史变动思想、《尚书》历史功用思想等。

（二）汉字文化研究现状

社会不断倡导对汉字文化的研究与弘扬。2005 年，"为了汉字文化的伟大复兴学术研讨会"召开，中国社科院院报随后发表《弘扬汉字文化为振兴中华服务》的文章，指出：文字的产生是古代文明构成的要素；弘扬汉字文化，要靠全社会共同努力，学校教育尤其重要，社科工作者要为此做出积极的努力。2009 年 3 月，14 位全国政协委员联名提交了《关于汉字文化保护传承与开发的提案》，呼吁"保护传承和研究开发汉字文化"。8 月，《光明日报》发表了《增强对汉字与汉字文化的认同和热爱》的文章，指出：必须大力增强国民对弘扬汉字与汉字文化的认同与热爱；汉字是中华民族文化的生命线，是中华民族统一的最深层的文化基石，每个炎黄子孙都有责任将汉字和汉字文化传承发扬光大。2013 年，《中国文化报》发表《体味汉字之美　传承汉字文化》的文章，希望大家领会、铭记汉字书写之优美，挖掘汉字文化内涵，提升汉字文化的影响力和传播力。2014 年，《中国社会科学报》发表题为《弘扬汉字文化　加强国际交流》的资讯，介绍了世界汉字学会第二届年会召开的盛况。2016 年，《中国文化报》又发表题为《中国汉字文化系列讲座东京开讲》的文章，介绍了中国汉字文化系列讲座分五讲，每月举办一次。

从教育教学角度开展的汉字文化研究不少。相关著作有数部，如韩鉴堂编著的对外汉语教学教材《汉字文化》（2010）对汉字文化基础知识进行了形象的介绍；刘永成编著的《汉字与文化兼论汉字教学改革》（2013）认为，把汉字演化史渗透到教学中，是一种更易学、效果更好的教学方法；王林喜《跟学生谈汉字文化》（2013）解读了汉字的文化功能，剖析了汉字同汉民族的心理文化、物态文化、制度文化等诸关系的文化渊源；李鸿杰《书写的困惑——汉字文化九讲》（2013）是对多年授课讲义的整理，介绍了汉字字理与演变、书写美、古今社会用字情况，旨在有效提高学生对汉字书写的重视度，规范汉字书写；邵怀领《汉字文化教育与课程开发体系研究》（2015）从课程开发的角度研究并构建了汉字文化教育与课程开发体系;孙维义、卢坚《汉字·文化与高校思想政治教育》(2015)得出高校必须重视和加强以汉字为基础的文化教育的结论。相关论文有20多篇,有的是从素质教育的高度进行倡导,如陈燕玲《汉字文化与学生综合素质的养成》(2014);有的源于中小学语文教学一线的体会与实践,如阮平春《传承汉字文化　提高课堂实效》(2014);有的针对高校语文教学的需求,如黄俊《语文教学中要注意挖掘汉字的文化内涵》(2016);有的侧重于对外汉语的汉字教学,如李向群《对外汉字教学中的分阶段文化导入探析》(2014)和杨瑾珏《美国学生汉语教学课堂中汉字文化教学策略的实践研究》(2010)。

尽管,自20世纪开始就已经有学者尝试从《尚书》之外的古典文献入手开展汉字文化研究,但是至今相关研究成果的数量依然很有限。研究主要基于的古典文献有上古自然神话和《诗经》《说文解字》《梦溪笔谈》《和名类聚抄》等。

邹秋珍的《解读上古自然神话中的汉字文化》(2015)在《山海经》《淮南子》等历代古典文献语料的基础上,以甲骨文、金文等古文字材料和相关考古发现的出土文物为依据,坚持文字、文化、神话互相求证的原则,对上古"日""月""虹"神话中的文化精神进行了解读,以期对自然神话中隐含的汉字文化有更为深入的把握。

儒家学派创始人孔子创办私学使用的教材主要有《诗》《书》《礼》《乐》《周易》《春秋》。目前已有学者尝试利用儒家经典开展汉字文化研究,如方稚松《从汉字文化角度看〈诗经〉中的田猎诗句》(2014)主要结合甲骨文资料,以汉字字形为切入点,探讨了《诗经》中有关田猎的诗句所反映出的田猎文化,包括田猎工具和方式等。文章提供了一条可资参考的研究路径,即结合古文字研究成果探讨古文献中蕴含文化信息的汉字,共同揭示出古代社会文化生活的某些方面。

基于《说文解字》的汉字文化研究较受青睐。研究主要着力于从中探求古代社会文化生活的诸多方面,如居住文化、祭祀文化、女性文化等。此外,还有研究对许慎"汉字文化观"的局限性进行了探讨。黄宇鸿

《〈说文解字〉与居住民俗文化》(2004)从"巢""穴""宫""室""土""木"等代表字入手,以《说文解字》的释义为主,旁征博引,展开介绍了古代居住习俗的形成、居宅建筑格局的变化、古代建筑材料的使用等情况。王巍《〈说文解字〉中与祭祀文化相关的汉字研究》(2014)认为可以按照文化义把《说文解字》祭祀类汉字分为祭祀目的、对象、名称、方法、过程、用品、地点和禁忌等类别,并选择了其中表祭祀目的、对象、名称的几类汉字进行了简要的分析,从而得出《说文解字》中祭祀类汉字体现的祭祀文化,即对祭祀具有极强的精神依赖性、祭祀的普遍性和神圣性。通过《说文解字》"女"部汉字探求女性文化的研究颇多。有的从总体上探讨其所蕴含的文化信息,如余沁阳《浅谈"女"部汉字所蕴涵的文化》(2014);有的专门探究上古的婚育文化,如郭婷《〈说文解字〉女部汉字与上古婚育文化》(2015);也有的选取部分汉字探索相关文化信息;还有的从中探讨许慎及成书时代的文化观,如周永琴《汉字文化观批判——简论许慎〈说文解字〉的文化观》(2003)一文根据《说文解字》对字义的诠释探讨了许慎"汉字文化观"的局限性,包括指导思想、文化立场和价值取向。文章以《说文解字》对"王""君""民""祖""宗""妾"等汉字字义的诠释为例说明许慎的"王权思想""君贵民轻思想""宗法意识""男尊女卑意识"等突出问题迄今已贻害多年。

安作相《〈梦溪笔谈〉中的汉字文化》(1995)据 25 条有关资料从汉字的演化、词和字解义、汉字读音及标注、汉字书法四大方面分别作了研究。文章首先指出沈括认为汉字以象形为主,注意到汉字形体的历史变化及当时关于隶书、八分书等的一些错误认识。其次,较为详细地介绍了沈括追本求源、辨明正误解释的三个字(除、辰、已)和三个词(野马、蒲芦、建麾)。再次,指出了沈括研究汉字时注意到的读音问题。最后,介绍了沈括在汉字书法方面的成就。

深受中国语言文化影响的东亚文化圈,对汉字文化的研究也是具有传统和历史的。如《和名类聚抄》是日本第一部具有国语特色的辞书,其分类方式受我国《尔雅》《说文解字》的影响,处处留着中古汉语的影子,是日本古代对中国语言文化吸收的表现。相关研究有杨秀云、王京钰《〈和名类聚抄〉与汉字文化发展渊源考》(2015),杨秀云、黄亮《从〈和名类聚抄〉看中古汉语对日本汉字文化的影响》(2015)等。

(三)《尚书》汉字文化研究现状

《尚书》汉字文化研究目前明显薄弱,研究成果不多且零散,研究的系统性不强。《尚书》中已被关注到的汉字仅有"罚""德""天""慎""和"等几个汉字。

1. 从今文《尚书》中的"罚""德"考察德文化

施阳九《先秦"德"概念的变与不变——以〈尚书·周书〉为诠释中心》(2017)一文主要以今文《尚书·周书》为研究语料。首先通过"罚"反观先秦的"德"概念,认为《周书》中的"罚"分"殷罚"与"文王之罚"两种,前者是对违规作乱者有理有据的"义刑义杀"(义,宜也),后者是对违背天法者毫不留情的"刑兹无赦"。与之相对应,《周书》中的"德"也就具有各种具体的规范要求和关联于"天命之伦常"概念的两个不同层面。其次梳理归纳了《周书》中"德"的四种含义,即统治方法、政治制度、政治原则、指代天命,并由此得出其本质含义"对人道之根据的承受",进而基本呈现"德"训释之变迁。最终得出结论:把"德"作为"周代殷"的缘由,其实质是表明"周代殷"不是简单的王朝更替,而是对人道之根据的探寻、相承的结果。

2. 从《尚书》轴心字探讨德文化与天文化

陈丹丹《系统功能语言学视角下的〈尚书〉传译研究》(2018)一文认为《尚书》中包含一批形成我们民族个性与人格精神、反映中华文化重要概念的关键汉字,如"德""天""和""谐""中""仁"等。文章对《尚书》中汉字"德""天""帝"情况的统计分析得出:《尚书》中"德"字"呈现线性的多向度的发展模态,在虞夏商周数千年的历史长河中孕育生长,已经基本完成由外及内再向上的过程"[1];"天"的意义大体分自然之天、物质之天、

---

[1] 陈丹丹:《系统功能语言学视角下的〈尚书〉传译研究》,扬州大学博士学位论文,2018 年,第27 页。

处所之天、主宰之天四个层次，其中"主宰之天"占主体且基本见于《周书》，说明周代人们对天的认识有了质的飞跃；《尚书》中"帝"字多为君王之义，少部分意思为"主宰之天"。文章指出，"德"观念产生、发展的过程自始至终与政治、权力紧密相连，"德"在我国周代的政治社会生活中已经占据了相当高的地位；在中国文化的元典时代，中国人比西方人具有更多的自主权与理性思考空间，因而《尚书》中的至上神既非创世神，也非完全意义的人格神。文章创造性地提出了《尚书》包含一批与中华文化密切相关的轴心字的观点，但由于文章研究重点不在于此，所以并未对这些轴心字及相关文化进行详尽而深入的研究。

3. 从《尚书》中的"慎"探讨德文化

耿加进《论〈尚书〉之"慎"德》（2016）一文根据《尚书》中出现的"慎"字，从字义入手，通过对"慎乃在位""慎乃司""慎乃宪""慎明德"等关键语句的具体分析，认为："作为德的'慎'，不是对普通老百姓的要求，而是对君主和官员的要求，要求其以'战战兢兢，如临深渊，如履薄冰'的态度，严肃地对待和处理一切政事，以及与政事相关的一切活动。"①文章引经据典、条分缕析、以古鉴今，具有很强的理论意义与现实意义。然而，文章未能对"慎"字的形义演变进行历时的考察，也未能对《尚书》中"慎"字及相关语句进行穷尽的研究。

4. 从《尚书》中的"和"探讨和文化

胡花尼《〈尚书〉中的"和"及"和"文化浅探》（2007）一文在高度肯定《尚书》史料价值的基础上对《尚书》中出现的"和"进行了较为详细的分类与义项统计，得出"《尚书》所载的周商时代中国已是政教严整，法规明确，具有成熟、系统的政治思想和礼仪制度的文明之邦"②的结论。文章认为系统化体现儒家政治理想的《尚书》，自始至终贯穿着"中和"的思想，这正是中华民族多元兼容、协调统一的"和"文化思想的源头与根基。

---

① 耿加进：《论〈尚书〉之"慎"德》，《北方论丛》2016 年第 6 期，第 138 页。
② 胡花尼：《〈尚书〉中的"和"及"和"文化浅探》，《湖北教育学院学报》2007 年第 4 期，第 55 页。

文章以《尚书》中一个汉字"和"入手,通过对其语义的分类统计,发现"和"文化的主要特征,推理符合逻辑。然而,未关注汉字"和"的字形字义及发展演变是文章的一大缺憾。

综上所述,尽管现有的研究成果中密切相关的成果很有限,但是它们为今文《尚书》汉字文化研究的顺利开展奠定了一定的基础,提供了一定的智力支撑。我们从中可以看到当前汉字文化研究的成就与不足,为今文《尚书》汉字文化的研究指明方向、坚定信心;也可以发现《尚书》中的哪些汉字率先受到了学者们的关注,《尚书》中的哪些文化受到了学者们的青睐。

四、研究思路与方法

(一)研究思路

开展汉字文化方面的研究,首要任务是要确定哪些汉字是研究对象,这无疑涉及选字的标准。有了标准,然后才谈得上根据标准选定汉字,进而进行搜集与研究。

一是选择语料。汉字的来源语料是多样的,选择的标准也是多样的。自南宋初年学术界便开始了《尚书》的辨伪研究,众多学术大家参与其中,至明到清,未曾中断。清代阎若璩《尚书古文疏证》让《孔传古文尚书》作为伪书成为定案。为避免争议,本书选择以学术界可信度极高的今文《尚书》作为研究文本。

二是确定代表字。"文化大致可以划分为三个范围:物质文化、文化制度和文化心理。"①物质文化指人类创造的物质产品体现的文化,如生产工具、交通运输、工商贸易、宫室建筑、器物制作等;文化制度指规则、原则和政策的总和,用来调整以社会意识形态为核心的各种基本关系,包括社会制度、典章礼仪、等级关系、生活习俗等;文化心理包括政治思

---

① 张双棣等编著:《〈古代汉语知识教程〉学习指导书》,北京:北京大学出版社 2002 年版,第100 页。

想、伦理观念、道德信仰、生活态度、审美情趣等。传统儒家经典的一些名言名句之所以能够传承数千年、经久不衰,主要是我们的文化心理世代传承的一种反映。物质文化与文化制度,尽管显示的形式不同,但归根结底都是人类精神文化的某种体现,换言之,文化心理与物质文化、文化制度相比,是更高、更深层次的文化。因此,政治思想、伦理观念、道德信仰等作为文化心理的主要内容,本身就是一种文化,而且是文化极为重要的组成部分。那么,作为我国政书之祖的《尚书》,其中包含的丰富而珍贵的政治思想,则是开展《尚书》汉字文化研究时首先必须关注与重视的。

根据今文《尚书》政事史料的文本性质与"敬天""明德""慎罚""保民"的核心思想以及其作为我国饮酒文化滥觞文献的重要价值,选取出一批最能代表今文《尚书》文化特质,且具有很强现实意义的典型汉字"天""德""罚""民""酒"等,采取"竭泽而渔""穷原竟委"穷尽性的语料整理方法,全面而深入地开展研究,力求在理论上有所创新的同时兼顾研究的实践意义。

三是确定步骤。首先,建立今文《尚书》汉字文本库,便于对相关汉字进行快速检索定位,为开展汉字文化研究提供准确的语料支持。其次,对今文《尚书》内容进行梳理,对选择出来的代表性汉字进行专题研究:根据形义演变追溯汉字本身所携带的文化信息;根据语料文本探寻汉字的用法与意义以及所承载的文化信息;比较唐宋清经典训诂的情况,归纳汉字训诂文化的嬗变。最后,本着理论与实践相结合的研究思想,探究今文《尚书》汉字文化的主要内容及发展变化、历史影响等相关内容。

（二）研究方法

本书主要采用文献调查法、数据统计法、对比分析法等开展研究。

一是文献调查法。通过查阅相关书籍、学术期刊、中外文数据库等,全面系统地搜集国内外相关研究成果,考察分析研究现状,总结得失,作为后续研究的前提。在此基础上,拓展研究视野,明确研究思路,找到研究的理论基础、视角与切入点。

二是数据统计法。首先利用自建的今文《尚书》汉字文本库,对选出的代表性汉字进行快速准确地检索、定位,分别统计出"天""德""罚""民""酒"字各自所在的篇类、篇目、语句,形成相应的出现情况一览表,确保统计数据的全面准确。其次根据唐宋清三代经典训诂著作唐代孔颖达《尚书正义》①、宋代蔡沈《书集传》②、清代孙星衍《尚书今古文注疏》③,分别统计出今文《尚书·虞夏书》中"天""德""罚""民""酒"字及相关语句在其中的训诂情况等,形成相应的唐宋清经典训诂对照一览表,确保统计数据的全面准确。

三是对比分析法。首先对今文《尚书》中"天""德""罚""民""酒"的意义进行细致的分析研判、分类比较,找出其表现出的特征与其中的规律。其次对今文《尚书·虞夏书》中"天""德""罚""民""酒"字及相关语句在《尚书正义》《书集传》《尚书今古文注疏》中的训诂情况等进行细致的对比分析,发现其中的变化轨迹,并从文化的视角进行审视。

四是定量定性结合法。研究既有对各代表字相关情况的量化,又有对这些情况进行内省式、例证式分析以探究现象背后的本质与规律,将定量统计与定性分析有机结合起来,研究结果互为印证,结论更具层次性、逻辑性和科学性。

五是描写解释结合法。研究从各代表字的形义演变、在今文《尚书》中的意义、唐宋清三代经典训诂等不同层面描写相关事实和现象,不仅仅能回答"什么"和"如何"的问题,而且对这些事实和现象的内在成因进行了解释,能够解答"为什么"的问题,研究更具客观性和全面性。

五、研究内容

本书主要由绪论、第一至第六章、结语等内容组成,其中,第一至第

① (汉)孔安国传,(唐)孔颖达正义:《尚书正义》,上海:上海古籍出版社 2007 年版。
② (宋)蔡沈注,钱宗武、钱忠弼整理:《书集传》,南京:凤凰出版社 2010 年版。
③ (清)孙星衍撰,陈抗、盛冬铃点校:《尚书今古文注疏》,北京:中华书局 1986 年版。

六章是主体部分,每章内容既独立成篇,又相互关联,存在密切的内在逻辑关系,共同构成了一个有机整体。

绪论在简要介绍《尚书》历史地位与文化价值的基础上,主要介绍了今文《尚书》的流传与汉字文化的内涵、研究意义、研究现状、研究思路与方法、研究内容、研究重难点与创新之处等。

第一章至第五章,主要探讨今文《尚书》中负载着丰富文化信息的代表字"天""德""罚""民""酒"及相应的敬天文化、明德文化、慎罚文化、保民文化、饮酒文化。从这些代表字的形义历史演变入手,穷尽考察其在今文《尚书》中的情况。同时,准确统计它们出现的次数、分布的篇类篇目及语句、出现的频率等,细致分析其意义,科学分类,探索其特征与变化规律。在此基础上,研究探讨今文《尚书》敬天文化、慎罚文化的主要内容及产生的历史影响、明德文化的主要内容及规范升华、保民文化的主要内容及形成原因、饮酒文化中酒的内涵及禁酒的人文理性等。

第六章探讨《尚书》经典训诂的文化嬗变。全面考察唐孔颖达《尚书正义》、宋蔡沈《书集传》、清孙星衍《尚书今古文注疏》三部《尚书》经典训诂之作对今文《尚书》中"天""德""罚""民""酒"相关语句训诂情况等,对这些训诂情况进行逐条梳理、细致比较,从训诂文化发展变化的角度,得出一些初步的判断。

结语主要强调了研究的价值与意义,说明了继续开展深入研究所具有的空间与领域,并对后续的研究给出了一些明确的建议。

六、研究重点、难点与创新之处

本书的研究重点、难点与创新之处如下:

(一)研究重点

一是在全面梳理代表性汉字"天""德""罚""民""酒"在今文《尚书》中出现情况的基础上,细致分析它们在今文《尚书》中的具体意义,进而归纳出敬天文化、明德文化、慎罚文化、保民文化的主要内容及饮酒文化中"酒"的内涵,同时,对形成原因、发展变化、历史影响等方面也进行了探究。

二是对今文《尚书·虞夏书》中"天""德""罚""民""酒"在唐《尚书正义》、宋《书集传》、清《尚书今古文注疏》中的训诂情况等进行了细致的比较分析,进而探寻《尚书》经典训诂文化上的一些变化迹象。

(二)研究难点

由于与本研究密切相关的研究成果极为有限,可资参考的研究成果甚少。由此,本研究的难点主要在于对代表性汉字"天""德""罚""民""酒"相关文化内容、内涵的研究以及形成原因、发展变化、历史影响等方面的探讨。

(三)创新之处

一是研究视角的创新。本研究将今文《尚书》、汉字、训诂、文化等几个方面结合起来开展研究,视角新颖,是挖掘、继承、弘扬中华优秀传统文化的一种新的尝试。

二是研究问题的创新。汉字在今文《尚书》中有怎样的意义?这些意义形成的原因是什么?汉字相关文化的主要内容是什么?这些内容的形成原因、发展变化、历史影响有哪些?今文《尚书》汉字的训诂文化有怎样的发展变化?这些都是比较新颖的学术问题。

三是研究方法的创新。今文《尚书》汉字文本库的自建,让快速准确地对今文《尚书》中每个汉字"竭泽而渔""穷原竟委"式的穷尽研究成为可能;基于今文《尚书》,探寻汉字在我国经典文献中所承载的文化信息;基于唐宋清《尚书》经典训诂之作,探寻汉字训诂文化的发展轨迹。

第一章　"天"及敬天文化

"天"对于中华民族来说,具有非常特别的含义,是中国传统文化中极为重要的一个文化概念。《周易》"天玄而地黄"、《千字文》"天地玄黄",都指出"天"的颜色是黑色的,"玄"字亦含有高远、高深莫测之义。"在古代中国,'天'既是一个哲学概念,也是一个常识名词,人们是在两种不同的意义上使用它的。"[1]人类诞生之初,生产力极为低下,生产生活严重受制于"天"。"邃古以来,万事草创,生民衣食之始,无在不与天文气候相关。"[2]人们对暴风骤雨、电闪雷鸣等自然现象无法抗拒也无法理解,遂想象有一种无形的巨大的力量主宰着世界。这种力量无迹可寻,但却无时无刻不在,无论身在何处,都在其注视之下。这种力量被人类按照自身的样子加以想象,但人类无法看到他。他存在于原始人类无法到达的、高高在上的、无限浩渺的天空里。敬畏、崇拜之情是形成宗教思想的前提,由于原始人类对"天"的敬畏与崇拜,"天"成了人类最初宗教思想的核心要素。同时,人有很多自身无法突破的有限性,如生老病死等。这就使得人不得不在自身之外寻找答案,从而决定了超越在人类思

---

[1] 张岱年:《中国古典哲学概念范畴要论》,北京:中国社会科学出版社1989年版,第20页。
[2] 柳诒徵编著:《中国文化史》上卷,上海:东方出版中心1988年版,第44页。

想中出现的必然性。

随着人类的发展、文明的更迭,中华民族对"天"的认知逐渐向哲学方向发展,形成了天道观念、天命观念等,对天人关系也有了深邃的思考。然而,"中国传统哲学中的'天',既不是物质自然,也不是犹太—基督教意义上的人格神或上帝"①,"中国后代之哲学,承儒墨道而发展,故于天皆未明显视之为神"②。历史铸就了中华民族对"天"的文化思维模式,这种思维模式根深蒂固、代代相传,成为炎黄子孙一种深深的"天文化"情结,指导并影响着人们的心态、生活及千百年来的社会实践。即便到了科技发达的今天,我们已经对自然有了比较科学的认识,但对"天"依然充满敬畏与崇拜。可以这样说,对"天"的敬畏与崇拜,已经深深地烙印在了中华民族的文化里。

第一节 "天"字的形义演变

从古至今,"天"的字形并没有发生太大的变化。"天"字的字形演变过程大体如下图所示:

图 1

(注:图示来源于《字源》第 1 页;具体字形来源:1、2、4、5《金文编》第 3 页,3《甲文编》第 2 页,6、7《类编》第 28 页,8、9《战文编》第 2 页,10《说文解字》第 7 页,11《篆隶表》第 2 页。)

---

① 张汝伦:《绝地天通与天人合一》,《河北学刊》2019 年第 6 期,第 53 页。
② 唐君毅:《中国古代哲学精神》,《唐君毅全集》第 27 卷,北京:九州出版社 2016 年版,第101 页。

"天"在甲骨文中的字形是一个展开双臂的正面站立的人形,突显出了人的头部。头部有时是个黑点（𢆉）,有时是个方框（𢆉）,有时是个圆圈（𢆉）,有时是个短横（𣃚）,有时是两个短横（𣃚）,有时是一个圆圈与一个短横（𣃚）等。金文较之甲骨文,"天"字形头部基本上以实心黑点表示（𢆉）,或者以一两条短横表示。小篆字形变得规整,隶书、楷书字形线条化及符号性更强,造字本义已经不容易从字形上看出来了。

应该说,从"天"的甲骨字形上,我们看到的只是一个人形,看不出与神有什么关系。在甲骨卜辞中的"天"均是"大"字的异体字,其他意义上的"天"字,迄今为止,在甲骨卜辞中还未发现。所以有学者指出:"众所周知,'天'在甲骨文中不是至上神"[①];"殷人把天神称作'上帝'或'帝',而绝不称作'天',卜辞中的'天'字都不是神称"[②];"卜辞称至上神为帝,为上帝,但绝不曾称之为天。天字本来是有的,如像大戊称为'天戊',大邑商称为'天邑商',都是把天当为了大字的同意语";"卜辞既不称至上神为天,那么至上神称天的办法一定是后起的,至少当得在武丁以后"[③]。但是,也有学者指出:"高本汉（Bernhard Karlgren）认为,该图像描绘了一个人格神。他还认为,在最古老的青铜器上,这是一个与人相类似的人格神的形象。在甲骨文和青铜器上所看到这个图像几经变动而发展成为现在'天'的形式","Kremsmayer 主要是在词源学的基础上得出结论的,他认为这个图案的词源是一个人格神,或者更准确地说,是部落祖先变成了神。Kremsmayer 认为,天是这个词的次要含义"[④]。

从"天"字形变化的轨迹来看,"天字上部象征人头部分的圆点,后来

---

① 王灿:《〈尚书〉中的天人关系新探》,《青海师范大学学报（哲学社会科学版）》2009 年第 6 期,第 35 页。
② 常玉芝:《商代宗教祭祀》,北京:中国社会科学出版社 2010 年版,第 26 页。
③ 郭沫若:《郭沫若全集》,《历史编》第一卷,北京:人民出版社 1982 年版,第 321 页。
④ [芬兰]聂培德著,齐畅译:《从〈尚书〉看周代思想中的天与王朝更迭》,《求是学刊》2009 年第 2 期,第 30—31 页。

变成一横画，又有在其上部再加一短横者，乃装饰性繁化符号，无实在意义"①。"金文将头简化成一横。篆文整齐化。隶变后楷书写作天。"②这种变化既是书写工具与书写载体变化导致的，也是人类追求文字书写方便、快捷、美观、简约的需求影响的。当然，多出的一短横这个装饰性的符号在文字形体趋简发展的总规律中后来又很自然地被舍弃了。但无论怎样变化，"天"字形像人形而突出头部的总特征并没有变，所以"天"的本义是头顶。《说文解字·一部》释"天"："颠也，至高无上，从一大。"③以"颠"训"天"，虽是同部叠韵为训，但恰恰指出了"天"的本义，"颠，顶也"，"顶，颠也"。④ 凡是从天取义的汉字都与人、头等意义密切相关，如"天庭饱满"中的"天"就保留了本义，"天庭"是额头的代称，具体指两眉之间。

古代有一种刑罚叫"天"，正是对人头部施刑的刑罚。《山海经·海外西经》："刑天与帝争神。帝断其首，葬之常羊之山"，由于被砍掉脑袋，因此称为"刑天"。《周易·睽》"见舆曳其牛掣，其人天且劓"中的"天"指黥额、烙额，是古时刺字、烙伤额头的刑罚。陆德明释文："天，剠也。马融曰：'剠凿其额曰天。'"《集韵·先韵》："天，刑名。剠凿其额曰天。"李鼎祚集解引虞翻曰："剠额为天。"

推而广之，"天亦可为凡颠之称，臣于君、子于父、妻于夫、民于食，皆曰天是也"⑤。即"天"可以指所依存或依赖的人、赖以生存的事物，如《史记·郦食其传》指出"王者以民人为天，而民以食为天"；《韩诗外传》卷四载"王者以百姓为天"；《说苑·建本》有"君人者以百姓为天"。

在汉代许慎看来，"天"已经是一个"从一从大"、由"一"与"大"组合而成的会意字了。所以"天"在后来的字书中一般归入"一"或"大"部。

---

① 李学勤：《字源》，天津：天津古籍出版社 2013 年版，第 1 页。
② 谷衍奎编：《汉字源流字典》，北京：语文出版社 2008 年版，第 59 页。
③ （汉）许慎：《说文解字》，北京：中华书局 2013 年版，第 1 页。
④ （汉）许慎撰，班吉庆、王剑、王华宝点校：《说文解字校订本》，南京：凤凰出版社 2004 年版，第 249 页。
⑤ （清）段玉裁：《说文解字注》，上海：上海古籍出版社 1981 年版，第 2 页。

从人体来说,至高无上处便是头顶了,古人称为"天";从自然界来说,至高无上处便是天空了,我们也称为"天"。

"天"由本义"头顶"引申出头顶上的"天空"这一意义。天空在人的头顶之上,所以最初指人头的"天"首先引申指天空,《礼记·礼运》有"分而为天地";王充《论衡·谈天》载"察当今天去地甚高,古天与今无异";《孟子·梁惠王上》记"天油然作云,沛然下雨"。"天"也特指天体、天象,杨雄《法言义疏》:"九黎乱德,帝颛顼命重、黎主天地也。""天"还指天气、气候,白居易《卖炭翁》:"心忧炭贱愿天寒。"由于自然天的昼夜变化现象,"天"成为表示时间的一个概念,被用来表示太阳由升至落的一个周期,如"一天",后又成为"季节"的称谓,如"冬天"。

"天"又引申指不以人的意志为转移的"自然、自然界",《庄子·天道》中有"先明天,而道德次之";《荀子·天论》也有"天行有常,不为尧存,不为桀亡"。由于古人认为有某种神灵主宰着自然界,所以"天"又指自然界的主宰者,《论衡·辨祟》提到"天,百神主也";《春秋繁露·郊祭》则有"天者,百神之大君也"。由此,"天"披上了一层至尊的神秘面纱。"古人认为自己是上天的臣民,上天、上帝派来拯救、管理苍生的人就是皇帝、天子,他们享有尊贵的地位和至高的权力。"①"天"还指命运、天命,《孟子·梁惠王下》:"吾之不遇鲁侯,天也。"其后进一步指神、佛、仙人及其居住的地方和神话中的天上世界、天宫,如屈原《九歌·大司命》:"广开兮天门。"

当词性为形容词时,"天"指自然生成的、天生的、天然的,《淮南子·原道》载"所谓天者,纯粹朴素,质直皓白,未始有与杂糅者也";《魏书·邢峦传》亦载"剑阁天险,古来所称"。"天"也指大、很大、极大的意思,如"右天唐"(《战国策·齐策一》)以及"天价"中的"天"等。

《故训汇纂》收录了与"天"有关的 539 条故训,前 103 条是对"天"字本身的故训,释义主要有:颠、剠、瑱、镇、陈;显、坦、高、大;始、乾、气、阳、神;文、理;身、君、王、父、百姓;性、自然、天时、北极、司天等。王力等编

---

① 郑春兰:《传统文化经典读本·汉字》,成都:四川辞书出版社 2018 年版,第 185 页。

写的《古汉语常用字字典(第 4 版)》共收录了"天"字五大意义:一是古时在人的额头刺字涂墨的刑罚,二是天空,三是自然界,四是人们想象中的万物的主宰,五是天气、气候。

第二节　今文《尚书》"天"的意义

在今文《尚书》中,"天"字共出现了 184 次,留下了中华民族早期对"天"的认识及这种认识变化的轨迹,也反映了中华文化传统对"天"文化的构建过程。"天"字在今文《尚书》的《虞夏书》《商书》《周书》中都有出现,在这三部分中分别出现 18 次、19 次、147 次。从出现的次数可以看出,"天"字在记录虞夏、商时的文献中出现的并不多,而在记录周时的文献中大量出现,反映出"天"在周代已经是一个常用而且重要的概念。

在今文《尚书》中,"天"有时以单语素形式出现,有时与其他语素组合后出现,如"天"与"命"直接搭配使用的情况共 18 次,其中,《虞夏书》中 1 见,《商书》中 2 见,其余都在《周书》中,共 15 见。

今文《尚书》中的"天",意义主要有五大类。前三类分别是自然之天"天空"、神化之天"老天、天庭"和意志之天"天意、天命"。这三类意义的"天"是名词,在今文《尚书》中是主体。后两类是"天然"及"大"的意思,这两类意义的"天"是形容词,在今文《尚书》中很少。

具体来看,在《虞夏书》中,"天"意义为"天空"的有 6 次、"老天"有 10 次、"天命"有 2 次;在《商书》中,"天"意义为"老天"的有 17 次、"天意"有 2 次;在《周书》中,"天"意义为"天空"的有 10 次、"老天"有 129 次、"天庭"有 2 次、"天命"有 1 次、"天意"有 3 次、"大"有 1 次、"天然"有 1 次。总体来看,在今文《尚书》中,"天"的内涵呈现出越来越丰富的发展趋势,由单一的自然之天发展出神化之天、意志之天等。在这个发展大趋势下,"老天"这个意义一直占据着绝对优势。

一、自然之天:天空

自然之天指自然运行的,与大地相对的浩瀚天空。《论语·阳货篇》

记载子曰:"天何言哉? 四时行焉,百物生焉,天何言哉?"

在今文《尚书》中,"天"意义为"天空"的在《虞夏书》中 6 见,在《商书》中 0 见,在《周书》中 10 见,共 16 见,其中"天"以单语素形式出现 7 次,以与另一个语素组合的双语素形式出现 9 次。

1. 单语素词"天"

单语素词即单纯词。"天"单独成词时,作主语是其常见的语法功能。

(1) 天大雷电以风,禾尽偃,大木斯拔(《金縢》)

(2) 天乃雨,反风,禾则尽起(《金縢》)

以上两例记录的是周成王时的一次恶劣天气状况,其时暴风骤雨、雷电交加,国人以为上天动怒是为了显示周公的功德,想用"大雷电以风"警告成王及时消除对周公的误会。尽管在周人看来,这样的"天"已经神化,但是从语言文字本身来看,两个例句中的"天"还是自然之天"天空"的意思,在句中均作主语。例(1)讲天空雷电大作,刮起了大风。其中"以"在《广雅》中释为"与也"。例(2)讲天还下着雨,风向反转。其中"乃雨者,谓雷电初停而雨作也"[①]。

作宾语,也是单语素词"天"常见的语法功能。

(3) 汤汤洪水方割,荡荡怀山襄陵,浩浩滔天(《尧典》)

(4) 洪水滔天,浩浩怀山襄陵,下民昏垫(《皋陶谟》)

(5) 静言庸违,象恭滔天(《尧典》)

滔是漫、弥漫的意思;滔天,接天,动宾结构,指弥漫天空,用以形容水势之大,也可以用来比喻人的气性之高。例(3)(4)记载的是洪水泛滥之时,波涛奔腾,浩浩荡荡,高浪接天。例(5)借大水形容人的气性高傲,弥漫接天。在尧帝选贤任能时,驩兜推荐在广泛聚集人力方面已具成效的共工,尧帝认为共工花言巧语、阳奉阴违,貌似恭谦,其实气性极为高傲。静,一作"靖",善也。静言,就是巧言。《汉书·翟义传》的"静言令

---

① 周秉钧:《尚书易解》,上海:华东师范大学出版社 2010 年版,第 146 页。

色"即《论语·学而》的"巧言令色"。"庸"在《尔雅·释诂》中解释为"常也"。王先谦曰:"盖谓共工为人,貌似恭谨,而其横肆不敬之心弥漫充满,上极于天。词义自明,不烦曲说。"

除了常作主语与宾语,单语素词"天"还可以作定中结构的中心语,也可以作补语的一部分。

(6)光天之下(《皋陶谟》)

(7)宏于天(《康诰》)

例(6)中的光字即广、普遍、整个的意思。光天之下也就是普天之下。例(7)宏即大;宏于天即比天还宏大。这句话是周公告诫康叔,为政要比天空还宏大。

2. 多语素词中的"天"

多语素词,由两个及以上的语素构成,也称为合成词。在今文《尚书》中,包含"天"字的合成词都是双语素的,共9见,其中"昊天"1见、"天球"1见、"天下"7见。

(8)乃命羲和,钦若昊天,历象日月星辰,敬授人时(《尧典》)

(9)大玉、夷玉、天球、河图,在东序(《顾命》)

"昊天""天球"均是复合式偏正型结构。前者"昊"修饰、限制"天";后者"天"修饰、限制"球"。昊,广大的意思;昊天,指昊然广大之天。"钦若昊天者,言敬重顺从天之规律。"[1]天球,即玉磬,郑玄曰:"天球,雍州所贡之玉,色如天者。"

(10)四罪而天下咸服(《尧典》)

(11)方行天下(《立政》)

(12)燮和天下(《顾命》)

"天下"是复合式偏正型结构,名词,常作主语、宾语。例(10)记叙舜即位后,惩处了四凶(共工、驩兜、三苗、鲧),天下的人都心悦诚服了。这里的"天下"指天下的人,作主语。例(11)(12)中的"天下"作宾语。例

---

① 周秉钧:《尚书易解》,上海:华东师范大学出版社2010年版,第4页。

(11)方,即普也;方行,即遍行。这里的"天下"指大地,旧说地在天之下,故称大地为天下。例(12)中的"燮"在《尔雅·释诂》中解释为:"和也。"燮和,即和谐。这里的"天下"也指天下的人。

"天下"也可作定语与状语。

(13)以为天下王(《洪范》)

例(13)"天下王"即"天下的君王",这里的"天下"作定语,指全中国。

介词"于"可以引介与动作行为有关的处所。在今文《尚书》中,"天下"作处所状语时,均用介词"于"引介,在句中作为后置的状语,指全中国。

(14)小民乃惟刑用于天下(《召诰》)

(15)用昭明于天下(《顾命》)

(16)庶民罔有令政在于天下(《吕刑》)

例(14)中的刑是效法的意思;用,施行的意思。这句话是说在天下效法施行。例(15)用,即因而。这句话是说光辉普照在天下。《墨子·兼爱中》载:"昔者文王之治西土,若日若月乍光于四方于西土。"例(16)令,即善也;令政,即善政。这句话是说言天讨不至,则众民不识有善政在于天下矣。

二、神化之天:老天、天庭

神化之天是主宰人事或命运的具有主宰力量的天,即人们所谓的有人格的天,如《论语·先进篇》记载颜渊去世以后,孔子非常悲伤,曰:"噫!天丧予!天丧予!"这其中的"天"便是如此。

(一)老天

在今文《尚书》以及在《虞夏书》《商书》《周书》三部分出现的所有意义的"天"中,神化之"天"——老天出现次数都是最多的。在《虞夏书》中,占比 55.56%;在《商书》中,占比 89.47%;在《周书》中,占比 87.76%。在整个今文《尚书》中,占比 84.78%。可见,在今文《尚书》中,"天"的主要意义是具有主宰力量的神化之天"老天",尤其是在《商书》《周书》中。老天不仅具有神灵的神通广大,而且具有人的喜怒哀乐。

"天亦有喜怒之气,哀乐之心,与人相副,以类合之,天人一也。"(《春秋繁露·阴阳义》)它可以通过特定的方式听、视、表达(但不能直接发话),规定着人世的秩序,并通过赏罚维持着社会秩序。

中华民族习惯上称为"老天"或"老天爷"的"天"也可以称为"上天""天帝"等,在今文《尚书》中还被尊称为"皇天""上帝""帝"等。

如称为"皇天"的有:

(1)皇天既付中国民越厥疆土于先王(《梓材》)

(2)皇天上帝改厥元子(《召诰》)

(3)皇天改大邦殷之命(《顾命》)

(4)皇天用训厥道(《顾命》)

(5)其自时配皇天(《召诰》)

(6)格于皇天(《君奭》)

今文《尚书》中仅有1见将神化之天称为"旻天":

(7)弗吊旻天,大降丧于殷(《多士》)

有时,"天"偶尔也可推而广之指天神,如:

(8)乃命重、黎,绝地天通(《吕刑》)

绝地天通,即断绝地民和天神相通的办法,这是重新理清并规定人与神的分界,让神在人外,保持绝对的超越性。当然,也有学者认为:"'绝地天通'实际上是中国古代文化发展史上的一件大事,是人认识到自己可与自然(神)独立开来的主体性意识体现。"①

在今文《尚书》中,有"天"与"上帝"同义复现的语例,如:

(9)迪知天威,乃惟时昭文王迪见冒,闻于上帝(《君奭》)

(10)闻于上帝,帝休,天乃大命文王(《康诰》)

(11)亦惟十人迪知上帝命越天棐忱(《大诰》)

(12)我亦不敢宁于上帝命,弗永远念天威越我民(《君奭》)

(13)罔顾于天显民祗,惟时上帝不保(《多士》)

---

① 黄开国:《"绝地天通"的文化意义》,《湖南大学学报(社会科学版)》2019年第6期,第27页。

以上语例中,出现的"天""上帝""帝",意义等同,其中的"帝"是"上帝"的简称。

在今文《尚书》中,"上帝"一词共出现了22次(详见下表),其中,出现于《虞夏书》2次、《商书》2次、《周书》18次,均可用"天"直接替换。

表1-1 今文《尚书》中"上帝"出现情况一览表

序号	篇类	篇目	所在语句	意义
1	《虞夏书》	《尧典》	肆类于上帝	天
2		《皋陶谟》	俟志以昭受上帝	天命
3	《商书》	《汤誓》	予畏上帝	天
4		《盘庚》	肆上帝将复我高祖之德	天
5	《周书》	《大诰》	不敢替上帝命	天
6		《大诰》	亦惟十人迪知上帝命越天棐忱	天
7		《康诰》	闻于上帝	天
8		《召诰》	皇天上帝改厥元子	天
9		《召诰》	王来绍上帝	天
10		《多士》	上帝引逸	天
11		《多士》	惟时上帝不保	天
12		《君奭》	我亦不敢宁于上帝命	天
13		《君奭》	格于上帝	天
14		《君奭》	在昔上帝割申劝宁王之德	天
15		《君奭》	闻于上帝	天
16		《立政》	吁俊尊上帝迪	天
17		《立政》	丕釐上帝之耿命	天
18		《立政》	以敬事上帝	天
19		《顾命》	用端命于上帝	天
20		《吕刑》	上帝监民	天
21		《吕刑》	上帝不蠲	天
22		《文侯之命》	惟时上帝集厥命于文王	天

在中华民族传统文化中,天上、人间、地下都有神,神的世界里可谓名目众多。"其他的神都由上帝控制,他也关注人类的道德,赏善罚恶。可他很少将自己卷入人间俗事。为了把天和其他神区别开来,大概就要强调天是一个至上神。"①

从甲骨卜辞的情况看,殷商时期称至上神为"帝",即上帝,不称之为"天"。殷商时期虚空之天的观念一部分就隐藏于"帝"的背后。虽然在今文《尚书》的《商书》中,仅发现有 2 例以"上帝"称至上神的情况,即《汤誓》中的"予畏上帝"与《盘庚》中的"肆上帝将复我高祖之德",但是,应该说这已经在一定程度上反映了殷商时期对至上神的表达特点。那么,今文《尚书》的《商书》中,"天"意义为"老天"有 17 次、"天意"有 2 次,都与至上神有关,这与甲骨卜辞的情况不合,正说明了今文《尚书》是经过后人,或许是周人编辑整理的。他们在编辑整理的过程中把当时的思想观念与术语概念运用于夏商两代,并在语言文字上体现出来。

需要注意的是,中华民族所谓的"上帝"不同于西方"God"的概念,二者有根本的区别。"God"是西方基督教中的至上神,是"创世神""完全的人格神"。而中华民族所谓的"上帝"与基督教无关,只是"天"的另外一个使用频率较低的称呼。《国语·周语上》:"先王既有天下,又崇立上帝",韦昭注:"上帝,天也。"《诗经·大雅·荡》正义云:"上帝者天之别名。"朱熹《诗集传·小雅·正月》注云:"上帝,天之神也。程子曰:'以其形体谓之天,以其主宰谓之帝。'"清儒孔广森《礼学卮言·论郊》曾言:"举其虚空之体则曰天,指其生成之神则曰帝。"②

纵观今文《尚书》,其中的"老天"不是"创世神",也不是"完全的人格神",而是"不完全人格的至上神"。西方基督教认为上帝创造了世界与人,而《尚书》认为世界万物并非"神创",而是由人掌握其规律并参与其中的客观存在。今文《尚书》的首篇是《尧典》,《尧典》以"曰若稽古"开

---

① [芬兰]聂培德著,齐畅译:《从〈尚书〉看周代思想中的天与王朝更迭》,《求是学刊》2009 年第 2 期,第 31 页。
② (清)阮元:《清经解》第四册,上海:上海书店出版社 1988 年版,第 771 页。

篇。"曰若"又可写作"越若""粤若",发语词,常用于追叙往事的开端;稽,即考察。"曰若稽古"即考察古事。焦循曰:"曰若稽古,乃史臣之言。"可见,对于今文《尚书》而言,世界与人是本来就这样的客观存在,其出现与"天"没有关系。无疑,今文《尚书》中的"老天"是有意志的,但是与西方能明确向人说出自己意见与指示的"God"不同,中华民族文化中的"老天"是不语的。子曰:"天何言哉?四时行焉,百物生焉。天何言哉?"(《论语·阳货篇》)既然如此,人也就无从听到天意,因为天意往往需要人自己去发现与领悟。人主要通过历史总结、世情观察、占卜审视、分析思考等方式间接获得天意,如"殷人的卜问方式:首先由贞问者向上帝做祷告,然后用火烧烤龟甲骨或猪牛等的肩胛骨,再由巫师通过辨认骨面的裂纹判认上帝的意旨。这里领受上帝意旨的途径是占卜者的'观'与'看',而不是'听'"①。

"老天"之"天"在今文《尚书》中一共出现了 156 次,是今文《尚书》"天"之意义的主体。这一意义上的"天"是名词,在今文《尚书》中主要充当主语、定语,充当宾语与其他成分的情况为少数。

一)充当主语

充当主语的"天",作为被陈述的对象,在句首回答"谁"的问题。如果谓语是动词性的,"天"就是动作、行为的主体,是动作、行为的发出者、主动者,即施事方。如果谓语不是动词性的,那么就是对"天"的描写或者判断。"老天"之"天"在今文《尚书》中主要充当主语,而且谓语主要是动词性的,这也展现了"老天"之"天"在今文《尚书》中意志性极强的特点。

在今文《尚书》中,主语"天"后面出现的动作、行为有:聪明、明畏;齐、哀、勤毖、相、求;降、灭;剿绝、终;寿、永、休;动威以彰、孚命正、命、荒;毖、锡;命、讨、秩、叙、棐、迪;监、阴骘、畀、建、罚殛、丧、须暇、教、畀矜等。

1. 天十动词

(14)天聪明,自我民聪明(《皋陶谟》)

---

① 冯达文、郭齐勇主编:《新编中国哲学史》上册,北京:人民出版社 2004 年版,第 15 页。

（15）天明畏,自我民明威(《皋陶谟》)

"聪明"和"明畏",分别由两个不及物动词并列,谓听视和赏罚。老天听取(意见)、观察(问题),表彰(好人)、惩治(坏人),都是从臣民那里得来的。

2. 天＋动词＋(宾语)

（16）天齐于民(《吕刑》)

（17）天亦哀于四方民(《召诰》)

（18）天亦惟用勤毖我民(《大诰》)

（19）今天相民(《吕刑》)

（20）今天其相民(《大诰》)

（21）天惟时求民主(《多方》)

齐,意为整齐、整顿、整治;哀,意为哀怜;毖,意为劳;相,意为助、扶助;求,意为寻求。老天治理、哀怜下民,使人们勤劳,帮助老百姓,寻求能做人民君主的人。

在今文《尚书》中,"降"是"天"发出的最多的动作、行为,降下的东西可以是褒义的,但以贬义的为多。如:

（22）矧今天降戾于周邦?(《大诰》)

戾,同"定",定命,即吉卜。天降戾,即老天降下定命。

（23）今天降疾(《顾命》)

（24）天曷不降威?(《西伯戡黎》)

（25）(26)天降威(《大诰》《酒诰》)

（27）予不敢闭于天降威(《大诰》)

（28）天降割于我家(《大诰》)

（29）弗吊天降丧于殷(《君奭》)

（30）故天降丧于殷(《酒诰》)

（31）天降时丧,有邦间之(《多方》)

疾,病也;威,指惩罚、灾祸、灾难;割,同"害",即灾祸;丧,灭亡,指亡国的灾祸。老天降下的惩罚从个人的疾病到国家的灭亡有大有小。当

然,根据世间情况,它也可以随时收回惩罚。如:

(32)天灭威(《君奭》)

当然,有时"天"后也可以接其他的动词来表达它的惩罚。如:

(33)天用剿绝其命(《甘誓》)

(34)天既遐终大邦殷之命(《召诰》)

剿绝,意为断绝;终,意为结束。

同样,"天"后也可以接其他的动词来表达它的赏赐。如:

(35)天寿平格(《君奭》)

(36)天其永我命于兹新邑(《盘庚》)

(37)天休于宁王,兴我小邦周(《大诰》)

(38)天亦惟休于前宁人(《大诰》)

这里的"寿"是使动用法,意为使……寿;永,意为延长;休,意为嘉惠、嘉美。老天可以使平康正直的官员长寿,可以延长国运,也可以嘉惠为政者。

有时"天"后接不止一个动词,形成连动句,如:

(39)今天动威以彰周公之德(《金縢》)

(40)天既孚命正厥德(《高宗肜日》)

(41)今天其命哲,命吉凶,命历年(《召诰》)

(42)天毒降灾荒殷邦(《微子》)

彰,即显示;孚,同"附""付",交付、给予的意思;命,指给予;荒,同"亡"。

有时,"天"后面的宾语也不止一个,如:

(43)天閟毖我成功所(《大诰》)

閟,意为慎、秘密;毖,意为告诉;所,意为天意。"我"是近宾语(与事宾语或间接宾语),"成功所"是远宾语(受事宾语或直接宾语)。这句话可以解释为老天秘密地告诉我们成功的意思。

(44)天乃锡禹洪范九畴(《洪范》)

锡,通"赐",给予。"禹"是近宾语,"洪范九畴"是远宾语。这句话讲的是老天赐给禹九种大法。

有时,宾语省略,或者部分省略,如:

(45)天命有德(人)(《皋陶谟》)

(46)天讨有罪(人)(《皋陶谟》)

(47)天秩(人)有礼(《皋陶谟》)

(48)天叙(人)有典(《皋陶谟》)

(49)天棐(我们)忱辞(《大诰》)

(50)天其申命(你)用休(《皋陶谟》)

3. 天+动词+(兼语)+动词+宾语

兼语是指由前一动语的宾语兼作后一谓语的主语,即动宾短语的宾语和主谓短语的主语套叠,合二为一,形成宾语兼主语双重身份的成分。在古汉语中,这个兼语成分往往被省略。如:

(51)天迪(夏)从子保(《召诰》)

(52)天命(我)殛之(《汤誓》)

(53)天迪(殷)格保(《召诰》)

迪,教导的意思;子,通"慈";子保,慈保,即贤人。殛,指诛杀。格,通"假";格保,嘉保,即贤人。

4. "惟+天"或者"天+惟"

作为主语的"天",前后往往还可以加上"惟"字。

加在前面的有:

(54)惟天监下民(《高宗肜日》)

(55)惟天阴骘下民(《洪范》)

(56)惟天降命(《酒诰》)

(57)惟天不畀允罔固乱(《多士》)

(58)惟天不畀不明厥德(《多士》)

(59)惟天不畀纯(《多方》)

(60)亦惟天丕建保乂有殷(《多士》)

(61)爽惟天其罚殛我(《康诰》)

爽,发声也;爽惟,发语也。

加在后面的有:

(62)天惟丧殷(《大诰》)

(63)天惟纯佑命(《君奭》)

(64)天惟降时丧(《多方》)

(65)天惟五年须暇之子孙(《多方》)

(66)天惟求尔多方(《多方》)

(67)天惟式教我用休(《多方》)

(68)(69)天惟畀矜尔(《多士》《多方》)

5."否定词+天"或者"天+否定词"

在否定句中,否定词可以出现在"天"字前面,对主语进行否定,也可以出现在"天"字后面,对谓语进行否定。

在今文《尚书》中,否定词"非"可以出现在主语"天"之前,如:

(70)非天夭民(《高宗肜日》)

(71)非天攸若(《无逸》)

(72)非天庸释有夏(《多方》)

(73)非天庸释有殷(《多方》)

(74)非天不中(《吕刑》)

也可以出现在主语"天"的后面,如:

(75)天非虐(《酒诰》)

在今文《尚书》中,出现在主语"天"后面的否定词还有"罔""难""不"。如:

(76)惟时天罔念闻(《多士》)

(77)天难谌(《君奭》)

(78)天不可信(《君奭》)

(79)天不庸释于文王受命(《君奭》)

二)充当定语

定语从表义作用看,分为限制性定语和描写性定语。在今文《尚书》

中,作定语的"天"是限制性定语,是对中心语所指的事物范围加以限制,起到分类的作用,增强语言的准确性和严密性。作为名词的"天"作定语时表示人或事物的领有者。

1. 天命

定中结构的"天命"在今文《尚书》中出现次数较多,共 16 次:

(80)先王有服,恪谨天命(《盘庚》)

(81)矧曰其有能格知天命?(《大诰》)

(82)尔亦不知天命不易?(《大诰》)

(83)天命不僭(《大诰》)

(84)亦惟助王宅天命(《康诰》)

(85)有夏服天命(《召诰》)

(86)有殷受天命(《召诰》)

(87)其曰我受天命(《召诰》)

(88)奉答天命(《洛诰》)

(89)非我一人奉德不康宁,时惟天命(《多士》)

(90)非予罪,时惟天命(《多士》)

(91)天命自度(《无逸》)

(92)不知天命不易(《君奭》)

(93)尔乃不大宅天命(《多方》)

(94)尔乃屑播天命(《多方》)

(95)尔尚敬逆天命(《吕刑》)

有时"天命"写成"天明",如:

(96)天明畏(《大诰》)

(97)惟天明畏(《多士》)

(98)绍天明(《大诰》)

天明,即天命,杨树达认为:"明是命之假借字。"

或者写成"天显",如:

(99)在昔殷先哲王迪畏天显小民(《酒诰》)

有时,在"天命"两字之间加上"永"字,表示长久、永远之意。如：

（100）王其德之用,祈天永命（《召诰》）

（101）欲王以小民受天永命（《召诰》）

（102）惟恭奉币,用供王能祈天永命（《召诰》）

当然,在"天命"两字之间加上"之"的情况也较常见,如：

（103）敕天之命（《皋陶谟》）

（104）图天之命屑有辞（《多方》）

（105）洪惟图天之命（《多方》）

（106）弗克以尔多方享天之命（《多方》）

（107）尔曷不夹介乂我周王享天之命（《多方》）

（108）尔曷不惠王熙天之命?（《多方》）

有时,除在"天命"两字之间加"之"外,还加上其他的修饰语,如：

（109）罔知天之断命（《盘庚》）

断,意为断定。

（110）无坠天之降宝命（《金縢》）

宝,意为宝贵。

可见,在今文《尚书》中,"天"与"命"的组合还比较松散,二者之间可以加入其他成分。

2. 天威

（111）后暨武王诞将天威（《君奭》）

（112）肆念我天威（《君奭》）

（113）敬迓天威（《顾命》）

（114）其能而乱四方以敬忌天威（《顾命》）

（115）具严天威（《吕刑》）

威,相当于"罚"。"天威"两字之间可以加上"之"字,如：

（116）则惟尔多方探天之威（《多方》）

3. 天罚

"天罚"与"天之罚"在今文《尚书》中均有出现,并以后者为多。如：

（117）我乃明致天罚（《多士》）

（118）天罚不极（《吕刑》）

（119）今予惟恭行天之罚（《甘誓》）

（120）今予发惟恭行天之罚（《牧誓》）

（121）致天之罚（《汤誓》）

（122）予亦致天之罚于尔躬（《多士》）

（123）我则致天之罚（《多方》）

表示"天罚"这一意义，还有其他的表达方式，如：

（124）闵予小子嗣，造天丕愆（《文侯之命》）

愆，即过，惩罚的意思。丕，大的意思。

4. 天休（泽）

与"罚""愆"意义相反的是"休""泽"，如：

（125）天休兹至（《君奭》）

（126）公不敢不敬天之休（《洛诰》）

（127）公其以予万亿年敬天之休（《洛诰》）

（128）罔不配天其泽（《多士》）

例（128）中的"其"，犹"之"也。

5. 天子

天子，即天之子也，是对古代政权里王者的尊称。王者受天命而立，故称天之子。《左传·襄公十四年》："天生民而立之君，使司牧之。"

（129）天子（《西伯戡黎》）

（130）天子作民父母（《洪范》）

（131）敢敬告天子（《顾命》）

（132）以近天子之光（《洪范》）

（133）告嗣天子王矣（《立政》）

古代君王除专称"天子"外，还可以说成是"天胤"，如：

（134）罔非天胤（《高宗肜日》）

胤，指后裔、后代，《史记·殷本纪》作"继"。"天胤"在这里特指天子,谓殷先王同是天子。孙星衍:"天胤,犹言天之子。"①

有时,古代君王又称"元子"。如《召诰》:"皇天上帝改厥元子。"元子,首子,即天子。郑玄曰:"言首子者,凡人皆天之子,天子为之首耳。"可见,在今文《尚书》中,"天子"作为"天之长子"之意与后世的"天之独子"之意完全不同,前者还包含人与人之间朴素的平等意识,而后者把君王神圣化,在君王与其他人之间划下了不可逾越的鸿沟。

6. 其他

在今文《尚书》中,"天明威""天性""天德""天畏""天若""天时""天役""天牧"中的"天"也均作定语。

(135)将天明威(《多士》)

天明威,即老天的明威。

(136)不虞天性(《西伯戡黎》)

天性,即老天的性情,一说犹天命。孔颖达疏:"而王不度知天命所在。"

(137)惟克天德(《吕刑》)

(138)天畏棐忱(《康诰》)

畏,通"威",即德。天畏,即天德。

天德,即上天仁爱之德。孔颖达疏:"惟克天德,言能效天为德,当谓天德平均。"②也有学者指出:"'天德'既体现着自然法则,也体现着社会法则;既彰显着宇宙之理,也呈现着人生之理。这样的'德',不仅具有了明确的哲学内涵,而且还具有了统摄宇宙和人生的最高本体的义蕴。"③周人把现世的"德"扩展延伸到上天,创造出一个比"王德"更为神圣的概念——"天德",这就使上天成为"德"的完美拥有者和最高象征者。

(139)(140)面稽天若(《召诰》)

---

① (清)孙星衍撰,陈抗、盛冬铃点校:《尚书今古文注疏》,北京:中华书局1986年版,第245页。
② (清)阮元校刻:《十三经注疏(附校勘记)》,北京:中华书局1979年版,第249页。
③ 孙熙国、肖雁:《论〈尚书〉"德"范畴的形上义蕴——兼论中国哲学认识和把握世界的三个基本环节》,《哲学研究》2006年第12期,第44页。

（141）兹亦惟天若元德（《酒诰》）

若，顺的意思。天若，天之所顺，即天意。

（142）以不浮于天时（《盘庚》）

（143）予造天役（《大诰》）

役，即役使。

（144）非尔惟作天牧？（《吕刑》）

天牧，即天的治民官，这里指诸侯。

三）充当宾语

"天"在今文《尚书》中充当宾语的情况不多，仅 4 见。

"天"是高高在上的，是人要顺从、善待的对象，如：

（145）若天棐忱（《君奭》）

（146）惟典神天（《多方》）

"天"是人们苦难时呼告求助的对象，如：

（147）以哀吁天（《召诰》）

"天"是有贤臣相助而有功绩的君王死后神灵能够匹配而称帝的对象，如：

（148）故殷礼陟配天（《君奭》）

"天"是庇护人一生命运的主宰，如：

（149）我生不有命在天？（《西伯戡黎》）

四）充当其他成分

"天"在今文《尚书》中充当主谓短语的主语 1 见，充当兼语 1 见，充当状语 4 见。

1. 充当短语中的主语

（150）天惟与我民彝大泯乱（《康诰》）

与，赐的意思。这句话是说老天赐给老百姓的常法就是大泯乱。

（151）王如弗敢及天基命定命（《洛诰》）

基，谋的意思；第一个"命"为动词；第二个"命"为名词。天基命定命，即老天谋告的周家定命。

2. 充当兼语

(152) 予迓续乃命于天(《盘庚》)

迓,通"御",使。我要使老天让你们的生命延续下去。

3. 充当状语

(153) 矧曰其有能稽谋自天?(《召诰》)

矧解释为况、何况;稽解释为考。这句话可理解为,何况说能从老天考求其意呢?

(154) 乃能责命于天?(《西伯戡黎》)

乃,意为宁、却。难道还能向老天祈求庇护吗?

(155) 矧曰其尚显闻于天(《康诰》)

何况还被老天清清楚楚地知道呢。

(156) 弗惟德馨香祀,登闻于天(《酒诰》)

登,意为升。君主德行清明,祭祀时才会带有香气,祷告才能上达天上。

(二)天庭

神仙、天帝、先祖等在天上的居所,中华民族习惯上称为"天庭"(或"天宫")。在今文《尚书》中,"天"为"天庭"之意的仅 2 见,并且全部出现在《周书》中。

(1) 若尔三王是有丕子之责于天,以旦代某之身(《金縢》)

三王,指周的先王,即太王、王季、文王;丕子,读为布兹,并声之转,为弟子助祭以事鬼神者之役,即布席祭祀;丕子之责,即助祭的职责。武王病重,周公以身为质,祈求先王,请代其死。他祷告道:假若你们三位先王此时在天上(即在天帝左右),现在有助祭的职责,就让我姬旦来代替姬发吧。原句中的"天"指天庭。

(2) 兹殷多先哲王在天,越厥后王后民,兹服厥命(《召诰》)

多先哲王,指殷商从成汤到武丁,有六七位圣明的君王。这殷国许多圣明的先王都在天上(天庭),殷商后来的君王和臣民才能够接受天命。

三、意志之天：天意、天命

意志之天类似于义理之天，意义与"天理"相近，指老天的意志、旨意。意志之天在今文《尚书》中共 6 见，其中 2 例见于《商书》，4 例见于《商书》。

（1）天既讫我殷命（《西伯戡黎》）

（2）故天弃我，不有康食（《西伯戡黎》）

既，同"其"，恐怕，大概的意思。周文王打败黎国后，祖伊十分恐慌，奔告纣王，推测道：天意恐怕要终结我们殷商的国运了，因为"格人元龟，罔敢知吉"，能知天地吉凶的至人与灵验的大龟都觉察不出一点吉兆。天意抛弃我们，不让我们安居足食。

（3）在今后嗣王，诞罔显于天（《多士》）

诞，意为大；显，意为明。这句话讲的是纣王很不明老天的意旨。

（4）予亦念天，即于殷大戾，肆不正（《多士》）

念天，即念天意割殷。周公代成王对殷商旧臣发布诰令时说：我也考虑到天意仅仅在于灭亡殷国，殷事既已平定，所以不治你们的罪。

（5）大动以威，开厥顾天（《多方》）

开，意为启示、启发。郑玄注："言天下灾异之威，动天下之心。"也就是（天）大降灾异，启发众国顾念天意。

（6）予惟用闵于天越民（《君奭》）

闵，意为忧虑；越，意为与。我唯一的想法是，我们要忧虑天命与民心之无常。

四、其他之天：天然、大

（一）天然

"天"为"天然"之意在今文《尚书》中仅 1 见：

于弟弗念天显，乃弗克恭厥兄（《康诰》）

天显，意为天明、天伦，即天然伦次。《左传·昭公二十五年》："为父子兄弟婚媾以象天明。"《谷梁传·隐公元年》："兄弟,天伦也。"范宁注:"兄先弟后,天之伦次。"原句意思是:做弟弟的不顾天伦,不尊敬他的哥哥。

（二）大

"天"为"大"之意在今文《尚书》中3见:

（1）惟时亮天功（《尧典》）

亮,意为导、领导;天功,意为大事。曾运乾言:"人事也,言天者,大之也。"

（2）无旷庶官,天工,人其代之（《皋陶谟》）

工,同"功",事;天工,《汉书·律历志》作"天功",指天命之事,大事。原句意思是:不要虚设各种职位,老天命定的大事,应当由人代替完成。

（3）肆予敢求尔于天邑商（《多士》）

天邑,即大邑,尊仰之词。《文选·班固〈典引〉》载:"革灭天邑。"蔡邕注:"天邑,天子邑也。"原句意思是:现在我敢从大邑商招徕你们。

第三节 敬天文化的主要内容及历史影响

今文《尚书》所记载的内容时代久远,时间跨度大,上溯尧舜,下迄东周。"天"作为终极标准贯穿始终,被广泛用于赞誉明君、贤臣,声讨昏君、乱臣,劝谏君王、同僚,告诫臣民、子孙等,近乎"非天,无以言是非曲直"。

在远古时代,"天"尚没有神化,在很大程度上指的是"自然之天",人们对其小心翼翼、恭恭敬敬,不敢有丝毫违背。如首篇《尧典》记载了尧制定历法节令:"乃命羲和,钦若昊天,历象日月星辰,敬授人时。"这句话先后出现两个表敬副词"钦""敬",还有一个"若"字表示顺从、遵循,表现的都是对"天"的敬重与顺从。可见,在"天"的神秘面纱没有揭开之前,人类在心理上是完全被它支配的。当然,在"天"神化以后,人类的敬天行为表现得更加鲜明。

天命观来自神化之天,即人造的神化的天堂。神化之天不是本来就有的,也不是无缘无故出现的,它的产生与当时的社会发展水平和科学认知水平都极为低下密切相关。人类在茹毛饮血、刀耕火种的时期,原始思维还不足以全面认识日月星辰,不能解释狂风暴雨、电闪雷鸣等自然现象。他们依赖于自然环境又对自然界感到畏惧和神秘,逐渐产生了"万物皆有灵"的自然崇拜,由此也带来了一种安全感与幸福感。由于生产力低下、科学认知缺乏,人们对神秘莫测的"天"由衷崇拜、诚惶诚恐,神权政治因而得以萌生、形成。古人通过对身边自然、社会环境的体验来认知世界,这种方式是自发的、朴素的、实在的。所以,神仙谱系其实是人世帝王谱系在天上的映像,也是华夏社会历史进程的另一种诠释。这种认知方式属于认知语言学中的隐喻。隐喻是人们认识世界不可缺少的一种认知手段和思维方式。现代隐喻理论认为,隐喻在本质上是一种认知方式,是一种重要的思维方法,它是用某一种事物来说明、理解和体验另一种事物的认知活动,是人类更好地探索、理解和解释世界的有力的认知工具。隐喻不但丰富了语言,而且在形成不同范畴之间的关系网中起了重要作用,在源范畴和目标范畴之间建立起跨域映射。

我国对天的崇拜至少在夏代时已经盛行。较之夏人,殷人对天的崇拜程度更甚。《虞夏书》《商书》主要把"天"看成是世人必须绝对服从的万物主宰。《商书》留下了我国天命观早中期的时代烙印。殷商是一个极为迷信天命的王朝,几乎是逢事皆卜。《礼记·表记》载:"殷人尊神,率民以事神,先鬼而后礼。"[1]纣王已经众叛亲离依然寄希望于有命在天,发出"呜呼!我生不有命在天"(《西伯戡黎》)的言论;殷末贵族箕子向周武王详细阐述洪范九畴时,也表明"龟筮共违于人,用静吉,用作凶"(《洪范》),认为龟卜蓍筮都不合人意的事就不要做了,因为龟筮是代表天命。在他看来,天命远高于人意。可见,夏商时代处于"人合于天"的状态,那时的"天"处于独尊的至高地位。这种思想认识到商代晚期,乃至周代早

---

① (汉)郑玄注,(唐)孔颖达疏:《礼记正义》,北京:中华书局1980年版,第1642页。

期依然比较浓厚。

由夏商到周,人类的思想意识发生了巨大的飞跃,主要表现于《周书》在敬天的同时,强调人为,力推明德尚德,关注民情民意。周代以后,"天"仍然是至高无上的,但在神权政治施行上,初期以守成为主,中后期以创新变革为主。在周公与召公施政时期,周人敬天的思想发生了质的变化。他们于尊天敬天的前提下,在总结王朝更迭历史经验教训的基础上,开始对天进行大胆的怀疑,提出了"以德配天"的思想。此时,"天"成为表象,"德"成为内涵。同时,周人还将民意与天意相连。天意与民情在周代甚至达到了同等的地位,如周公曾对召公明确说过"予惟用闵于天越民"(《君奭》),认为为政者要忧虑的是天命与民心。《康诰》较明显地反映了这一变化。《康诰》是周公平定三监及武庚之乱后,告诫武王同母少弟康叔治理卫国的诰词。全篇阐明了尚德慎罚、敬天爱民的道理,强调用德政教化殷民,巩固周王朝的统治。在诰词中,周公的代表性言论有"惟命不于常""宏于天,若德裕乃身,不废在王命""乃服惟弘王应保殷民,亦惟助王宅天命,作新民""予惟不可不监,告汝德之说于罚之行"等。"'敬天'是神权政治早期的特点,'敬德'则是'敬天'的时代性的发展与变异,是神权政治人性化的嬗变。"[1]"古人立国,以测天为急;后世立国,以治人为重"[2],这是人类社会文明进步的历史必然。周代的敬德保民,其实质在于用"德"去祈天永命。"这样,'天'、'德'、'民'便成为一个不可分割的整体,上天赋命,在于德,而德之善恶,取决于民,只有保民,才能保住天命,从而实现了'天人合一'的双向思维模式。"[3]

当然,"从夏代到商代再到周代,'人'在天人关系中的地位是不断提升的,但是'帝'(商代的至上神)'天'(周代的至上神)作为至上神的基本

---

① 王定璋:《从敬天保民到敬德保民——〈尚书〉中神权政治的嬗变》,《天府新论》1999 年第 6 期,第 82 页。

② 柳诒徵编著:《中国文化史》上卷,上海:东方出版中心 1988 年版,第 44 页。

③ 潘兴:《〈尚书〉中的天及天人关系问题》,《烟台师范学院学报(哲学社会科学版)》1999 年第 2 期,第 48 页。

性质并没有改变"①。当然,作为至上神的"天",其具体内涵随着时代的发展而有所变化。

一、敬天文化的主要内容

"敬天"思想是今文《尚书》的核心思想之一。人类在"敬天"的同时,从来都没有忽视"人"的主体性,尤其是君王的修养与品德。今文《尚书》以《尧典》开卷,而《尧典》以"尧的功德"开篇,即"钦明文思安安,允恭克让,光被四表,格于上下。克明俊德,以亲九族。九族既睦,平章百姓。百姓昭明,协和万邦。黎民于变时雍"。这足以说明问题。尧帝是后世君王的楷模,今文《尚书》由此奠定了全书"敬天"文化的总体导向。纵观今文《尚书》,其"敬天"文化主要包括"君权天授""行由天命""天监下民""天意可察""天命无常"五大方面。

(一)君权天授

"君权天授"是中华民族不同于其他民族的独特之处。源于秦而自明代正式使用的封建帝王诏书的开头套语"奉天承运",正是"天授君权"思想的现实反映之一,用以凸显封建帝王统治的合法性、神圣性以及皇权的至高无上。神化的"天",事实上是权力争夺者、统治者愚弄百姓的工具,不仅可以给人们带来无从抗拒的震慑,还可以给人们带来精神上的慰藉。将"天"神化,目的是实现统治、巩固统治。当人世间君王被神圣化为"天子"后,上天被异化为君王的父亲,天子的地位因而得到了神圣的保障,成为所有人,尤其是众多有皇族血统的其他诸王之上的最大的王。

在今文《尚书》中,神化之"天"除了被称为"天",主要还被称为"皇天""上帝""帝",世间帝王被称为"皇""皇后""皇帝""帝""王""天子",他们是天委以大命、代为治理世间民众的执政者。正如《洪范》所言:"天子

---

① 王灿:《〈尚书〉中的天人关系新探》,《青海师范大学学报(哲学社会科学版)》2009 年第 6 期,第 32 页。

作民父母,以为天下王。"《洪范》是帝王之书,其核心思想就是天授大法、天授君权,其中第七条大法是"稽疑",其思想基础正是天命观。

既然君权是天授的,那么当天子行为得不到老天认可时,老天可以随时收回授命,将君权转交给新的合适之人。对于夏、商、周朝代的更迭、皇权的交接,今文《尚书》将其归于天意、天命,正所谓"天命有德""天讨有罪"(《皋陶谟》)。

夏桀考虑政事,不为百姓,不听老天教令,大肆游乐,"乃惟有夏图厥政,不集于享,天降时丧,有邦间之"(《多方》)。老天不再眷念、怜悯他,废除了给夏的大命,"惟时天罔念闻,厥惟废元命"(《多士》)。"天惟时求民主"(《多方》),"乃命尔先祖成汤革夏"(《多士》),老天寻求新的人选,命令成汤消灭夏国,取而代之。商朝末年,纣王"自视自己的权力生来俱有,他将自己的地位等同甚至超越于祖先神或帝之上","在不断贬抑帝和祖先神的作用时,又将自己神化,重新赋予个人权力以迷信的性质"。① 纣王"弗吊旻天""诞淫厥泆,罔顾于天显民祗,惟时上帝不保"(《多士》),"故天降丧于殷,罔爱于殷,惟逸"(《酒诰》)。由于纣王不敬天,淫游逸乐,不顾天意和民困,老天就不保佑他了,降下亡国灾祸。"天乃大命文王。殪戎殷,诞受厥命越厥邦厥民,惟时叙,乃寡兄勖"(《康诰》),老天降大命于文王,灭亡殷,由周武王接受老天的大命和殷国殷民,继承文王基业。夏桀与商纣把夏、商两代天命观所蕴含的文化危机展现得淋漓尽致。他们"图天之命""图帝之命"(《多方》),把"天"看成是绝对的、抽象的、偏私的,"天命"将永恒不变地、无条件地归属自己。"夏桀认为天命在于身,不会因为民而变,所以他无畏于民,把自己比作太阳,是永远不会覆灭的。桀以此来说明自己王位的永恒性,恐吓下民。商人大概在接过夏人政权后,没有做出深刻的反思,其天命观和夏人的天命观如出一辙","因为殷人的天命观是专断的,天命不会因为外在原因而转移,永远

---

① 何发甦:《〈尚书·西伯戡黎〉"我生不有命在天"说辨析》,《史学史研究》2008 年第 2 期,第122 页。

是属于商人,因此在某种情况下会走向极端,使主政者不再重视民意,走向民众的敌人"。①

周代的统治者依然认为"天"具有绝对的权威,尤其在驯服殷民与各国君臣时,更是高度强调天威、天命,如"我有周佑命,将天明威""惟我下民秉为,惟天明畏"(《多士》),"则惟尔多方探天之威,我则致天之罚""我惟祗告尔命"(《多方》)。"显然,周人固执地认为他们与上天有一种特殊的关系,这才使他们变善,因而使他们的统治合法化。周是奉天之命而新建的王朝。"②当然,周人以殷为鉴,深刻审视、反思王朝政权更迭的原因,构建了天、民、王三者之间的关联。王是天命的代理人,但这种代理不是永久的,而是会因民而改变,倘若王不能助天安民,天便会重新选定代理人。周人将忧患意识凝练到天命观中,将天与民联系起来解释王权的合法性,改变了以往专断的天命观。"天意行于民意之中,君王秉承天意需要通过爱民、保民途径,而非单纯的祭祀上天和祖先神灵,这是商、周天命观的本质区别。"③

(二)行由天命

"天命"的直接组合在今文《尚书》中共出现 18 次,其中,主谓结构的"天命"2 见,还是短语;定中结构的"天命"16 见,已经凝固成词。定中结构的"天命",除 1 处出现于《商书·盘庚》中之外,其他均出现于《周书》中。可见,"天命"这一概念在商代已经出现,在周代已经成熟。

在"天命"一词还没有出现的《虞夏书》中,其实已经有了天命的思想。如"天秩有礼""天叙有典"(《皋陶谟》),皋陶认为老天规定了人的尊卑等级与伦理秩序,强调要顺从天意,遵循尊卑等级制度,搞好道德伦常关系。再如,夏启举兵讨伐不服他继承父亲禹帝位的有扈氏前告诫将士

---

① 林国敬:《天民 民命 民主——论〈尚书〉民本思想的逻辑建构》,《海南大学学报(人文社会科学版)》2017 年第 5 期,第 86 页。
② [芬兰]聂培德著,齐畅译:《从〈尚书〉看周代思想中的天与王朝更迭》,《求是学刊》2009 年第 2 期,第 34 页。
③ 林国敬:《天民 民命 民主——论〈尚书〉民本思想的逻辑建构》,《海南大学学报(人文社会科学版)》2017 年第 5 期,第 88 页。

"天用剿绝其命,今予惟恭行天之罚"(《甘誓》),宣称自己是在奉行老天对有扈氏的惩罚。这场战争让中华民族正式由"公天下"进入"家天下"。

在《商书》中,商汤在发动军民出师讨伐夏桀时,一再声明"有夏多罪,天命殛之""夏氏有罪,予畏上帝,不敢不正""尔尚辅予一人,致天之罚"(《汤誓》)。他高举天命的大旗,充分发动军民奉天而战,最终取得了胜利。盘庚迁殷时,臣民不乐意,他便声明"天其永我命于兹新邑""肆上帝将复我高祖之德""吊由灵各;非敢违卜"(《盘庚》),反复强调迁都之举是遵循天命。

在周代,"天命"的概念广泛运用于发动战争、驯服顽民、理性禁酒等方面。周公劝导邦君、群臣合力东征时说:"矧今天降戾于周邦?""尔亦不知天命不易?"又说,"天明畏""天閟毖我成功所""天亦惟用勤毖我民""天命不僭,卜陈惟若兹"(《大诰》),强调天命不会有差错,天命可畏、不可改变,必须顺从天意、遵从天命。周公代替成王向不服从统治的殷商众士、各国君臣发布诰令时同样勉励他们遵从天命、顺从统治,否则"予亦致天之罚于尔躬"(《多士》),"我则致天之罚"(《多方》)。周公命令康叔在卫国禁酒时,也首先强调"惟天降命,肇我民,惟元祀"(《酒诰》),只有大祭时才能饮酒的理性饮酒是天意。"在书经、诗经,以及至少一件青铜铭文中,提到商朝走上邪恶之路是因为他们沉迷于美酒之中。周人通常只在祭祀仪式上用这种液体,陶醉与宗教仪式的结合并非罕见。显然,商人精致的生活方式使周人震惊,他们认为祭祀之外的饮酒是一种挥霍行为。"[1]

(三)天监下民

在中华民族的传统观念中,世间的一切都在老天的注视之下,小到世人健康与否,大到寿命长短乃至生死,均由老天决定,但是"天非虐,惟民自速辜"(《酒诰》),"非天夭民,民中绝命"(《高宗肜日》),"永畏惟罚,非天不中,惟人在命"(《吕刑》),老天不会任意惩罚下民,反而是下民的作为会决定自身的命运。王朝的覆灭也是同理,如"非天庸释有夏,非天

[1] Herrlee Glessner Creel, *The Origins of Statecraft in China*, Chicago:University of Chicago Press, 1970, p. 95.

庸释有殷""乃惟有夏图厥政,不集于享""乃惟尔商后王逸厥逸,图厥政不蠲烝"(《多方》),表明不是老天要舍弃夏、殷,而是夏、殷君主和各国诸侯自取灭亡,老天才降下亡国大祸。老天总是借新的力量建立新的王朝作为它惩罚消灭前一王朝的手段,实现天命的转移。"在早期王朝和殷至周初的时候,存在着一种相似的和循环的历史发展模式。在这种历史模式下,几种原因结合起来导致了最后对殷及之前的王朝的惩罚,也就是说,天命消失了。"①

"天聪明,自我民聪明。天明畏,自我民明威。达于上下,敬哉有土!"(《皋陶谟》)老天听取意见、观察问题,表彰好人、惩治坏人,都是从臣民那里得来的,民意与天意是相通的,所以取信于民方能取信于天。"言天人一理,通达无间。民心所存即天理之所在,而吾心之敬,是又合天民而一之者也。有天下者,可不知所以敬之哉?"②民众水深火热时,老天都会知晓。商末时"诞惟民怨,庶群自酒,腥闻在上"(《酒诰》),只有百姓的怨气和群臣私饮酒的腥气被老天知道。百姓都希望纣王赶紧灭亡,大呼"天曷不降威"(《西伯戡黎》),"夫知保抱携持厥妇子,以哀吁天,徂厥亡,出执"(《召诰》)。他们悲哀地呼告老天,诅咒纣王灭亡,希望尽早脱离困境。周初执政者也认为,对于殷民不静,老天也知道的清清楚楚,"矧曰其尚显闻于天"(《康诰》),所以,必须用德政教化殷民以巩固政权。

"惟天阴骘下民"(《洪范》),老天保护下民,根据民情好坏,给予为政者相应的赏罚。"惟天监下民,典厥义"(《高宗肜日》),老天监视下民,表扬他们遵循义理行事,会降下休美,如"天其申命用休"(《皋陶谟》),"天休于宁王"(《大诰》),"天休兹至"(《君奭》),"天惟式教我用休"(《多方》)等。除了赐予皇权大命,延长人的寿命也是老天降下的休美,如"天寿平格"(《君奭》),老天使平康正直者长寿。对世人不当的行为,老天会发出警告,如"天既孚命正厥德"(《高宗肜日》),"今天动威以彰周公之德"

---

① [芬兰]聂培德著,齐畅译:《从〈尚书〉看周代思想中的天与王朝更迭》,《求是学刊》2009 年第 2 期,第 33 页。

② (宋)蔡沈注,钱宗武、钱忠弼整理:《书集传》,南京:凤凰出版社 2010 年版,第 31 页。

《金縢》),"大动以威,开厥顾天"(《多方》)等,甚至降下惩罚,如"爽惟天其罚殛我"(《康诰》),"天降威"(《酒诰》)等。所以,"今天相民,作配在下"(《吕刑》),老天扶助百姓,为政者在下要积极配合天意。

（四）天意可察

在今文《尚书》中,灾异的现象、占卜的结果、民众的呼声是天意传递的主要方式,因而,贤人与占卜是体察天意的主要途径。"格人元龟,罔敢知吉"(《西伯戡黎》)中的"格人"即至人、贤人,"元龟"即大龟、灵龟。《孔疏》云:"至人谓至道之人,有所识解者也。至人以人事观殷。"《论衡·卜筮篇》云:"纣,至恶之君也,当时灾异繁多,七十卜而皆凶。"贤人和神龟都觉察不出一点吉兆时,便是灾祸来临的预示。

老天以辅国贤臣教告下民,"天惟纯佑命"(《君奭》),其中"纯佑"是古成语,金文多作"屯右",即辅国贤臣。老天教导夏、商要顺从贤人,努力考求天意,"天迪从子保,面稽天若""天迪格保,面稽天若"(《召诰》)。老天建立安治殷的贤人,"亦惟天丕建保乂有殷"(《多士》)。

古人迷信占卜,尤其在商周时期。《洪范》指出治国九种大法的第七种是考察疑惑,"稽疑:择建立卜筮人,乃命卜筮"(《洪范》),即要选择任命掌管龟卜和蓍筮的官员,教导他们占卜吉凶。用龟甲叫卜,用蓍草叫筮。"若卜筮罔不是孚"(《君奭》),其中"孚"含义为信,也就是说卜筮是没有人不相信的。人们认为龟越大越灵验,如"予不敢闭于天降威,用宁王遗我大宝龟,绍天明"(《大诰》),"今我即命于元龟"(《金縢》)等。

民众的呼声无疑是考察天意最主要的途径,故"人无于水监,当于民监"(《酒诰》),违逆天意、无视民情、虐民暴物,终会成为民众的敌人,这也是新生力量以正义的化身奉天讨伐旧政权的主要理由之一。

（五）天命无常

"《尚书》时代,人们既相信天命,同时又认为天命不是恒常不变的。"[1]

---

[1] 罗庆云:《〈尚书〉"天棐忱"等疑难词句训解》,《武汉大学学报（人文科学版）》2010年第2期,第231页。

尽管商代天命观的影响很大，但周代一些有担当的为政者与官员以史为鉴，已经能够清醒地意识到天命的无常。他们看到"惟天不畀允罔固乱""惟天不畀不明厥德"（《多士》），"惟天不畀纯"（《多方》）。

《孟子·万章上》："莫之为而为者，天也；莫之致而致者，命也。""上帝只是规定了人世的是非善恶，却并不直接插手人间事务，它还是通过人来实现它的命令。就人世事务而言，责任唯在人而不在天。"①今文《尚书》高度彰显出"人为"的力量，如盘庚为了避免水患、复兴殷商，力主迁都，虽遭到各方反对，但他百折不挠、想方设法劝告臣民"予迓续乃命于天"（《盘庚》），表示自己的努力是誓使老天让臣民的生命延续下去。历史证明，他迁都的决断是正确的。再如，当纣王发出"我生不有命在天"时，祖伊直言："乃罪多，参在上，乃能责命于天？"（《西伯戡黎》）祖伊认为纣王过失太多，不勤于政事，岂能祈求老天的庇护？召公曾回顾殷的历史："天既遐终大邦殷之命，兹殷多先哲王在天，越厥后王后民，兹服厥命"（《召诰》），认为正是由于之前有许多圣明的先王，殷商后来的君臣才能够接受天命，也就是说，殷先王们的大量努力使其后人得到了老天的眷顾。

周代为政者在"敬天"的同时，崇尚德政，高度重视"人为"。在周人的观念里，"天"是同时具有神性、工具性、德性三种性质的复合体。周人的日常卜问和祭祀活动反映了"天"的神性，周人的征伐和决策依据反映了"天"的工具性，周人顺应天德的表现反映了"天"的德性。"负责统治国家的君主和其他官员有责任服从于超越性的天，尤其通过践行道德准则，避免不道德的行为。"②作为周代统治集团的代表，周公功绩卓越，"从历史和现实的经验中得到了尊天、敬德、保民的政治结论"③。"尊天"是

---

① 张汝伦：《绝地天通与天人合一》，《河北学刊》2019 年第 6 期，第 56 页。
② ［芬兰］聂培德著，齐畅译：《从〈尚书〉看周代思想中的天与王朝更迭》，《求是学刊》2009 年第 2 期，第 33 页。
③ 刘挺生：《从测天到治人——〈尚书〉与中国古代治安思想探源》，《华东师范大学学报（哲学社会科学版）》1999 年第 1 期，第 29 页。

信念,"保民"是结果,"敬德"作为操作机制就成为连接"尊天"与"保民"的关键一环。特别可贵的是,召公明确提出"天难谌"(谌指信)和"天不可信"(《君奭》)等大胆而经典的论断。他勉励成王加急推行德政,用德行向老天祈求长久的福命,即"王其德之用,祈天永命"(《召诰》)。周公大力赞同召公,强调事在人为,认为"我道惟宁王德延,天不庸释于文王受命"(《君奭》),只要继承推广文王美德,老天将不会废弃周命。周穆王因而告诫王族:"天齐于民,俾我一日,非终惟终,在人。"(《吕刑》)老天治理下民,使执政者暂时掌握职权,成与不成,很大程度上在于人为。

"德"是一个以配天的"文王之德"为范本拥有具体内容的政治概念①,"敬德"成为周人试图永保政权的施政策略,因为天"惟德是辅"。由此,虽然天命无常,但在《尚书》中,"天"并非是完全不可捉摸、绝对抽象的,而是有规律可循的客观存在。"天和命,有一种循环的模式,出发点是一种以德为特征的理想。从上天得到的天命和休,就天而言是一种肯定的态度。在这种理想状态下,总的趋势是德的持续传播,行政征求天的意见而执行。"②

二、敬天文化的历史影响

中华民族的"天"作为"不完全人格的至上神",为"人"价值的发挥留下了广阔的空间,促进了中华民族理性思考能力的发展。"没有'创世'的观念,没有'听'的观念,都预示着中国文化的源头开启的实为一'理性'走向。"③"在中国文化的元典时代,中国'人'比西方的'人'具有更多的自主权和理性思考的空间","本来'帝'或'天'的人格神身份就不完

---

① 刘泽华:《先秦政治思想史》,天津:南开大学出版社1984年版,第38页。归纳出十项具体内容:敬天、敬祖、尊王命、虚心接受先哲之遗教、怜小民、慎行政、无逸、行教化、作新民、慎刑罚。
② [芬兰]聂培德著,齐畅译:《从〈尚书〉看周代思想中的天与王朝更迭》,《求是学刊》2009年第2期,第33页。
③ 冯达文、郭齐勇主编:《新编中国哲学史》上册,北京:人民出版社2004年版,第13页。

全,'德'的被发现和强调,更是使得其'人格神'的色彩进一步消褪"。①
今文《尚书》的"敬天"文化在中华民族文化史上产生了深远的影响。

1. 奠定了中央集权的理论基础

今文《尚书》阐发的天授君权、天授大法的神权行政思想,"对形成中国古代占统治地位的政治哲学理论,以及以皇权和神权为核心的高度中央集权的专制理论,具有决定性的影响"②。

在新旧政权交锋、交替的时候,合法性成为新生力量、新生政权必须优先考虑并妥善解决的问题。"敬天"文化中的"君权天授""行由天命""天意可察"等时代烙印,恰好可以成为统治集团维护其统治的理论武器。"宠神其祖,以取威于民"(《国语·楚语下》),统治集团往往尊崇神化自己的祖先,以此在人民中取得威信。在进入"家天下"的统治模式之后,统治者往往依靠老天来强化其权威性。既然老天不会出错,那么天命就不可违背;既然天命可以获知,那么奉天而动的行为就充满正义;既然君权天授,那么君王的指令必须顺从。历朝历代的统治者由此在民众心目中树立了自身不容置疑的绝对权威。今文《尚书》敬天文化奠定了我国古代中央集权制度的理论基础。

2. 确立了敬德保民的施政导向

今文《尚书》敬天文化中的"天监下民""天命无常",表现出对"天命"的怀疑甚至否定,充分肯定了人的作用,由此确立了日后敬德保民的施政导向。

"中国政治与文化之变革,莫剧于殷周之际。"③殷周交替之际是一个政治、思想大变革的时代,其中思想变革的重要体现就是天命观的弱化和道德观的强化。商纣王失德、失才、失诸侯、失民心,最终失去了江山。与其说是"天命"亡之,还不如说是"人为"丧之。"如果说夏商的统治者

---

① 王灿:《〈尚书〉中的天人关系新探》,《青海师范大学学报(哲学社会科学版)》2009 年第 6 期,第 34 页。
② 钱宗武、杜纯梓:《尚书新笺与上古文明》,北京:北京大学出版社 2004 年版,第 15 页。
③ 王国维:《殷周制度论》,《观堂集林》第 2 册卷 10,北京:中华书局 1959 年版,第 451 页。

的政治眼光仅仅是向上,看着天的话,周统治者的政治眼光已降低了下来,看到了自身与民众。"①在新的统治地位确立以后,政权的持久性必然代替合法性转而成为统治集团需要直面的问题。周初的统治者以殷为鉴,看到了人在天人关系中的主动权,人可以通过努力改变天意。他们发现天意与民意是相通的,民情的好坏成为执政好坏的检验标准。周代重视民情,可以看成是我国民本思想的萌芽。"在王朝更替的模式中,人民以及人民与统治者之间的相互关系也是重要的。统治者和他的人民之间应该建立一种健康的交流,统治者应该知道人民的需要,而不能忽视人民。"②"经此洗礼,先哲们逐渐放弃对宗教之天的宏大叙事,由重民转而专注于对人和人事本身之善的探索,将宗教之天转化为道德之天或理性之天。"③也就是说,周王朝不再奉上天为圭臬,开始注重自身的修养和对民众的爱护,以此来延续王朝的统治。

3. 促进了人文思潮的形成发展

在"天命"思想过于浓厚的历史条件下,人文因素是很难萌芽成长的。今文《尚书》文献所记载的历史时代,正是中国上古王官文化"神"的色彩渐淡、"人"的意味日浓的时代,亦即"天"的地位逐渐让位于"人"的时期。"上古王官文化起于原始宗教祭祀,至商周之际渐由'神本'转向'人本'。"④殷商后期,尽管整个社会还笼罩着浓厚的天命氛围,但诸多人为的因素已经蕴含其中。周代的明德尚德,正是人的地位被高度重视后的现象。"《尚书》中的天人观念及其衍生出的其他思想,都在某种程度上予春秋战国时期人文思潮以直接启发,可谓是这些人文思想的重要文

---

① 刘挺生:《从测天到治人——〈尚书〉与中国古代治安思想探源》,《华东师范大学学报》(哲学社会科学版)1999 年第 1 期,第 29 页。

② [芬兰]聂培德著,齐畅译:《从〈尚书〉看周代思想中的天与王朝更迭》,《求是学刊》2009 年第 2 期,第 48 页。

③ 林国敬:《天民 民命 民主——论〈尚书〉民本思想的逻辑建构》,《海南大学学报(人文社会科学版)》2017 年第 5 期,第 90 页。

④ 张富祥:《从王官文化到儒家学说——关于儒家起源问题的推索和思考》,《孔子研究》1997 年第 1 期,第 40 页。

献源头之一。"①其中,尤其是今文《尚书》敬天文化中的"天命无常"对诸子的思想产生了较为深刻的影响②,促进了春秋战国时期人文思潮的形成与发展。

人文思想最重要的特质是肯定人在社会历史中的地位,以人为主体,尊重人的价值,关心人的利益。春秋时期的思想家"已从殷周时期原始神学观、天命观的束缚中解脱出来,开始用理性的眼光去审视现实社会政治问题","就对人及人事的重视和肯定来说,表现为人本主义思潮(或称'以人为本'思潮)的出现"。③ 晁福林先生曾分析:"在很长的历史时期内,'德'观念都没有能够摆脱天道观念的影响。'德'观念走出天命神意的迷雾是西周时代的事情,然而将它深入到人的心灵的层面则是春秋战国时期思想家们的贡献。"④春秋之后,天仍然是至高至善的存在,但儒家代表人物孔子更注重人事,天的神秘性逐渐被人文性取代。尽管,儒家"很强调'天道'对'性命'的决定作用,认为'天'生人而有'命',有'天'才有'命',有'命'才有'性',人性是受天命支配"⑤,孔子也似乎相信老天对人事或命运有一定的主宰作用,但从儒家总体思想来看,还是更注重"人为",子曰:"人能弘道,非道弘人"(《论语·卫灵公篇》),"未能事人,焉能事鬼"(《论语·先进篇》)。"考察孔子对于'礼''乐''君子''小人'等概念的论述,以及他的思想中政治、法律、等级、教育等各个方面,他肯定人事、人的作用的内容也大大多于涉及'天'的主宰作用的内容。"⑥儒家经典《左传》已否定盲目的天命观,如"国将兴,听于民;将亡,听于神""鬼神非人实,唯德是依"⑦,是又一例证。

综上所述,"天"观念可以追溯到尤为久远的年代,"天"的内涵与"天"

---

① 王灿:《〈尚书〉天人观念与春秋战国人文思潮》,《长江论坛》2012 年第 4 期,第 78 页。
② 吴怀祺、林晓平:《中国史学思想通史·总论·先秦卷》,合肥:黄山书社 2005 年版,第 227 页。
③ 王杰:《春秋时期人文思潮思想述评》,《山东社会科学》2000 年第 5 期,第 94 页。
④ 晁福林:《先秦时期"德"观念的起源及其发展》,《中国社会科学》2005 年第 4 期,第 192 页。
⑤ 李零:《郭店楚简校读记》,北京:北京大学出版社 2002 年版,第 92 页。
⑥ (春秋)孔子著,思履译注:《论语全书》,北京:北京华侨出版社 2017 年版,第 492 页。
⑦ (晋)杜预注,(唐)孔颖达疏:《春秋左传正义》,北京:中华书局 1980 年版,第 1783、1795 页。

的地位也经历了一个发展变化的过程。今文《尚书》记载了夏商周三代敬天文化的丰富内涵,可以概括为"君权天授""行由天命""天监下民""天意可察""天命无常"五个方面。这产生了深远的历史影响,一方面奠定了中央集权的理论基础,另一方面确立了敬德保民的施政导向,同时也促进了人文思潮的形成发展,直接开启了春秋战国诸子百家思想争鸣的时代。

小　结

　　今文《尚书》的"敬天"文化在中华民族文化史上产生了极为深远的影响,奠定了中央集权的理论基础,确立了敬德保民的施政导向,促进了人文思潮的形成与发展。本章在介绍"天"字形义历史演变的基础上,重点探究了今文《尚书》中"天"的意义。在今文《尚书》中,"天"字共 184 见,其中《虞夏书》18 见、《商书》19 见、《周书》147 见,反映了中华文化传统中"天"文化的构建过程,尤其是在周代时,"天"已经是一个常用而且重要的概念。今文《尚书》中的"天"有时以单语素形式出现,有时与其他语素组合后出现,其意义主要有自然之天、神化之天、意志之天以及其他之天等,其中神化之天最多。今文《尚书》的神化之天不是"创世神",也不是"完全的人格神",而是"不完全人格的至上神",主要充当主语、定语,充当宾语与其他成分的情况较少。"天"作为终极标准贯穿今文《尚书》始终,被广泛用于赞誉明君、贤臣,声讨昏君、乱臣,劝谏君王、同僚,告诫臣民、子孙等。《虞夏书》《商书》主要把"天"看成是世人必须绝对服从的万物主宰。由夏商到周,人类的思想意识发生了巨大的飞跃,主要表现于《周书》在敬天的同时,强调人为,力推明德尚德,关注民情民意。纵观今文《尚书》,其"敬天"文化主要包括"君权天授""行由天命""天监下民""天意可察""天命无常"五大方面。"君权天授"保证了君王统治的合法性、神圣性;"天命"这一概念出现于商代,在周代发展成熟,周人以史为鉴,已经能够清醒地意识到天命的无常;在中华民族的传统观念中,世间一切都在天的注视之下,贤人与占卜是体察天意的主要途径,民众的呼声是考察天意最主要的途径。

第二章　"德"及明德文化

　　我国素有文明古国、礼仪之邦之称,明德尚德是中华优秀的文化传统,"德"在中华文化中是一个关键元素,是华夏重要的思想范畴。"随着社会历史的发展和社会形态的演变而不断发展,其根植于人自身所处的历史实践阶段,它既涉及社会层面的生活秩序,也联系着个体的存在方式。"①因此,德具有民族性,不同的民族有不同的标准;德具有历史性,不同的历史时期也有不同的标准。在我国的文化中,"德"主要是在政治的视域下产生的。《孔子家语·入官》有载,子曰:"德者,政之始也。"②中华数千年来,"德"始终是一个最重要的政治话题。"德"是中华民族思想政治体系的核心话语之一,经过数千年的发展,已经成为中华政治活动的指南针与精神源泉,在各个历史时期都发挥了极为重要的作用。因此,作为与我国传统文化诸多元素的形成发展关系极为密切的政书之祖,《尚书》最早鲜明提出并高度强调了"德"自在情理之中。

---

① 谢晓娟、张召鹏:《"立德树人"的内涵:一种人学的解读》,《辽宁师范大学学报(社会科学版)》2018年第2期,第4页。
② 杨朝明、宋立林主编:《孔子家语通解》,济南:齐鲁书社2009年版,第259页。

第一节 "德"字的形义演变

从字形上看,文字隶变后,德字写作"德"或"悳(惪)";汉字规范化后,确定"德"为正体,由"彳""十""目""心"四部分组成。"德"字的字形演变过程大体如下图所示:

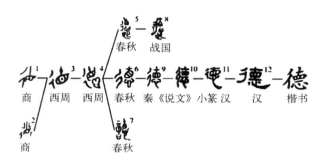

图 2

(注:图示来源于《字源》第 136 页;具体字形来源:1、2《甲文编》第 74 页,3—7《金文编》第 110—111 页,8《战文编》第 114 页,9、11、12《甲金篆》第 119 页,10《说文解字》第 43 页。)

《甲骨文字典》录了 四个甲骨字形,均为从彳从直的会意字,从彳表示与行走有关,从直表示目正视于前。"象目视悬以取直之形;从彳有行义。故自字形观之,此字当会循行察视之义,可隶定为 值。"①这一字形表达行、视时要向前、向上。所以,"德"最初的字形义是循行察视、视正行直。这是从"德"最初的字形结构分析出来的直观意义,其中"向前、向上"的内涵后来引申出"德"的"升、登"之义,而个别、具体的行为后来引申出一般、抽象的"行为"之义,如"惟乃知民德亦罔不能厥初"(《君奭》)。

"德"这个字形在周代的铜器铭文中已经出现了。"金文德作 仙,与甲骨文 值同,后增心作 德,即为《说文》德字篆文所本。《说文》:'德,升

① 徐中舒:《甲骨文字典》,成都:四川辞书出版社 2014 年版,第 168 页。

也。'为后起义。"①陈梦家先生认为:"古文字形符偏旁的改变,往往表示字义的或概念的部分的改变。"②增加了义符"心"的"德",突显出心地正直、心胸坦荡之义。"金文和篆书改从惪为声符。惪,异体作悳,是道德字本字,从直从心会意,心意正直为德。今写作德。"③郭沫若先生从字形上解释道:"照字面上看来是从植(古直字)从心,意思是把心思放端正,便是《大学》上所说的'欲修其身,先正其心'。"④义符"心"的加入,让"德"字与人的内心紧密相连,由此产生出"心意"之义,如"朕心朕德"(《康诰》)。陈来先生指出"德"字"从心以后,则多与个人的意识、动机、心意有关","从西周到春秋的用法来看,德的基本含义有二,一是指一般意义上的行为、心意,二是指具有道德意义的行为、心意。由此衍生出的德行、德性则分别指道德行为和道德品格"。⑤

《说文解字》释"德"为形声字,"升也。从彳,惪声"⑥。段玉裁注:"升当作登。《辵部》曰:'迁,登也。'此当同之。"⑦桂馥《说文解字义证》:"古升、登、陟、得、德五字义皆同。"⑧"道德之德,《说文》作'惪'。"⑨《说文解字》释"惪"(德)为"外得于人,内得于己也。从直,从心"⑩,指心思端正,惠泽他人、身心自得。

"德"的"升、登"义后来废而不用了,"按经传多假德为惪。而本义晦

① 徐中舒:《甲骨文字典》,成都:四川辞书出版社2014年版,第168—169页。
② 周法高主编:《金文诂林》,香港:香港中文大学1974年版,第988页。
③ 李恩江:《常用字详解字典》,上海:汉语大词典出版社2002年版,第157页。
④ 郭沫若:《郭沫若全集》,《历史编》第一卷,北京:人民出版社1982年版,第337页。
⑤ 陈来:《古代宗教与伦理:儒家思想的根源》,北京:生活·读书·新知三联书店1996年版,第291页。
⑥ (汉)许慎撰,班吉庆、王剑、王华宝点校:《说文解字校订本》,南京:凤凰出版社2004年版,第51页。
⑦ (清)段玉裁:《说文解字注》,上海:上海古籍出版社1981年版,第316页。
⑧ (清)桂馥:《说文解字义证》,湖北崇文书局校刊,同治九年刊本,第385页。
⑨ 周秉钧:《尚书易解》,上海:华东师范大学出版社2010年版,第271页。
⑩ (汉)许慎撰,班吉庆、王剑、王华宝点校:《说文解字校订本》,南京:凤凰出版社2004年版,第299页。

矣"①。由于意义褒义化的发展,"德"又引申出"好的品行"②之义,进而产生出美德、善行等义,体现于政治、教育时则具体化为德政、德教。"《正韵》:凡言德者,善美、正大、光明、纯懿之称也。"③意义主体化后引申出有好品行的人,即贤人或贤德、贤能、有德之人之义。当作动词时,"德"指施予恩惠(如"庆赏、赐予"④、行德、赏赐等)或感激恩德。如《召诰》中的"所不可不敬德""肆惟王其疾敬德",《盘庚》中的"予亦不敢动用非德""用德彰厥善"。

综上所述,我们不难发现,"德"字形字义演变的历史规律:从个别、具体的行为发展为一般、抽象的行为、心意,再发展为向善的行为、心意,再到成为施政、施教的典范,直至成为全社会普遍认同并积极践行的道德规范。换言之,"德"从一般的行为发展到积极的行为和选择,再发展成社会普遍认同的行为标准,其伦理、哲学意蕴因而得以确立。

第二节 今文《尚书》"德"的意义

《尚书》鲜明提出并高度强调了"德"。在今文《尚书》28 篇中,"德"字在《虞夏书》《商书》《周书》中都有出现,涉及篇目 22 篇,占总篇数比例近80%,共出现 116 次。其中,在《虞夏书》《商书》中各出现 14 次,其他 88 次均出现于《周书》中。"德"字在今文《尚书》各部分中如此悬殊的出现频次展现了"德"这个华夏重要思想范畴从产生到发展,从量变到质变,基本完成传统文化思想建构的历史过程。在周代,"德"受到了前所未有的重视,在周人社会中处于极为重要的地位。"道德"这个意义在今文《尚书》"德"的所有意义中明显成为主导,而且其中的 73.77%见于《周书》。

今文《尚书》中"德"的意义情况是:表"升、登"5 次、"行为"1 次、"善行"

---

① 陆费逵、范源廉、戴克敦:《中华大字典》,北京:中华书局 1927 年版,第 169 页。
② 冷玉龙、韦一心主编:《中华字海》,北京:中国友谊出版公司 2000 年版,第 484 页。
③ (清)张玉书等编纂:《康熙字典》,上海:汉语大词典出版社 2002 年标点整理本,第 316 页。
④ 汉语大词典编纂处:《汉语大词典》,上海:上海辞书出版社 2001 年版,第 1070 页。

1 次、"心意"1 次、"道德"61 次(含"美德"24 次)、"好"1 次、"仁德的"1 次、"好处"2 次、"恩德、圣德、功德、德泽、德惠、恩惠"12 次、"规范"4 次、"德政、德教"14 次、"贤人"9 次、"行德、赏赐"4 次。这些意义出现的情况勾勒出了今文《尚书》中"德"意义发展变化的历程:从《虞夏书》到《商书》再到《周书》,"德"的意义越来越丰富,呈现出多向度蓬勃发展的特征;尽管"升、登"义一直还偶尔在使用,但"道德"义出现频率最高,始终占据绝对优势地位,已成为最常用、最主要的意义;"德"总体上呈现出明显的褒义化倾向,美德、恩德、德政等意义逐渐突显;作为《尚书》核心思想的明德思想愈加清晰。

一、"德"之本义:升、登

"德"的"升、登"义后来不用了,但今文《尚书》却自始至终记载着这一意义的存在,尽管这一意义在今文《尚书》中出现的次数很少:在《虞夏书》中出现 1 次,在《商书》中出现 1 次,在《周书》中出现 3 次,全书共出现 5 次,占比 4.31%。这一现象体现了尽管"德"的意义不断发展变化,新的意义已经产生并日益繁盛,但其本义仍旧尚存的语言特征。

在今文《尚书》中,"德"的"升、登"义可以细分为:升位,登堂,提升、建立,即位。这种细微的差别,呈现了"升、登"义的"德"意义的引申过程,即由具体升登的动作、行为逐步抽象化为功绩、地位等的上升。

(一)升位,登堂

1. 升位

《周书·顾命》不仅记叙了周成王的丧礼,还记叙了周康王的即位礼以及诸侯的朝觐礼。

(1)皆再拜稽首。王义嗣,德答拜(《顾命》)

太子钊在祖庙接受册命仪式即位以后,走出祖庙在应门内视朝,接受诸侯的朝觐礼。东西方诸侯均盛装向康王献宝进贡,然后再拜叩头,康王以礼辞谢,最后升位答拜。"德答拜"是周康王的两个连续动作,升位、答拜,走上台阶是为了完成君王答拜诸侯的仪式。"德"在这里具体指升登台阶的动作,重在升登的过程。

这一意义的"德"与"隋"同义。隋,意为升上、登上。接受册命时,"王麻冕黼裳,由宾阶隋",因当时还没有即位,所以从宾阶西阶走上来。"太保承介圭,上宗奉同瑁,由阼阶隋"中"阼阶"是主阶东阶的意思。太保当时代主,上宗是其助手,所以二人从主阶走上来。"太史秉书,由宾阶隋,御王册命",太史拿着册书,从宾阶走上来,迎着王宣读策书。

2. 登堂

《虞夏书·皋陶谟》是我国最早、最完整的会议记录,主要记录了舜时掌管刑法狱讼的大臣皋陶与禹以及舜与禹讨论政务的对话。会议讨论结束后,在一片歌舞升平的和悦气氛中,君臣唱和,互相勉励。

(2)祖考来格,虞宾在位,群后德让(《皋陶谟》)

庙堂祭祀乐舞盛况开始时,先祖先父的灵魂降临了,前代帝王的后裔、舜的宾客就位了,前来助祭的各诸侯国国君登上了庙堂互相揖让。"群后德让"是一个连动句,动词"德"与"让",是先后发生的两个连续动作。"德"指升堂,即登堂;"让"指揖让,宾主相见时的一种礼仪。各诸侯国国君原本在堂下,乐舞开始时从堂下登到堂上。"德"在这里具体指升登庙堂的行为,重在升登的结果。

(二)提升、建立

《商书·盘庚》是记载商代第二十位君王盘庚为避免水患去奢行俭、复兴王朝、率众迁殷的诰词。他在遭到各方面反对的情况下,反复告喻臣民迁都与否的利害。历史表明,盘庚迁殷意义重大,社会得到稳定发展,所以,商也被称为殷。迁都以后,盘庚追忆先王的功绩,稽古振今。

(3)古我先王将多于前功,适于山。用降我凶,德嘉绩于朕邦(《盘庚》)

他对群臣说先王为创建比前人更多的功劳而迁往山地,由此减少了洪水带来的灾祸,立下了大功。"德嘉绩于朕邦",是一个动补结构,孙诒让先生认为是"言登升善功于我国"[1]。"德嘉绩"指提升、建立了美善的功绩。"德"在这里是指提升、建立。

---

① 周秉钧:《尚书易解》,上海:华东师范大学出版社 2010 年版,第 104 页。

（三）即位

"德"释为即位的情况，全部出现在《周书·立政》中，共 2 处。

（4）桀德，惟乃弗作往任，是惟暴德，罔后（《立政》）

（5）其在受德，暋惟羞刑暴德之人，同于厥邦（《立政》）

《周书·立政》是周公晚年告诫成王设官理政法则的诰词。在诰词中，周公总结了夏、商两代设官的经验教训。例（4）讲的是夏桀登上帝位后，不采用往日任用官员的法则，暴虐暴行，导致亡国绝后。例（5）讲的是商纣王登上帝位后，强行把刑徒和暴虐的人聚集在他的国家里，最终也导致败亡。

这一意义的"德"与"陟"是完全可以互换互用的同义关系。陟，意为升、上升、登上，亦可指即帝位。如《尧典》中尧要把帝位传给舜时说："格！汝舜。询事考言，乃言底可绩，三载。汝陟帝位。"这里用的是"陟帝位"。再如《立政》在讲到成汤登上帝位时，说"亦越成汤陟"，用的直接是"某人＋陟"结构。

二、"德"之假借义：道德

"德"字原本表示"升、登"，但在使用过程中，却常常被借去表示"道德"之义。而原本表示"道德"之义的"惪"字，逐渐废弃。最终，"德"字表示"升、登"的本义废，而表示"道德"的这一假借义通用起来。当然，在这个发展变化的过程中，存在过"德"之本义与假借义并用并行的一段历史时期。

"德"的假借义在今文《尚书》中出现的频率最高，共出现 61 次，占比 52.59％。其中，在《虞夏书》中出现 9 次，在《商书》中出现 7 次，在《周书》中出现 45 次。"道德"义在当时已经成为今文《尚书》中"德"最常用、最主要的意义。表示这一意义的"德"，从意义色彩上来看本身是中性的，它"并不表示'有道德'，只表示一般的可以从道德上进行评价的行为状态或意识状态，从而这种状态可以是好的，也可以是不好的"①。因此，

---

① 陈来：《古代宗教与伦理：儒家思想的根源》，北京：生活·读书·新知三联书店 1996 年版，第292 页。

"德"前面可以加上表示褒贬色彩的修饰语。

（一）前有褒义修饰语的"德"

当表达一种好的道德时，今文《尚书》用"褒义词＋德"的语表形式来呈现，共 14 见。使用到的褒义词有"俊""好""若""中""元""义""容""成""显""明"。

（1）克明俊德（《尧典》）

俊，意为杰出、大，才智超过一般人；俊德，意为美德。

（2）予攸好德（《洪范》）

（3）四曰攸好德（《洪范》）

好，意为美；好德，意为美德。

（4）若德裕乃身（《康诰》）

若，意为顺；若德，意为和顺的美德。

（5）作稽中德（《酒诰》）

中，意为中正；中德，意为中正的美德。

（6）兹亦惟天若元德（《酒诰》）

元，意为善；元德，意为善德。

（7）不敢替厥义德（《立政》）

厥，意为文王；义，意为善；德，意为善德。

（8）率惟谋从容德（《立政》）

容，意为宽容；容德，意为宽容的德行。

（9）我则末惟成德之彦（《立政》）

成，意为完备、盛；成德，意为九德兼备。

（10）用成尔显德（《文侯之命》）

显，意为显明；显德，意为显明的美德。

（11）先王既勤用明德（《梓材》）

（12）亦既用明德（《梓材》）

（13）保受王威命明德（《召诰》）

（14）恭明德（《君奭》）

明,意为光明正大、美好;明德,意为美德。

（二）前有贬义修饰语的"德"

当表达一种不好的道德时,今文《尚书》以"贬义词/短语＋德"的语表形式来呈现,共 8 见,数量不多,这是德的意义逐渐褒义化的表现之一。使用到的贬义词有"否""爽""暴""凶""比",贬义短语有"不若""无好"。

（15）否德忝帝位（《尧典》）

否,意为恶、鄙陋;否德,意为鄙陋的德行。

（16）故有爽德（《盘庚》）

爽,意为差错;爽德,意为德行有过错。

（17）是惟暴德（《立政》）

（18）昏惟羞刑暴德之人（《立政》）

暴,意为暴虐;暴德,意为德行暴虐。

（19）尔尚不忌于凶德（《多方》）

凶,意为怨恶;凶德,意为德行恶劣（的人）。

（20）人无有比德（《洪范》）

比,意为私相比附;比德,意为私相比附的德行。

今文《尚书》偶尔也用贬义短语来修饰"德"。

（21）民有不若德（《高宗肜日》）

不若,意为不善;不若德,意为不好的品德。

（22）于其无好德（《洪范》）

无好,意为不好;无好德,意为没有美德（的人）。

（三）前无褒贬修饰语的"德"

前无褒贬修饰语的"道德"义"德"在今文《尚书》中共 35 见,主要有四种情况:单音词、名词＋德、代词＋德、数词＋德。语言是社会的产物,其各要素总是直接或间接地映射社会的发展变化,其中词汇对社会发展变化的反应最为敏感、最为迅速。正是由于词汇具有开放性、敏感性的特征,所以,相较于古代汉语,现代汉语词汇方面的差异最大。在古代汉语中,尤其是上古汉语,以单音词占优势地位,但是随着社会的发展变化,各种概念的内涵越来越丰富,令人应接不暇。为了更加准确、更加清楚地表达概念的内涵,复音词特别是双音词逐渐占据了优势地位。今文《尚书》中的"德"也经历了这一发展变化的过程。

1. 单音词

今文《尚书》中"道德"义的单音词"德"共 17 见,占比不足一半,具体意义可细分为秉性、品德、德行。现仅以 6 例示意:

(23)非我一人奉德不康宁(《多士》)

(24)非我有周秉德不康宁(《多方》)

"奉"与"秉"意义相近,相当于"执"。"奉德""秉德"中的"德"指秉性,秉性侧重于与生俱来的天性。

(25)祗台德先(《禹贡》)

"台德先"即以德为先,这里的"德"指品德,而品德指道德品质,也称德性,具有社会性。

(26)其人有德(《皋陶谟》)

(27)则皇自敬德(《无逸》)

(28)用丕训德(《立政》)

这三个例句中的"德"指德行,兼有品德与行为双层内涵。品德与行为密不可分,前者是内在的性状,后者是前者外化的表现,有什么样的品德就会产生相应的行为。所以,当二者兼有时,常训为德行、性行等。

2. 名词+德

今文《尚书》中"德"为"道德"义的"名词+德"情况共 7 见。出现的名词有"天""夏""成王""高祖""文祖""宁王",这些名词与"德"组合后,表达的是一种隶属关系。

(29)惟克天德(《吕刑》)

天,意为上天;天德,意为上天的美德。

(30)夏德若兹(《汤誓》)

夏,夏王,特指夏桀;夏德,意为夏的品德。

（31）惟助成王德显越（《酒诰》）

成王，即有成就的君王。

（32）肆上帝将复我高祖之德（《盘庚》）

高祖，即远祖。

（33）乃单文祖德（《洛诰》）

（34）在昔上帝割申劝宁王之德（《君奭》）

（35）我道惟宁王德延（《君奭》）

文祖，即先祖文王；宁王，即文王。

3．代词＋德

今文《尚书》中"德"为"道德"义的"代词＋德"情况共 3 见。出现的代词有"兹""厥""乃"。

（36）非予自荒兹德（《盘庚》）

兹，泛指代词，或者说是非特指，译为这或那均可。兹德，这种或那种美德；"兹"指代上文所介绍的先王任用旧人的美德。

（37）用乱败厥德于下（《微子》）

（38）顾乃德（《康诰》）

厥、乃，相当于指示代词"其"。厥，指代成汤。乃，指代殷民。

4．数词＋德

今文《尚书》中"德"为"道德"义的"数词＋德"情况共 8 见，有"九德""六德""三德"。从字面上来看是几种德性或德行的意思。

（39）以成三德（《吕刑》）

这里的"三德"指周穆王告诫王族要养成敬顺、正直、勤劳三种德性。

（40）次六曰乂用三德（《洪范》）

（41）三德：一曰正直，二曰刚克，三曰柔克（《洪范》）

《洪范》把"三德"作为治国九种大法之六单独提出，并对其作了明确的界定。这里的"三德"指治国治臣的法则，按此，人臣可分为三类：正直之人中正平和，刚克之人过分刚强不可亲近，柔克之人过分柔顺和蔼可亲。正直之人刚柔适中，易于对待相处，君王应抑制刚克之人而推崇柔克之人,确保君强臣弱的为政之本。这也是儒家主张恪守"君君臣臣"君臣大伦的文献依据之一。

但是,"九德""六德""三德"在今文《尚书》中还有专门的内涵。

(42)亦行有九德(《皋陶谟》)

(43)九德咸事(《皋陶谟》)

(44)知忱恂于九德之行(《立政》)

(45)日严祗敬六德,亮采有邦(《皋陶谟》)

(46)日宣三德,夙夜浚明有家(《皋陶谟》)

亦,意为检验。《尚书易解》:"按:亦当读为迹,动词,犹检验也。《墨子·尚贤中》:'圣人听其言,迹其行',《楚辞·惜诵》:'言与行其可迹兮',此'迹行''迹言'连文之证。《论衡》说此二语曰:'以九德检其行,以事效考其言。'然则'亦'字训检验,汉儒之旧诂也。"①

皋陶提出,应该用"九德"检验人的行为。这里的九德,具体指九种美好的德行:"宽而栗,柔而立,愿而恭,乱而敬,扰而毅,直而温,简而廉,刚而塞,强而义。"(《皋陶谟》)这九种所谓的美德,反映了"中庸"的思想。宽大者易轻漫,则补之以谨慎;柔顺者易放弃,则补之以卓立;厚道者易从众,则补之以庄重;能干者易自负,则补之以认真;驯服者易犹豫,则补之以刚毅;耿直者易生硬,则补之以温和;简略者易轻细,则补之以不苟;刚正者易空疏,则补之以务实;强勇者易鲁莽,则补之以道义。

让九德兼备者从政,那么在任官员都是才德出众的人,大家互相效法,则诸事成功。即便人做不到九德兼备,能达到其中的一些也是相当好了。能具备并施行其中的六德,诸侯就能够保有其国;能具备并施行其中的三德,卿大夫就能够保有其封地。

在今文《尚书》中,"九德"不仅是选人的标准,也是培养人的标准。《立政》中周公指出,尽管夏王的卿大夫很强,夏王还是要让他们知道并诚实地遵循九德的准则。

---

① 周秉钧:《尚书易解》,上海:华东师范大学出版社 2010 年版,第 30 页。

三、"德"之褒义化:美善

不可否认的是,在具体的语境中,不少道德义的"德"自身已经带上了一定的褒贬色彩。总体来看,今文《尚书》中自身带有贬义色彩的"德"为极少数。如《汤誓》"夏德若兹"中的"德"由于夏桀在历史上恶名昭著自然是"恶德";《高宗肜日》"天既孚命正厥德"中的"德"由于前面动词"正"(纠正)也只能是指不好的品德。今文《尚书》中大多数道德义的"德"带上的是褒义色彩,这正反映了"德"意义演变的褒义化倾向。

(一)褒义化的原因

道德义的"德"主要由于主体、动词、上下文等褒义化。

1. 由于主体而褒义化

如果"德"的所有者,即主体,本身是美善的,那么他们的"德"自然就会带上褒义的感情色彩。如,上天总是充满仁爱的,即所谓"上天自有其美意",因而,"天德"之"德"指仁爱的美德。再如,在历史上有成就、留美名的君王,如商之成汤,周之文王、武王等,他们的"德"自然也都是美德。

2. 由于动词而褒义化

有的道德义的"德"带有褒义色彩是由于"德"字前后的动词影响的。

(1)天命有德(《皋陶谟》)

(2)越小大德(《酒诰》)

(3)克明德慎罚(《康诰》)

(4)罔不明德恤祀(《多士》)

(5)惟天不畀不明厥德(《多士》)

(6)罔不明德慎罚(《多方》)

(7)克慎明德(《文侯之命》)

(8)罔不秉德明恤(《君奭》)

(9)亦惟纯佑秉德(《君奭》)

(10)惟兹惟德称(《君奭》)

(11)王其德之用(《召诰》)

（12）克堪用德（《多方》）

（13）以教祗德（《吕刑》）

（14）今往何监,非德?（《吕刑》）

以上例句中的"德"均指好的德行或品德,即"美德"。这是受动词"命""越""明""秉""称""用""祗""监"的影响。上天授命的人一定有好的德行,需要显明、弘扬、保持的,作为推举条件的,希望人实行的,教导人敬重的"德"也一定是好的。

3. 由于上下文而褒义化

有的道德义的"德"带有褒义色彩是受"德"字所在的上下文影响。如"其人有德"（《皋陶谟》）中的"德"具有褒义的色彩,可结合其上下文发现。"亦言,其人有德,乃言曰,载采采",采采,意为从事事情,即从政。这里的"德"是古代官场选人用人的标准,体现了任人唯贤的思想。

4. 由于儒家思想而褒义化

《皋陶谟》中提出的"九德"之说,被用来作为检验一个人是否有德的标准,细细体会其中的"德",都是儒家肯定与赞赏的美德,因而带上了明显的褒义色彩。

（二）褒义化的表现

"德"意义的褒义化发展,使其带上了明显的美善的感情色彩,逐渐成为"美德""善行"的简称。其中,"德"指"善行",如"丕乃敢大言汝有积德"（《盘庚》）中的"德"。"德"褒义化的表现主要有:

1. 成为褒义形容词

"德"有时甚至直接成为一个褒义形容词。

（15）绍闻衣德言（《康诰》）

这里的"德"指"好";德言,即好的言论或好的意见。

（16）其惟王位在德元（《召诰》）

这里的"德"指"仁德的";德元,即仁德的领导。

2. 成为褒义名词

"德"有时直接成为一个褒义名词。

（17）惟汝含德（《盘庚》）

（18）施实德于民（《盘庚》）

这两个例句中的"德"均指好处。

3. 成为道德规范

美善的东西自然是需要坚持、弘扬与遵循的，因而，"德"逐渐成为道德规范。

（19）我民用大乱丧德（《酒诰》）

（20）乃惟庶习逸德之人（《立政》）

丧德、逸德，均指失德、失范。

（21）德将无醉（《酒诰》）

（22）酗于酒德哉（《无逸》）

"德将无醉"中的"德"指酒德，即饮酒时的道德规范。

4. 褒义化程度分轻重

词义有轻重，轻重指的是一种程度。"美善"之德因褒义化程度不同也有轻重之分。很显然，恩德、圣德、功德等比美德、德惠的意义更重。

君给予臣民以及臣给予民众的德是恩德、德泽、恩惠，如：

（23）式敷民德（《盘庚》）

（24）有德惟刑（《吕刑》）

（25）万年厌于乃德（《洛诰》）

（26）其永观朕子怀德（《洛诰》）

成汤、文王、武王等圣明君王的大德是圣德、恩德，如：

（27）用丕式见德（《立政》）

（28）文王蔑德降于国人（《君奭》）

（29）丕单称德（《君奭》）

文王、周公等功勋卓著者的"德"是功德，如：

（30）惟文王德丕承（《君奭》）

（31）以克俊有德（《立政》）

（32）今天动威以彰周公之德（《金縢》）

（33）公称丕显德（《洛诰》）

（34）惟公德明光于上下（《洛诰》）

四、"德"之外化：德政、贤人

道德义的"德"褒义化后具有了稳固的"美善"内涵，这是一种内在的美好的品德，主要是一种自制的、积极的态度。但随着意义的发展，这种"美善"的内涵可能外化于政治，成为德政，实现惠泽他人；也可能外化于主体，成为拥有美德的人，实现身心自得。二者结合，便是汉代许慎所谓德"外得于人，内得于己"之"内圣外王"的至高境界。①

（一）外化于政治

《尚书》是部政治书，因而"德"为"德政"的情况较多。从政治的角度来看，"德教"也是德政的一种表现。"德"为"德教"的情况在今文《尚书》中 2 见。

（1）迪朕德（《皋陶谟》）

（2）乃非德用乂（《康诰》）

"德政"之德，在今文《尚书》中共 12 见，占比 10.34％。其中，在《虞夏书》中出现 1 次，在《周书》中出现 11 次。按照"德"充当的成分，可以分为以下几种情况。

1. 作宾语

"德"作宾语时，动词可在其前也可在其后。出现的动词主要有表示施行的"经""迪""用""敏""勤""告"。

（3）经德秉哲（《酒诰》）

（4）允迪厥德（《皋陶谟》）

（5）肆王惟德用（《梓材》）

动词"敏"与"勤"意义相近。

---

① （汉）许慎撰，班吉庆、王剑、王华宝点校：《说文解字校订本》，南京：凤凰出版社 2004 年版，第299 页。

（6）丕则敏德（《康诰》）

（7）罔不惟德之勤（《吕刑》）

敏，意为努力。郑玄："敏，犹勉也。""敏德"即敏于德，力行德政。"惟德之勤"即勤于德，勤行德政。这是为了强调"德"这个宾语而用"之"作为标记将其前置，并且在前面又加上了表示强调语气的副词"惟（唯、维）"，从而构成了一个固定格式"惟＋宾语＋之＋述语"，这种格式是一种强调宾语语义表达的固定结构。

（8）告汝德之说于罚之行（《康诰》）

"德之说"指如何施行德政或者施行德政的方法，作为动词"告"的直接宾语（远宾语）。

2. 作中心语

"德"作中心语时，前面可以是代词也可以是名词或名词性短语。

（9）（10）惟不敬厥德（《召诰》）

这一例句在《召诰》中出现了两次，其中的"厥"是代词，相当于"其"，他们的两次出现分别指代夏与殷。

（11）曰其稽我古人之德（《召诰》）

古人，指古代先王。

（12）我时其惟殷先哲王德（《康诰》）

先哲王，指圣明的先王。

当形容词修饰"德"时，形容词的位置可以在"德"字前也可以在"德"字后。

（13）罔有馨香德（《吕刑》）

（14）弗惟德馨香祀（《酒诰》）

馨香，意为芳香、芬芳，常用来修饰"德"。

（二）外化于主体

"德"外化于主体后成为拥有美德的人，即贤人，或称贤德、贤能、有德之人等。这种意义的"德"在今文《尚书》中共9见，占比7.76%。其中，在《虞夏书》中出现2次，在《周书》中出现7次。在句中作主语或宾语。

（1）德威惟畏（《吕刑》）

（2）德明惟明（《吕刑》）

（3）耇造德不降我则（《君奭》）

以上三例中，"德"作主语。前两例中的"德"具体指贤帝虞尧，是历史上贤人的重要代表之一。耇造德，即老成德，指德高望重的人，在句中具体指召公。

（4）王其疾敬德（《召诰》）

（5）其汝克敬德（《君奭》）

（6）予一人惟听用德（《多士》）

（7）惇德允元（《尧典》）

（8）舜让于德（《尧典》）

（9）不训于德（《立政》）

以上例句中"德"作宾语。前面出现的动词有"敬""听用""惇""让""训"（通"顺"）。可见，今文《尚书》认为，面对有德的人，是应该敬重、听从、使用、亲厚、让贤、依顺的。最后两例是在动词后面用介词"于"引介出动作、行为有关的涉及对象"德"。

第三节　明德文化的主要内容及规范升华

明德思想是《尚书》的核心思想之一。"明"与"德"的直接组合"明德"在今文《尚书》中出现 8 处，"明厥德"出现 1 处，全部见于《周书》。"明德"从语法结构上看有两种理解：一是动宾结构，指崇尚、弘扬美德，可以看成是"明明德"的简称；二是偏正结构，指光明正大、美好的品德。在今文《尚书》中，这两种结构形式并存。作为《尚书》核心思想的"明德"从语法上看，属于第一种动宾结构。当然，两种语法结构的"明德"，都包含在《尚书》明德思想范围内。

"尚德"是中国文化的基本特征之一。《尚书》明德思想展现了我国尚德文化诞生之初的形态,尽管完备性、系统性不足,但开创性意义重大,影响深远。《左传·襄公二十四年》:"太上有立德,其次有立功,其次有立言,虽久不废",直言立德为三不朽之首。春秋末期,相对完整的道德规范体系形成,这一体系由儒家创始人孔子构建,他也成为春秋时期尚德思想的集大成者。在孔子所谓小康时代禹、汤、文、武、成王、周公六君子中,"去掉夏禹,夏就没有了德治之君,商朝只有商汤,可以算是例外。因此,在漫长的商朝,德治只是例外。至周初诸王,实现了较长久的德治,德治才成为主导文化"①。子曰:"殷因于夏礼,所损益,可知也;周因于殷礼,所损益,可知也。其或继周者,虽百世,可知也"(《为政》),"周监于二代,郁郁乎文哉!吾从周"(《八佾》)。周在夏、商文明的基础上,开创了高度自觉的明德文化,德治成为周初为政的主要精神。以孔子为代表的儒家通过"尚德"建构了"伦理秩序"这个精神系统,"伦理秩序"又转化为"伦理政体"这个现实的政治秩序,从而实现了伦理与政治的同位一体。所以,一方面,《尚书》明德思想奠定了儒家尚德思想的基础;另一方面,《尚书》明德思想又得到了儒家精心的完善与发展。"如果说西周至春秋时代的史官和一些政治家、思想家从历史兴衰的角度用道德论对天命观进行改革的话,那么春秋中后期至战国时代的儒家代表人的孔子和孟子则从哲学的角度对西周以来的道德论进行理论规范和升华。"②

尚德是对明德思想的传承。儒家学说与《尚书》渊源极深。据说,孔子删定过《尚书》,"《尚书》原来有三千二百四十篇,孔子删为一百二十篇,其中十八篇为《中候》,一百零二篇为《尚书》"③。《尚书》明德思想形成过程中,周公、召公等是关键人物;我国尚德文化形成过程中,周公、孔子等是关键人物。政治家周公是明德思想的推行者,思想家孔子是

---

① 方铭:《中国上古德治思想的起源》,赵逵夫主编:《先秦文学与文化》第三辑,上海:上海远东出版社 2014 年版,第 96 页。
② 金荣权:《中华民族尚德精神与中国古典神话》,《江西社会科学》2007 年第 9 期,第 126 页。
③ 江灏、钱宗武:《今古文尚书全译》,贵阳:贵州人民出版社 2009 年版,第 2 页。

明德思想的传承者,两位巨擘对我国尚德文化的形成发挥了至关重要的作用。而且,孔子极为推崇周公。子曰:"如有周公之才之美,使骄且吝,其余不足观也已"(《泰伯》),高度赞扬了周公的品德;子曰:"甚矣吾衰也!久矣吾不复梦见周公"(《述而》),甚至以久不梦到周公为自己衰老的征兆。"德"在《论语》中共出现 38 次,其中意义为"道德"的共 27 次。"尚德"出现在《宪问》中,弟子南宫适借古讽今地表达了当时尚力不尚德的社会状况,孔子夸赞他:"君子哉若人!尚德哉若人!"可见,在奴隶社会日趋衰亡、封建制度逐渐兴起的春秋末期,尽管鲁国有"周礼尽在鲁矣"(《左传·昭公二年》)的美誉,但整个社会的尚德风气堪忧。对此,孔子深表忧虑:"德之不修,学之不讲,闻义不能徙,不善不能改,是吾忧也"(《述而》);"知德者鲜矣"(《卫灵公》);"中庸之为德也,其至矣乎!民鲜久矣"(《雍也》);"吾未见好德如好色者也"(《子罕》)。孔子夸赞南宫适是尚德的君子,正体现了儒家尚德的追求与现实的矛盾。

尚德是对明德思想的发展。在《尚书》明德思想的基础上,儒家不仅扩大了德的覆盖面,更突显了德的层级性,强调全民尚德、社会和谐。"德"成为儒家通行的术语,亦成为其根本的观念。《尚书》的明德思想是自上而下的,从天德到王德、臣德即止,并突显了施德的单向性,强调的是执政者施德、民众受德;而儒家的尚德思想是自下而上的,从民德到君子德、臣德、王德、天德。而且,儒家的尚德思想继承发扬了《尚书》明德思想的伦理政治性,强调道德的自我完善,同时又突出强调了明德尚德的群体本位性,每个个体在社会关系中根据自己的社会角色遵守相应的道德规范。汉代儒学独尊,实现了思想层面的大一统,尚德自此成为我国传统文化主流价值观中的一道亮色,深入渗透到中国社会的各个领域,并有了一定的强制性。甚至,自然之天也伦理化了。"在儒家思想成为社会主流意识形态以后,'天命'或'天道'更多地体现了儒家'道德'意义的'义理'规则或根本属性","这样,'天命'的授予与君王的'德性'和'民生'的发展状况有着直接的关系。这最后形成了中国'仁政'的政治文化"。① 由此,"德"不仅具有思想理论范畴的意义,更具有了社会实践范畴的意义。

一、明德文化的主要内容

早期人类的生存严重依赖自然条件,对自然现象的不理解与不可对抗,使人们产生了对"天"的畏惧,形成了强烈的"天命"观,"天"成为万物的主宰。然而,人类发展的历史事实又不断刷新人们的认知,让人们感受到天命的无常。"德"在周初被推上历史舞台,受到了前所未有的重视。明德成为周人突出的思想,也成为周代显著的时代特征,强调勤勉修身、励精图治。但是,由于时代与认知的局限,当时"天命论"的影响依然很大,东征平定叛乱之后,天命论再次盛行。为了防止"天命论"卷土重来,周公、召公等优秀政治家做出了巨大的努力。此后,明德思想趋向稳定发展。《尚书》是部政治书,以文献的形式记录了这种思想意识形态变化的历史过程,书中的主角是夏商周的君王。作为高高在上贵为天子的君王,奉上天之命统领世间万民,上有天、下有民、左右有辅臣,拥有生杀大权。因此,《尚书》的明德文化也相应主要从执政者对天命的思考、民情的关切、官员的配备、刑罚的使用这四个方面体现。在天命的思考方面,形成了"以德配天"的思想;在民情的关切方面,形成了"施民以德"的思想;在官员的配备方面,形成了"任人唯贤"的思想;在刑罚的使用方面,形成了"明德慎罚"的思想。其中,"以德配天"属于内修,通过修养个人的品性以达到承担历史大任的素质要求;"施民以德""任人唯贤""明德慎罚"均属于外治,通过参与社会实践以实现创造新的更加美好、更加和谐的社会的远大理想。

1. 天命的思考:以德配天

周本为殷的诸侯国,西周代殷是一场经过残酷复杂斗争的历史巨

---

① 张善若、景怀斌:《国家治理的政治文化基础:"德命"隐喻的视野》,《中国行政管理》2018年第3期,第107页。

变,彻底颠覆了原本的君臣序列。这使得周人以史为鉴重新思考天命,反思人的为政得失,从政治的高度对"王德"与"天命"之间的关系进行了理性的审视。他们发现"天不可信"(《君奭》),切不可安于天命,"德"才是保障政权正当性、长久性的必备条件,从而划时代地确立了"德"作为政权根基的重要地位,强调事在人为,人要积极修身行德以符合天委以大任的要求。《吕刑》:"惟克天德,自作元命,配享在下",提出了"以德配天"的概念。上天本身具有仁爱的美德,其审视与评判执政者德之高低的标准就是看他们与天德的吻合度,然后降下相应的福祸以示奖惩。所以,天命眷顾与否在于人德行的高低。天命无常、德主沉浮,周初统治者清醒地意识到"惟天不畀不明厥德"(《多士》),夏、商的灭亡便是上天对昏庸失德之君的惩罚。"在西周以来逐步发展了一种思想,即认为在现行的政治秩序之后还有一个道德法,政治运行必须合于某些道德要求,否则就必然导致失败。"①周公谆谆告诫康叔"惟命不于常,汝念哉"(《康诰》),勉励其继承弘扬明德传统,完成先王未竟事业,世世代代享有天命。"周公等贤哲所一再申明的道理就是'天命'决定于'人'自身'敬德保民',而不是'上帝'的恩赐或心血来潮。"②

2. 民情的关切:施民以德

《尚书》主张"施民以德",强调敬德以安民、惠民、显民,把民情民意作为施政得失的晴雨表。皋陶与禹讨论德治时说:"天聪明,自我民聪明,天明畏,自我民明威。达于上下,敬哉有土"(《皋陶谟》),明确提出上天与下民具有相通性,认为上天的视听判断、惩恶扬善都来自下民,所以为政须谨慎须安民;盘庚迁殷时要求官员与民同心,真正做到"施实德于民"(《盘庚》);箕子把民众比喻成天上的星星"庶民惟星,星有好风,星有好雨"(《洪范》),主张执政者像月亮一样顺从他们,用风雨去润泽他们。

---

① 陈来:《古代宗教与伦理:儒家思想的根源》,北京:生活·读书·新知三联书店 1996 年版,第 297—298 页。
② 王灿:《〈尚书〉中的天人关系新探》,《青海师范大学学报(哲学社会科学版)》2009 年第 6 期,第 33 页。

从商至周,民众的需求明显得到了更多的重视。汤讨夏桀时,军民不愿征战,商汤高举天命竭力动员;武王伐纣时,顺应民意,上下齐心。周公曾用"予惟用闵于天越民"(《君奭》),表达自己对天命与民心的忧虑,他引用古语"人无于水监,当于民监"(《酒诰》),指出执政者当在民情上考量自己行为的得失,告诫康叔待民要"宏于天,若德裕乃身"(《康诰》),做到不欺侮无依无靠之人,任用可用之人,尊敬可敬之人;召公劝勉成王"嗣前人,恭明德"(《君奭》),必须迅速认真地施行德政,和谐安定民众;周穆王告诫王族要明白天命暂时、成败在人的道理,民受益则国永宁,发出"嗣孙,今往何监,非德"(《吕刑》)的号召;周平王勉励晋文侯安抚笼络远近之人,爱护安定百姓,勤于政事。

3. 官员的配备:任人唯贤

《尚书》主张以德帅才、以贤驭能,德是选人用人的首要考核指标。有德之人为政能让人心悦诚服,"德威惟畏,德明惟明"(《吕刑》)。有德之人惩罚的,人皆畏服;有德之人尊重的,人皆尊重。所以,对于有德之人,就应建议其从政,"其人有德,乃言曰,载采采"(《皋陶谟》)。尧让位于舜时,舜觉得自己德行还不够,谦让给有德之人;舜要求十二州长亲厚有德之人;禹定九州后赐诸侯土地、姓氏时,明确按德决定赏赐的先后顺序。周初政治家体悟到有德之人辅政才能成就大业,如果设置官员时"不训于德"(《立政》),君王终世不会有显著的政绩甚至会因官无贤人而败亡。周公表示"予一人惟听用德"(《多士》),自己只会听从、任用有德之人;召公勉励成王"其惟王位在德元"(《召诰》),一定要树立和慰问仁德的官长。周公希望召公敬重有德之人,与自己共同辅助成王成就大业;召公也希望成王倚重像周公这样的有德之人辅政。而且,《尚书》细分"德"成"九德"之说。九德,指九种美好的德行,即"宽而栗,柔而立,愿而恭,乱而敬,扰而毅,直而温,简而廉,刚而塞,强而义"(《皋陶谟》)。《尚书》认为能具备并施行其中的三德,卿大夫就能够保有其封地;能具备并施行其中的六德,诸侯就能够保有其国;若能让九德兼备的"成德之彦"(《立政》)从政,官员互相效法则诸事易成。此外,《洪范》把"三德"作为治国九种大法之六单独提出,并将其作为对人臣的分类,"三德:一曰正直,二曰刚克,三曰柔克"。据此,人臣被分为三类:正直之臣中正平和;刚克之臣过分刚强不可亲近;柔克之臣过分柔顺和蔼可亲。正直之臣刚柔适中,易于对待相处,君王应抑制刚克之臣而推崇柔克之臣,确保君强臣弱的为政之本。

4. 刑罚的使用:明德慎罚

上古时期,我国一些先进的政治家、思想家"从历史与现实的经验教训中,探讨着如何治国的问题,天才地提出了影响我国数千年的两个根本大法——德治与法治","德治是主要的;明德是慎罚的前提,法只是德治的辅助,只有德治,才能长治久安"。①《尚书》秉持"明德慎罚"的治理原则。尧帝时,人人勤于德政,主管刑罚的官员也止于仁厚而非威虐;舜时掌管刑罚狱讼的大臣皋陶,竭力谏言以德治国;舜强调施用刑罚务必谨慎,即便是对愚顽的三苗,依然主张用德教使其顺从;殷先王施用刑罚是为了勉励民众。周代,周公告诫康叔务必亲自掌管刑杀大权,谨慎合理、深思熟虑,不能随心所欲;召公劝勉成王施行德政,勿用杀戮治民;周穆王强调适当采用刑罚手段教导臣民敬德。德政需要适度的刑罚加以保障,在用"德"无效的情况下,必须使用适当的刑罚。舜时规定刑罚要用在那些有恃无恐、不知悔改的作恶者身上。周公提出惩罚那些作威作福、违背王命、不能教育好家人及内外官员的诸侯,一律处死那些不听劝诫依然违抗教令的人。《吕刑》中的"有德惟刑"表明谨慎恰当地使用刑罚,能给民众带来德惠,给国家带来祥和。当然,无论是德还是罚,都必须把握得当,如盘庚认为自己虽有赐福降灾的权利,但是"亦不敢动用非德"(《盘庚》)。

二、明德文化的规范升华

《尚书》明德文化在时代的洗礼中不断发展,在儒家的规范中得以升

---

① 钱宗武、杜纯梓:《尚书新笺与上古文明》,北京:北京大学出版社 2004 年版,第 12 页。

华,明德尚德逐渐成为中华文化的显著标识。

1. 从"以德配天"到"天佑有德"

《尚书》的"以德配天"无疑是人类思想发展史上的一大进步,上天被赋予了伦理性,人类也化被动为主动。然而,"以德配天"的适用范围仅限于政治实践领域,主要针对君王的政权。儒家提出"天佑有德",子曰:"天生德于予,桓魋其如予何""丘之祷久矣"(《述而》),"德不孤,必有邻"(《里仁》)。德者无险、德者无疾、德者有邻,这正诠释了儒家所谓勇者无惧的原因,那就是强烈的社会使命感和责任感。这种信念影响了我国一代代知识分子前仆后继,为实现理想无畏奋斗。可以说,在儒家早期的话语体系中,上天总是眷顾或庇护那些有德的人,能否获得天命的垂青就在于人是否具有德行。儒家的"天佑有德"适用于全社会,拓展了《尚书》天德施予的对象,只要是有德之人,无论是君是民,无论涉及政权还是琐事,都将会得到上天的庇护。儒家这种道德之天为有德之人做主的人文思想让明德不再仅是执政者必备的素质,而成为全民理应追求的素质。这种思想深深植根于我国的尚德文化中,影响至今。

2. 从"施民以德"到"倡导民德"

儒家继承了《尚书》"施民以德"的思想,重视民情民意并将之与政权成败相联系。子曰:"民无信不立。"(《颜渊》)但更为重要的是,儒家的重民情怀更加亲民,高度强调民众的主体独立性,积极倡导民众自身的"民德",让民众摆脱了被动受德的地位。曾子曰:"慎终,追远,民德归厚矣。"(《学而》)"儒家深信非有健全之人民,则不能有健全之政治。故其言政治也,惟务养成多数人之政治道德、政治能力及政治习惯","儒家所谓人治主义者,绝非仅恃一二圣贤在位以为治,而实欲将政治根基于'全民'之上"。① 为普遍实现民德的敦厚,儒家专门提出了培养君子的教育主张,旨在以君子作为普通民众明德的表率。子曰:"君子怀德。"(《里仁》)儒家君子谨慎宽厚、敏锐果敢、坦荡豁达、推己及人,他们怀念道德,

---

① 梁启超:《先秦政治思想史》,天津:天津古籍出版社2004年版,第98、101页。

具有强烈的道德自我实现意识,而道德的提升在于忠诚信实、唯义是从、以德报怨、先难后获。关切民情是施民以德、倡导民德的共同前提。在《尚书》中,民众只是作为执政者明德施政的对象,而民德的倡导使明德要求从最初只针对少数执政者走向了广大民众,从而成就了日后我国全民尚德的文化传统。

3. 从"任人唯贤"到"修齐治平"

《尚书》是儒家政治哲学思想与伦理道德的历史化,儒家的人才"中庸"思想与《尚书》"九德"之说一脉相通。儒家政治哲学思想的核心是"修身、齐家、治国、平天下"。《礼记》提出大学之道"在明明德,在亲民,在止于至善"①。它首先表明彰显人光明正大品德的是"明明德",需在此基础上,逐步实现民众面貌一新乃至最终达到完美的境界。《礼记》的"明明德"与《尧典》的"明俊德"可谓异曲同工。改造自身的明德属于内修,是根本,只有明德之后才能去谈外治的齐家、治国、平天下。儒家以德立身,以改造社会为目标,深知贤能的重要与难得。子曰:"才难,不其然乎? 唐虞之际,于斯为盛。有妇人焉,九人而已"(《泰伯》),"殷有三仁焉""周有八士"(《微子》)。儒家在民众中努力培养人才并希望他们以贤能之身从政进而积极影响政治风尚,这正是对《尚书》"任人唯贤"思想的继承与发展。面向现实的儒家"讲人伦世界之'德',以'亲亲'情感为起点,在呈现'差序格局'的人伦世界中由小到大范围的推广"②。"天下兴亡,匹夫有责",儒家之德政治性极强,旨在通过个人道德品质的提升,带来家国的大同和谐,最终实现对天下的垂拱而治。儒家的修身理论与家国命运紧密相连,逐渐成为我国尚德文化的重要内容。

4. 从"明德慎罚"到"德主刑辅"

《尚书》的"明德慎罚"是儒家"德主刑辅"思想的滥觞,"德主刑辅是

---

① 杨天宇:《礼记译注》,上海:上海古籍出版社 1997 年版,第 1033 页。
② 宗晓兰:《〈吕氏春秋〉"德"观念论析——兼论对〈老子〉之"德"的继承发展》,《贵州社会科学》2018 年第 5 期,第 27 页。

春秋孔子、战国孟子以来儒家一贯相承的学说"①。儒家主张以德治邦，高度强调德的协调教化功能，反对武力刑杀，尽管其并不完全否认后者的巨大威慑力。子曰："为政以德，譬如北辰居其所而众星共之"（《为政》），"远人不服，则修文德以来之"（《季氏》），"子为政，焉用杀？子欲善而民善矣。君子之德风，小人之德草。草上之风，必偃"（《颜渊》），"道之以政，齐之以刑，民免而无耻；道之以德，齐之以礼，有耻且格"（《为政》），"不教而杀谓之虐"（《尧曰》）。孟子也明确主张施行仁政，认为仁者无敌，"以德行仁者王""以德服人者，中心悦而诚服也"（《孟子·公孙丑章句上》）。西汉时，董仲舒《春秋繁露》直接提出"刑者德之辅"的观点。中国古代所特有的道德政治文化"把国家的兴衰与道德的弘扬、人心的向善密切地联系在一起，使德治深深扎根在中华民族的文化土壤之中，最终才有可能演化成为德法互补互用、共同治国的方略"②。"法安天下，德润人心"，法律有效实施有赖于道德支持，道德践行也离不开法律约束。法治和德治不可分离、不可偏废，国家治理需要法律和道德协同发力。如今，法治建设中必须贯彻道德要求，这样才能真正形成社会共识。"法治建设需要以道德培育为基础，在道德教育中增加法治内涵，通过道德教育培育公民的法治意识和法律信仰。"③

---

① 杨鸿烈：《中国法律思想史》，北京：商务印书馆1937年版，第12页。
② 张晋藩：《论中国古代的德法共治》，《中国法学》2018年第2期，第91页。
③ 李德嘉：《"德主刑辅"说的学说史考察》，《政法论丛》2018年第2期，第159页。

小　结

　　"人无德不立,国无德不兴",我国尚德文化源远流长、历久弥新,由古至今发挥着提供道德滋养与精神动力的巨大力量。在新时代、新征程中,面对个体道德素养的提高、良好道德风气的形成、和谐文明社会的创建、人类共有精神家园的构建等时代课题,传承、发展我国尚德文化尤显重要。本章在介绍"德"字形义历史演变的基础上,重点探究了今文《尚书》中"德"的意义。在今文《尚书》中,"德"字共 116 见,其中 88 见出现在《周书》中,可见,"德"在周初被推上历史舞台,受到了前所未有的重视。今文《尚书》中"德"的意义主要包括本义"升、登",假借义"道德",褒义化的"美善",外化的"德政""贤人"等。尽管"升、登"义一直还偶尔在使用,但"道德"已成为最常用、最主要的意义。今文《尚书》中的"德"总体上呈现出明显的褒义化倾向,"美德""恩德""德政"等意义逐渐突显,且作为我国尚德文化源头的"明德"思想亦愈加清晰。《尚书》的明德文化主要在执政者对天命的思考、民情的关切、官员的配备、刑罚的使用四个方面得到体现,相应形成了"以德配天""施民以德""任人唯贤""明德慎罚"的思想。其中,"以德配天"属于内修,通过修养个人的品性以达到承担历史大任的素质要求;其他属于外治,通过参与社会实践以实现创造新的更加美好、更加和谐的社会的远大理想。《尚书》明德文化在时代的洗礼中不断发展,在儒家的规范中得以升华,从"以德配天"到"天佑有德",从"施民以德"到"倡导民德",从"任人唯贤"到"修齐治平",从"明德慎罚"到"德主刑辅",明德尚德逐渐成为中华文化的显著标识。

第三章 "罚"及慎罚文化

"无有远迩,用罪伐厥死,用德彰厥善"(《盘庚》),从古至今,人类社会以罚惩恶、以赏扬善。《左传》载,"罚叛,刑也;柔服,德也;二者立矣"(宣公十二年);"德以施惠,刑以正邪"(成公十六年);"德以柔中国,刑以威四夷"(僖公二十五年)。《春秋繁露·四时之副》也有言曰:"庆赏刑罚之不可不具也,如春夏秋冬不可不备也","庆赏罚刑,事异而同功,皆王者所以成德也"。所以,"罚"是社会发展的必然,是国家维护稳定、实现有效统治的手段。

"刑"是"罚"的重要组成部分。在古代,人们敬畏、顺应自然,追求与自然关系的亲近和谐,认为"刑的本身便是剥夺宇宙间生命的杀戮行为,与四时生杀的自然秩序的关系更为直接,更为密切"①,从而产生出"赏以春夏,刑以秋冬"择天行刑的司法理念。《管子·四时》:"德始于春,长于夏;刑始于秋,流于冬。刑德不失,四时如一。"《礼记·月令》载仲春之月"命有司省囹圄,去桎梏,毋肆掠,止狱讼";孟夏之月"断薄刑,决小罪,出轻系";孟秋之月"命有司修法制,缮囹圄,具桎梏,禁止奸,慎罪邪,务博执。命理瞻伤,察创,视折,审断。绝狱讼,必端平。戮有罪,严断刑";孟

---

① 瞿同祖:《中国法律与中国社会》,北京:中华书局 2003 年版,第 283 页。

冬之月"行罪无赦";仲冬之月"相侵夺者,罪之不赦"且"筑囹圄,此以助天地之闭藏也"。

"黄帝是传说中的中国最早的法律——《黄帝李法》(军法)的最早制定者。"①夏商时代,我国已经有了比较系统的刑罚,尤其商朝已经"具有了成套的暴力机器和精神统治的武器"②。《荀子·正名》:"后王之成名:刑名从商。"商末纣王迷信天命、滥用刑罚、残忍至极,"用乂雠敛,召敌雠不怠"(《微子》),最终招致天怒人怨,导致改朝换代。

周初以周公为代表的统治集团意识到所谓的天命与重刑并不能永保政权,他们在夏商两代神权法思想与亡国教训的基础上,根据治国理政的实际需要,从政治的高度提出并推行了"明德慎罚"思想,"创造了道德教化与刑罚镇压相互结合的治国理念与治国模式"③。"明德"为"慎罚"提供了依据与目标,"慎罚"是"明德"的主要内容与重要体现。"西周前期更多地强调德对罚的指导,中后期,则更多地强调罚是德的体现。"④"明德慎罚"思想带来了周初的法制秩序与特色,也开创了我国古代政法思想的新理念。这是"对殷商'天罚'、'神判'及'重刑'观念的重大修正","它的历史影响是极为深远的,不仅对西周各种具体法律制度及其宏观法制特色的形成与发展起了决定性的作用,而且深深扎根于中国传统政治和法律理论中,被后世奉为政治法律制度的理想的原则与标本,为以'礼法结合'为特征的中国封建法制奠定了理论基础"⑤。"缓刑慎罚"成为我国历代明君贤臣治国理政的重要策略之一。如江淹《齐高帝诔》:"缓机剟贼,轻章削罚。"

在西周金文中虽然没有"慎罚"字样,但在西周晚期的《牧簋》铭文发现有"明井""不中不井"等字样,在春秋中晚期《叔夷钟》铭文中也发现有

---

① 韩星:《由明德慎罚到德主刑辅——西周明德慎罚思想及其历史影响》,《观察与思考》2015年第9期,第57页。
② 白寿彝主编:《中国通史纲要》,上海:上海人民出版社1980年版,第63页。
③ 樊鸣:《论"明德慎罚"及其对后世的影响》,《法制与社会》2007年第4期,第750页。
④ 王宏林:《"明德慎罚"辨》,《法学研究》1989年第6期,第87页。
⑤ 林明、徐艳云:《〈周易〉古经"明德慎罚"观辨析》,《周易研究》2007年第6期,第86—88页。

"慎中其罚"字样,这其中均含有"慎罚"之意。儒家经典《尚书》记载了"慎罚"思想最早的文献表达,《康诰》首次正式提出了指导西周王朝政治实践的"明德慎罚"主张。西周统治者深知"罚"只是一种手段,重在惩戒、教育,目的是以之引导民众敬德向善,拥护政权,实现社会和谐。正如周公所言若能做到慎罚,"乃大明服,惟民其勑懋和"(《康诰》)。所以,慎罚的根本出发点和终极目标完全一致,那就是维护政权的稳固与江山的永恒。

《周易·旅·象》:"君子以明慎用刑。"《说文解字》:"慎,谨也。从心真声","谨,慎也"。① 用互训的方法,表明"谨""慎"同义。谨,有小心之义。《论语·学而篇》:"敏於事而慎於言","谨而信"。《说文解字》作者许慎,字叔重,名、字同义,"叔"为排行,以"慎"为"重"。也有学者认为"慎"字是个形声兼会意字,从"心","真"既为声符也为义符,而"真"是"珍"的初文,因而,"慎"字本义为"心里珍重"。② 可见,"慎"包含有谨慎、慎重、重视等意义。所以,"慎罚"之"慎"表层上看具有宽缓之意,如《左传·成公二年》:"慎罚,务去之之谓也。"我国法史界也有"所谓慎罚即对刑罚采取谨慎宽缓政策"③之说,但从深层里看,"慎"并不等于"宽",其中理应具有慎重、重视之意,所以"慎罚"中不可避免地包含有克制与审慎的态度。也就是说,所谓的"慎罚"并非指一味地宽缓刑罚,而是该重则重,该轻则轻,轻重适宜。"慎罚"是一个基于统治者视角的概念,对于统治者而言,"重视刑罚,就是要注意刑罚对维护自身统治的作用,该用刑罚的时候就要毫不迟疑地启动刑罚机制打击犯罪;不需要动用刑罚的时候,则可以施以恩遇,感化其心。只有这样软硬兼施、恩威并济,才能达到最佳统治效果"④。

---

① (汉)许慎:《说文解字》,北京:中华书局,2013年版,第216、46页。
② 廖名春:《"慎独"本义新证》,《学术月刊》2004年第8期,第51页。
③ 肖永清主编:《中国法制史简编》上册,太原:山西人民出版社1981年版,第45—46页。
④ 冷必元:《西周"慎罚"思想疑思与解惑》,《政治与法律》2011年第10期,第149页。

第一节　"罚"字的形义演变

甲骨文中没有"罚"字,"罚"字始见于西周时期金文。我国目前发现的西周最大青铜器《大盂鼎》铭文记述了周康王时册命贵族盂之事,铭文中有"罚讼"字样。"罚"字的字形演变过程大体如下图所示:

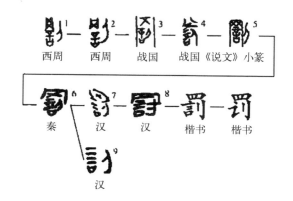

图 3

（注:图示来源于《字源》第 380 页;具体字形来源:1、2《金文编》第 290 页,3《中山》第 68 页,4《郭店》第 78 页,5《说文解字》第 92 页,6《睡甲》第 64 页,7、9《银雀山》第 155 页,8《甲金篆》第 279 页。）

由图示可以看出,从部件①组合方式来看,"罚"字的字形结构在小篆之前以左右结构为多,左边从詈(责骂),右边从刀。隶变②以后,部件"刀"移至整个字形的右下方,字形变为上下结构。汉代,"刀"有时讹误为"寸"。从部件切分先后层次的角度看,"罚"(罰)字的一层部件是"詈"和"刀"。詈骂的"詈"由"网"与"言"组成,这是二层部件。这里的"网"是

---

① 部件是构成汉字的预制构件,是比笔画高一级的构字单位。按照切分先后层次划分,部件可以分成一层部件、二层部件、三层部件等。

② 汉字发展史上字体变化最大且最重要的一次发生于秦汉之际,从篆书演变成隶书,这是古文字变为今文字的转折点、分水岭,打破了以象形为基础的构造方式,符号性大大加强。从此,现代汉字笔画的基本格局形成。

指骂人者网罗恶言恶语骂人。当"网"独自位于整个字上部的时候,多写成"罒",有时也被省略,如图示中编号 9 的字形。

"罚"可以单用,也可作偏旁,如"蕚"(古书上说的一种草)。

《说文解字》:"罰,罪之小者。从刀,从詈。未以刀有所贼,但持刀骂詈则应罰。"①可见,"罚"是小的犯罪,本义是"过错、罪过"。拿刀骂人,虽是小罪,但也是犯罪,应该被惩治。《春秋元命包》:"网言为詈,刀詈为罚,罚之言闲陷于害。""罚"由本义"过错、罪过"引申出"对小罪进行罚没金钱的处罚"的意思,即出钱赎罪、罚金。孔颖达:"罚谓其取赎也。"《周礼·秋官·职金》:"掌受士之金罚货罚。"受指接受,金罚指用金银赎罪,货罚指用货币赎罪。作为"罚金"的"罚"可以是动词,指强制被判刑人在一定期限内缴纳一定数额金钱的刑罚,它是一种附加刑,当然也可以独立适用。睡虎地秦墓竹简《秦律十八种·廄苑律》载"罚冗皂者二月"(罚饲牛者资劳两个月)。也可以是名词,指被判罚金后缴纳的钱。由此进一步引申指一般的处罚、惩罚,如《三国志·蜀书·诸葛亮传》"犯法怠慢者虽亲必罚",《周礼·地官·司救》"凡民之有衺(邪)恶者,三让而罚(挞击)"。

有时,"罚"特指刑罚,如战国时期《中山王圆壶》的铭文"型(刑)罚"以及《周易·豫卦》里提及的"则刑罚清而民服"。

第二节　今文《尚书》"罚"的意义

在今文《尚书》中,"罚"字共 48 见,其中,《虞夏书》中 1 见,《商书》中 6 见,其余 41 见均在《周书》中。在《周书》中,有 20 见"罚"均在《吕刑》中,这与《吕刑》为我国历史上现存最早的较为系统的法典有关。

今文《尚书》中的"罚"意义有罪、罚金(名、动)、惩罚(名、动)、刑罚四种,基本上涵盖了"罚"从本义到引申义的所有意义。其中,意义为"罪"

---

① (汉)许慎:《说文解字》,北京:中华书局 2013 年版,第 87 页。

的仅1见,意义为"罚金"的有10见,意义为"惩罚"的有22见,意义为"刑罚"的有15见。由此可见,在今文《尚书》中,"罚"的本义"过错、罪过"基本不用了,除了与刑罚有关的意义,一般意义上的"处罚、惩罚"之义很活跃。

一、罪

(1)惟予一人有佚罚(《盘庚》)

"自警之词,言当执罚不偏也。"①

佚,一作"逸",意为过错。《国语·周语》中也有"罚,犹罪也"。此例中的"罚"用的是本义"过错、罪过"。

二、罚金

在今文《尚书》中,"罚"作为"罚金"意义的10见全部出现于《周书·吕刑》中,词性为名词或动词。

"罚"与"刑"经常对举。段玉裁区分之:"罚为犯法之小者,刑为罚罪之重者。五罚轻于五刑。"在《吕刑》中,"刑"与"罚"的意义不同。刑,指肉刑、死刑;罚,指罚金。

(2)正于五罚(《吕刑》)

(3)五罚不服(《吕刑》)

(4)五罚之疑有赦(《吕刑》)

(5)刑罚世轻世重(《吕刑》)

例(2)至(5)"罚"为名词。五罚,指五等罚金,具体金额分别见例(6)至(10)。

(6)其罚百锾(《吕刑》)

锾,古代重量单位,郑玄释之:"六两也。"

---

① 周秉钧:《尚书易解》,上海:华东师范大学出版社2010年版,第94页。

（7）其罚惟倍（《吕刑》）

倍，百锾的一倍，即二百锾。

（8）其罚倍差（《吕刑》）

倍差，倍之又半，为五百锾。

（9）其罚六百锾（《吕刑》）

（10）其罚千锾（《吕刑》）

（11）其刑其罚（《吕刑》）

其刑其罚，指当刑当罚。

例（6）至（11）"罚"为动词。清末学者吴闿生解释为："谓其罪疑于可赦，故拟罚锾之数，而更阅实其罪。罪当则仍刑之，疑则罚而赦之也。"

三、惩罚

在今文《尚书》中，意义为"惩罚"的"罚"多为名词，有时也作动词。前者18见，后者4见。

当"罚"的意义为名词性"惩罚"时，在句中主要作主语、宾语等。

"罚"直接作主语的有：

（12）罚及尔身（《盘庚》）

及，到的意思。

（13）罚惩非死，人极于病（《吕刑》）

极，意为困、痛苦；于，意为比，介词，引介出比较的对象"病"。这句话是说惩罚即便未置人于死地，但人已经感受到它比得重病还痛苦。

例（13）中，"罚"与"惩"意义相当，二者并列，可见当时这两个语素组合的顺序比较灵活，尚未形成稳定的"惩罚"组合。

有时，"罚"是主语中的中心语，如：

（14）天罚不极（《吕刑》）

在今文《尚书》中，"罚"以作宾语或其中心语为多。

"罚"直接作宾语的，如：

（15）永畏惟罚（《吕刑》）

畏，意为敬畏。罚，意为惩罚，这里指天罚，作"畏"的宾语。

有时，"罚"作宾语时由介词"于"引介而出。如：

（16）非汝有咎比于罚（《盘庚》）

比，通"庀"。《国语·鲁语》中有"庀，治也"一说，比，近也。

（17）罔非有辞于罚（《多士》）

（18）苗民无辞于罚（《吕刑》）

无辞于罚，意为对惩罚无话可说。

有时，"罚"与"赏"组合，共同作宾语，如：

（19）惟新陟王毕协赏罚（《顾命》）

陟，终的意思，《竹书纪年》记帝王逝世都用"陟"字；协，和的意思。新陟王，指刚逝世的成王。协赏罚，即协和赏罚，让赏罚合宜。

当然，"罚"作宾语之中心语的情况比较多，如：

（20）我乃明致天罚（《多士》）

（21）今予惟恭行天之罚（《甘誓》）

（22）今予发惟恭行天之罚（《牧誓》）

（23）致天之罚（《汤誓》）

（24）予亦致天之罚于尔躬（《多士》）

（25）我则致天之罚（《多方》）

（26）降致罚（《多士》）

致，通"至"，大的意思。罚，这里指天罚。

（27）我乃其大罚殛之（《多方》）

（28）致王罚（《多士》）

王罚，指王者之诛罚。

（29）予敢动用非罚？（《盘庚》）

非，指不恰当的。这是个反问句，意思是我怎么敢施行不恰当的惩罚呢？

当"罚"的意义为动词性"惩罚"时，在句中作动语，后接宾语。

（30）自上其罚汝（《盘庚》）

上，即上天、上帝。

（31）爽惟天其罚殛我（《康诰》）

殛，即诛责。

（32）乱罚无罪，杀无辜（《无逸》）

（33）帝钦罚之（《立政》）

帝，即上天、上帝。钦，江声《尚书集注音疏》解释为："犹重也。"

四、刑罚

意义为"刑罚"的"罚"与"刑"相当。"刑"在今文《尚书》中共 60 见，其中有一半均出现在《吕刑》中。除 6 例①外，"刑"的意义均与"刑罚"相关，以作名词为主，偶尔也作动词，如"非汝封刑人杀人，无或刑人杀人""刑兹无赦"（《康诰》），"刑殄有夏"（《多方》）。但是，今文《尚书》中意义为"刑罚"的"罚"均为名词。

（34）惟乃丕显考文王，克明德慎罚（《康诰》）

明德慎罚是动宾短语"明德"与"慎罚"并列，指"尚德谨刑也"②，即崇尚德教，慎于刑罚。

（35）敬明乃罚（《康诰》）

敬，即谨慎；明，即严明。

（36）兹殷罚有伦（《康诰》）

伦，即条理。刑罚须有条不紊。

（37）汝陈时臬事罚（《康诰》）

事，即施行。

---

① "女于时，观厥刑于二女"（《尧典》）中"刑"为礼法；"小民乃惟刑用于天下"（《召诰》）中"刑"为效法；"公勿替刑""考朕昭子刑"（《洛诰》）中"刑"为示范、法则；"乃变乱先王之正刑"（《无逸》）中"刑"为法令；"汝肇刑文、武"（《文侯之命》）中"刑"为制御。

② 周秉钧：《尚书易解》，上海：华东师范大学出版社 2010 年版，第 159 页。

（38）乃其速由文王作罚（《康诰》）

由，即用；作，即制定。

（39）告汝德之说于罚之行（《康诰》）

这是《康诰》纲领"明德慎罚"的另外一种表述。

（40）乃大降罚（《多方》）

罚，即刑罚，这里指杀戮。

（41）罔不明德慎罚（《多方》）

（从成汤到帝乙）没有人不明德慎罚。

（42）兹式有慎，以列用中罚（《立政》）

式，即规定；有，即又；列，今"例"字。这句话是说，现在规定慎上加慎，依据常例，使用中罚。

（43）墨罚之属千（《吕刑》）

五刑之一有用刀刺刻面额并染以黑色等颜料作为惩罚的永久标记。这种刑罚商周多称为"墨刑"，秦汉称为"黥刑"。

（44）劓罚之属千（《吕刑》）

唐代易学家崔憬言："劓刖，刑之小者也，于困之时，不崇柔德，以刚遇刚，虽行其小刑，而失其大柄，故言'劓刖'也。"[1]按五刑本有"刖刑"，断足之刑。

（45）剕罚之属五百（《吕刑》）

（46）宫罚之属三百（《吕刑》）

（47）大辟之罚其属二百（《吕刑》）

属，即条目。例（43）至（47）讲的就是"五刑"，即墨、劓、剕、宫、大辟五种刑罚。

（48）轻重诸罚有权（《吕刑》）

权，变的意思，即灵活性。《蔡传》云："权者，进退推移，以求其轻重之宜也。"

---

① 李鼎祚：《周易集解》，成都：巴蜀书社 2004 年版，第 153 页。

第三节　慎罚文化的主要内容及历史影响

今文《尚书》中的"罚",除了意思为"罪"时与"慎罚"无关,其他三种意义上的"罚"均在"慎罚"的讨论范围内。在古代,作为"罚金"的"罚"属于"刑罚"的内容,是"赎刑"中的"金"。"罚惩非死,人极于病"(《吕刑》)中"罚"意义为名词性"惩罚",《尚书易解》指出:"罚之惩之,虽不至死,而人已困于病矣。言当深慎。"①"乱罚无罪,杀无辜"(《无逸》)中"罚"意义为动词性"惩罚",这是周公告诫成王,如果君王不明智,就会出现乱罚乱杀的情况,希望他引以为戒。"刑罚"意义上的"罚"更是"慎罚"思想研究关注的对象。

在今文《尚书》中,"慎罚"连用共 2 见,均出现在《周书》中。第一次是出现在《康诰》中用以追述文王的功绩,第二次是出现在《多方》中,用以追述商代几位先王的圣明。今文《尚书》的《虞夏书》《商书》中虽然没有出现"慎罚"直接连用的字样,但"慎罚"的思想在相关文献中依然有所体现,如《虞夏书·皋陶谟》中的"慎乃宪"。皋陶是舜帝时掌管刑法狱讼的大臣,"慎乃宪"是他对舜谏言当慎其法度。

西周"慎罚"思想并非是对夏商刑罚制度的彻底否定,而是承认并有意继承、利用前代的相关合理内容。如周公告诫康叔:"外事,汝陈时臬司师,兹殷罚有伦。"(《康诰》)孔颖达释曰:"既卫居殷墟,又周承于殷后,刑书相因,故兼用其有理者。谓当时刑书或无正条,而殷有故事,可兼用,若今律无条,求故事之比也。"②也就是说,刑罚之事,需借鉴参考殷商的经验做法,吸收其中合理的成分。这不仅是出于卫国乃殷商故地沿袭其旧俗便于周人统治的考虑,也是由于殷商刑罚较为系统完备,周人理应有所继承。周公还要求康叔依据殷人常法判断案件,要合理相当,不能顺从自己个人的心意。"蔽殷彝,用其义刑义杀,勿庸以次汝封"(《康

---

① 周秉钧:《尚书易解》,上海:华东师范大学出版社 2010 年版,第 283 页。
② (汉)孔安国传,(唐)孔颖达正义:《尚书正义》,上海:上海古籍出版社 2007 年版,第 539 页。

诰》),这里蔽指断案,彝指常法,义指宜、合理,次指恣、从。周人能意识到对前代刑罚规则规范、经验做法进行合理的继承,断案以合理的条律为准绳,不以统治者的主观意愿为准则,是依法办案、保持刑罚稳定性的有效举措。福柯在《规训与惩罚》中指出刑罚的基本功能"不是考虑一系列可观察的现象,而是诉诸必须记住的法律和条文","根据一些普遍范畴来确定行为"。① 所以,"慎罚"聚焦法令与惩处,特别注重排斥干扰依法断案,尤其要排斥权势和个人意志对刑罚的干扰。

《大诰》与《康诰》都是周公的诰词,前者是东征出师前周公劝导各诸侯国邦君及官员同心同德去平定叛乱,后者是平定叛乱后告诫康叔如何治理卫国。两篇诰词在颂扬文王时,重点是不同的。《大诰》强调:"天休于宁王,兴我小邦周,宁王惟卜用,克绥受兹命。"《康诰》指出:"惟乃丕显考文王,克明德慎罚;不敢侮鳏寡,庸庸,祗祗,威威,显民,用肇造我区夏,越我一、二邦以修我西土。惟时怙冒,闻于上帝,帝休,天乃大命文王。"区别在于《大诰》重在天命,《康诰》重在人为。这种区别可以用诰词对象的不同来解释。以周公为首的周初政治家显然是将"天命"作为一种行之有效的思想武器,用以对外宣扬小周取代大殷获得政权的合理合法性,用以统一思想、笼络人心、积聚力量、巩固统治。然而,在周初统治集团内部,周公、召公等政治核心人物时刻保持着清醒的头脑,具有强烈的政治危机感,洞悉"天不可信"的道理,强调"事在人为"。"慎罚"是"人为"的重要内容之一,周公面对卫国第一代国君的幼弟康叔,在《康诰》中正式提出"慎罚"自在情理之中。

一、慎罚文化的主要内容

今文《尚书》"慎罚"思想中包含了恤刑、故意过失有别、惯犯偶犯有别、疑罪从轻、中刑等一系列较为成熟的刑罚适用原则。在这些原则的

---

① [法]米歇尔·福柯著,刘北成、杨远婴译:《规训与惩罚》,北京:生活·读书·新知三联书店2012年版,第206页。

指导下,"慎罚"文化主要包括敬畏刑罚、先教后罚、采用中罚、该轻则宽、当罚必严五方面内容。

1. 敬畏刑罚:执政者要时刻对刑罚保持敬畏之心

"慎罚"思想贯穿了整个西周的历史。金文中凡是与"慎罚"相关的铭文,大多出现于西周成康、共懿、宣王三个时期,均是社会大乱之后的所谓安定、中兴、盛世的历史时期。这种现象符合历史发展的普遍规律,即乱世之后,统治者一般都会吸取经验教训,慎于刑罚,追求社会的稳定复苏。反之,这也说明一旦执政者疏于"慎罚"往往会导致社会的不和谐。所以,执政者要时刻对刑罚保持一颗敬畏之心。

《康诰》反映了周初的政治、司法制度及意识形态。"明德慎罚"是全文的纲领,周公指出文王正是因"明德慎罚"建立了周国并实现了大业。周公将文王的"明德慎罚"归纳为"不敢侮鳏寡,庸庸,祗祗,威威,显民",即不欺弱、用可用、敬可敬、畏可畏、尊宠民。其中,"威威"属于"慎罚"的范畴,指畏惧应当畏惧的事,即刑罚。

执政者要"爱民如子",不随意运用刑罚治民。"若有疾,惟民其毕弃咎。若保赤子,惟民其康乂",咎,指罪恶。周公要求康叔像自己生了病一样看待民众犯罪,像保护小儿一样保护民众,只有这样,民众才会抛弃罪恶,康乐安定。

执政者要"慎于刑狱",对待刑狱必须高度慎重,要充分研究、三思而决。周公要求康叔继承弘扬文王的"慎罚",做到"敬明乃罚"。《孔传》:"凡行刑罚,汝心敬明之,欲其重慎。"周公告诫康叔:"要囚,服念五、六日至于旬时,丕蔽要囚",监禁犯人之事必须保证时间充分考虑。

执政者要"杀终赦眚",查明犯罪事实与罪犯的主观心理,做到事实清楚、定罪准确、量刑适当。"人有小罪,非眚,乃惟终自作不典;式尔,有厥罪小,乃不可不杀。乃有大罪,非终,乃惟眚灾;适尔,既道极厥辜,时乃不可杀。"眚,意为过失;非眚,意为故意;终,意为常、惯犯;非终,意为偶犯。对于明知故犯不思悔改的惯犯从重,罪行小也不可不杀;对于是过失并坦白罪过的偶犯从轻,即使犯了大罪也不可以杀。于省吾释曰:

"约言之，小罪不知省改，可杀也；大罪能知省改，不可杀也。""夫大罪嘉其能改，非谓其改乃变为过也。以有心为罪，无心为过，乃后起之义。宋人理学所由傅会也，乌可以训经乎哉。"①也就是说，罪的大小依据犯罪事实而定，不能因有心无心而定，只是在量刑时，可以根据具体情况有所变通。这可以看成是《尧典》"眚灾肆赦，怙终贼刑"的具体化。《尧典》的主张，是《康诰》的雏形，是我国法律思想史上第一次提出以行为人的动机与态度作为处刑根据的经典文献出处。可见，西周的刑法理论已经达到相当高的水平，意识到故意和过失犯罪、偶犯和累犯对社会造成的伤害程度是不同的，在量刑时考虑罪犯的动机态度。但这其中蕴含着这样一种判断倾向，与犯罪结果相比较，罪犯的动机与态度更为重要。"这就为原心论罪大开了绿灯：凡不反对奴隶主政权，不危及它的根本利益的一切犯罪行为，都在宽宥之列；相反，如果行为人的动机同奴隶主政权的根本利益相冲突，即使只造成轻微的社会效果，也要严惩不贷！"②

执政者要"防于擅断"，依法执法，杜绝执法官吏擅断刑罚。"通过'罪'与'过'的区分，'刑'与'罚'的区分，以及'实罪'与'疑罪'的区分，在一定的范围内和一定的程度上，限制了执法官吏的罪行擅断权力。"③而且，周公还要求康叔亲掌刑杀剬刖大权，"非汝封刑人杀人，无或刑人杀人。非汝封又曰劓刵人，无或劓刵人"。苏轼曰："刑人杀人者，法也，非汝意也。"④朱熹曰："此言用刑之权正在康叔，不可不谨之意耳。"⑤

周公晚年在给成王的诰词《立政》中依然告诫成王："继自今文子文孙，其勿误于庶狱庶慎，惟正是乂之"，"今文子文孙，孺子王矣！其勿误于庶狱，惟有司之牧夫"，要求先王的子孙们与已经为君主的成王，千万不要在刑罚方面犯错，做到不人为干扰。

① 于省吾：《尚书新证》，上海：上海书店出版社 1999 年版，第 86 页。
② 陈抗生："明德慎罚"刍说，《法学研究资料》1982 年第 6 期，第 28 页。
③ 栗劲：《孔子和礼——孔子法律思想初探》，乔伟、杨鹤皋主编：《孔子法律思想研究（论文集）》，济南：山东人民出版社 1986 年版，第 150 页。
④ 顾颉刚、刘起釪：《尚书校释译论》，北京：中华书局 2010 年版，第 1398、1327 页。
⑤ 周秉钧：《尚书易解》，上海：华东师范大学出版社 2010 年版，第 163 页。

2. 先教后罚:在教罚统一的前提下以教为先

"先德教,后刑罚,刑罚当,民不怨。"德教与刑罚虽然表现形式不一样,但是目的和宗旨都是一样的,是为了引导民众去恶从善、向德向善,防止更多的犯罪与危害,从而维护统治秩序。所以,西周统治者在德罚兼用的前提下,以教为先,先教后罚,给人提供改过自新的机会,将刑罚作为德教从属内容,通过惩罚与震慑,更好地实施德教。"刑以弼教,在刑罚的运用中融入教化的精神,起到劝民改过向善的作用,这一治理原则得到周朝统治者的极度重视和实际应用。"[①]

德教的施行者自身必须有德。在今文《尚书》中,德教的施行者主要是圣君贤臣。周公在回顾成汤到帝乙施政时说:"乃惟成汤克以尔多方简,代夏作民主。慎厥丽,乃劝;厥民刑,用劝;以至于帝乙,罔不明德慎罚,亦克用劝;要囚殄戮多罪,亦克用劝;开释无辜,亦克用劝。"(《多方》)这段话中连续出现了五个"劝"字,指勉励,既体现了明德的精神,又表明了慎罚的要旨。这里虽然介绍的是殷商数位先王的为政做法都是为了勉励人,但明显也是代表了周人的认同。周公以此给西周各国君臣们树立了政治典范,其中或许有人为故意拔高殷先王之处,但应该也包含基本的事实依据。

德教是减少违法的先入手段。召公勉励成王:"其惟王勿以小民淫用非彝,亦敢殄戮用乂民,若有功。"(《召诰》)彝,意为法;亦敢,意为亦勿敢、蒙前省;用,意为以;若,意为乃。勿使民众多行违法,指需要先教化;也勿用杀戮治理民众,指力戒暴虐;这样才会有功绩,指民方可安宁。

德教无效时必须严惩不贷。周公主张以教为先,尤其是对各国君臣、殷商遗民,如果经过教育引导,依然我行我素、坚决不改,则施以罚。"尔乃迪屡不静,尔心未爱""我惟时其教告之,我惟时其战要囚之,至于再,至于三。乃有不用我降尔命,我乃其大罚殛之!"(《多方》)迪,意为教

---

① 韩星:《由明德慎罚到德主刑辅——西周明德慎罚思想及其历史影响》,《观察与思考》2015年第9期,第59页。

导;屡,意为多次;教告,意为教以文告。周公代成王谴责各国君臣不听教导,多次叛乱,表示如果还不服从命令,必将重罚。对于在卫国禁酒的问题,周公对康叔说:"厥或诰曰:'群饮。'汝勿佚,尽执拘以归于周,予其杀。又惟殷之迪诸臣惟工,乃湎于酒,勿庸杀之,姑惟教之。有斯明享,乃不用我教辞,惟我一人弗恤弗蠲,乃事时同于杀。"(《酒诰》)表示对于殷商旧臣百官因积习难改而沉溺于酒,暂且先采取教育的方式,如果教育之后还依然违抗教令,再将其一律处死。在德教之后依然如故,当是故意为之,统治者自然将严厉处罚。

3. 采用中罚:遵循中刑之道是慎罚的核心内容

刑罚轻重,宜根据社会实际情况区别确定。《周书·吕刑》记载:"轻重诸罚有权。刑罚世轻世重,惟齐非齐,有伦有要。"《孔传》:"刑罚随世轻重,新国用轻典,平国用中典,乱国用重典。"《周礼·秋官·司寇》有"刑新国,用轻典;刑乱国,用重典;刑平国,用中典",郑注为"平国,承平守成之国。用中典者,常行之法"。《汉书·刑法志》:"昔周之法,建三典以刑邦国,诘四方:一曰,刑新邦用轻典;二曰,刑平邦用中典;三曰,刑乱邦用重典。"颜师古释:"新邦,谓新辟地立君之国,其人未习于教,故用轻法;平邦,谓承平守成之国,则用中典常行之法;乱邦,谓篡杀叛逆之邦,化恶难移,则用重法诛杀之。"西周承平守成,因而崇尚中罚,追求折狱持平、不枉不纵、无所偏颇。

在司法领域里,"中"作为能够致"和"的手段而被广泛运用。《周礼·秋官司寇》中有"狱讼成,士师受中""求民情,断民中""断庶民狱讼之中"。《礼记·大传》:"爱百姓故刑罚中,刑罚中故庶民安。""西周统治者在定罪量刑问题上强调'中道'、'中罚'、'中正',即刑当其罪,不轻不重","中罚精神应包括公正量刑和对轻罪、疑罪减免处罚"。[①]

《立政》是周公晚年对成王阐述设官理政法则的诰词。文末周公呼太史记言:"太史!司寇苏公式敬尔由狱,以长我王国。兹式有慎,以列

---

① 林明、徐艳云:《〈周易〉古经'明德慎罚'观辨析》,《周易研究》2007年第6期,第89页。

用中罚。"这句话不仅加倍强调了"慎",还正式提出了一个"中罚"的概念,这也是今文《尚书》中唯一的 1 见。中,即平,适中、公正、公平的意思。"中罚",即适中的刑罚,孔颖达疏:"列用中常之罚,不轻不重。""中罚"是"慎罚"的重要表现,是周公一直秉持并推行的刑罚主张。因对待刑罚务必要谨慎,因而要设置宽严适中的刑罚。"周公规定使用中罚,垂为定制,使太史书之,以告后王也。"①

虽然,"中罚"一词在今文《尚书》中仅 1 见,但是施行刑罚宜"中"的思想在《吕刑》中有充分的展示。从制定到适用刑罚,文章通篇都反复强调一个"中"字,要求必须非常谨慎,力求不偏不倚、不轻不重。全文共出现了 10 个"中"字,其中 8 个均与刑罚有关。曾运乾《尚书正读》:"中字为全篇主旨。首云士制百姓于刑之中,又云故乃明于刑之中,云观于五刑之中,云罔非在中,云咸庶中正,云罔不中听狱之两辞,云于民之中尚明听之哉,云咸中有庆,凡八用中字。得此中道,守而弗失,庶几其祥刑矣。"中道,指不偏不倚的中正之道。

《吕刑》是今文《尚书》中难能可贵的一篇刑法文献,又称《甫刑》,"作为一篇言刑专文,其所蕴含的司法理念,初步完成了从'神判'向'人判'的历史性跨越"②,对整个封建社会的法律制度产生了极为深远的影响。臣相吕侯(后为甫侯)劝导周穆王制定刑律,采用中刑,功绩流传后世。《吕刑》开篇回顾了蚩尤滥施刑罚招致灭亡、尧用中刑享有天下的经验教训。尧时政治清明,人人深知运用中刑的道理,"士制百姓于刑之中,以教祗德","典狱非讫于威,惟讫于富",士师用公正的刑罚,教导臣民敬重德;主管刑罚的官员,不是止于威虐,而是止于仁厚。穆王告诫诸侯要以苗民为戒,施用合理的刑罚,同时告诫王族要勤政慎刑。

周穆王指出:"有邦有土,告尔祥刑。在今尔安百姓,何择,非人?何敬,非刑?何度,非及?"他用自问自答的方式毋庸置疑地向诸侯、大臣提

---

① 周秉钧:《尚书易解》,上海:华东师范大学出版社 2010 年版,第 256 页。
② 梁凤荣:《〈尚书·吕刑〉司法理念与制度管窥》,《河北法学》2011 年第 10 期,第 73 页。

出安定百姓必须要选用吉人、谨慎对待刑罚、判断考虑公正适宜的要求。"祥刑"即善刑，在今文《尚书》中共 2 见，均出现在《吕刑》中。另一处在文末"受王嘉师，监于兹祥刑"，再次强调要重视祥刑，与第一见"祥刑"形成呼应。而采用"中罚"正是周人判断刑罚为祥刑的标准。"罚惩非死，人极于病"，刑罚给人带来的痛苦与人得重病的痛苦相比更甚，形象表达出对待刑罚务必持谨慎的态度。所以，周穆公对此多次强调，"敬之哉""朕敬于刑，有德惟刑""惟敬五刑，以成三德""咸中有庆"。

4. 该轻则宽：警戒、流放、赦免、赎罪是慎罚的组成部分

周公曾告诫康叔治理殷商故地要宽容。"肆往，奸宄、杀人、历人，宥；肆亦见厥君事、戕败人，宥""无胥戕，无胥虐，至于敬寡，至于属妇，合由以容"（《梓材》）。宥，宽恕、赦免的意思；容，宽容的意思。对于往日的罪犯，只要不再犯罪，就既往不咎，宽恕宽大；对于鳏寡老人、孕妇犯罪的，同样教导与宽容。

"其刑上备"（《吕刑》），《说文解字》解释为"备，慎也"[1]，意为刑罚贵在慎重。在定罪量刑方面，为了防止错杀无辜，凡是疑案难案、有所怀疑的，均采取从轻处治或者罚赎的办法。"五刑不简，正于五罚""五刑之疑有赦，五罚之疑有赦，其审克之"（《吕刑》）。孔颖达疏引《正义》解说道："刑疑有赦，赦从罚也；罚疑有赦，赦从免也。"当用五刑不能核实时，就根据罪行的轻重用五等罚金处罚；五刑、五罚定罪有怀疑的均可以从轻处治，务必翔实。

今文《尚书》首篇《尧典》介绍了舜即位后制定刑法的情况："象以典刑，流宥五刑，鞭作官刑，扑作教刑，金作赎刑。眚灾肆赦，怙终贼刑。钦哉，钦哉，惟刑之恤哉！"钦，敬的意思；恤，慎的意思。"钦""恤"二字均有谨慎之意，后世浓缩为"钦恤"[2]一词，亦作"钦卹"，指理狱量刑要慎重不

① （汉）许慎：《说文解字》，北京：中华书局 2013 年版，第 161 页。
② 用例如南朝宋刘彧《宽刑诏》："朕务存钦卹，每有矜贷。"唐白居易《止狱措刑策》："至若尽钦恤之道，竭哀矜之诚，使生者不怨，死者不恨，此五者恤刑之法也。"宋曾巩《代太平州知州谢赐钦恤刑狱敕书表》："臣与被论音，当宣上意，惟尽哀矜之理，庶符钦恤之心。"明李东阳《送顾天锡员外审刑山西》："况奉钦恤诏，正当蠲涤辰。"

滥、心存矜恤。《孔传》："舜陈典刑之义，敕天下使敬之，忧欲得中。"《尧典》的记载让我们看到，在久远的尧舜时代，君王就已经重刑而慎罚了。他们认识到刑罚的重要性与必要性，制定了种类繁多的刑罚，十分重视刑罚的规范化，在施行刑罚时强调谨慎，特别小心，反对滥用。

象，曾运乾《尚书正读》解释为："刻画也。盖刻画墨、劓、剕、宫、大辟之刑于器物，使民知所惩戒，如九鼎象物之比。"典刑，常刑的意思。在器物上刻画常用的刑罚，目的是使民众有所戒惧而不轻易犯罪。在《皋陶谟》中正式出现了今文《尚书》中唯一的"象刑"一词："皋陶方祗厥叙，方施象刑，惟明。"宥，意为宽恕，指用流放的办法宽恕犯了五刑的罪人。赦，意为赦免，指赦免过失犯罪的人。朱熹："眚灾肆赦者，言不幸而触罪者，则肆而赦之。"（陈栋《书集传纂疏》卷一）邱濬《大学衍义补》说："按此万世言赦罪者之始，夫帝舜之世所谓赦者，盖因其所犯之罪，或出于过误，或出于不幸，非其本心固欲为是事也，而适有如是之罪焉，非特不可以入常刑，则虽流宥金赎亦不可也。故直赦之，盖就一人一事而言耳，非若后世概为一札，并凡天下之罪人，不问其过误故犯一切除之也。"（卷一百九十《慎眚灾之赦》）"金作赎刑"中"赎刑"指从轻处罚的刑律，即用金作为赎罪的刑罚。孙星衍曰："古用铜，赤金也。"值得注意的是，"赎刑"的设立不可避免地从诞生之日起便为贵族豪门逃避惩罚打开了一道方便之门，容易造成大事化小、小事化了，带来社会处治的不公平。东汉王充《论衡·幸偶》："或奸盗大辟而不知，或罚赎小罪而发觉。"也就是说有的人犯了杀头之类的罪行却没有人知道，有的人只是犯了花钱赎罪之类的小罪就被发现了，很有偶然性。所以，"刑法一开始就成为统治阶级手中的工具"[①]。

5. 当罚必严：对当罚者务必严惩不贷

在《十三经注疏》中，唐代孔颖达疏"明德慎罚"为显用俊德、慎去刑罚。"明德并非禁罚，恰恰相反，只有罚当其罪，即所谓'义刑义杀'，才符

[①] 钱宗武、杜纯梓：《尚书新笺与上古文明》，北京：北京大学出版社 2004 年版，第 311 页。

合明德的要求"①,今文《尚书》"慎罚"思想并非是一味减轻刑罚。

舜在任命皋陶为狱官之长时,曾对他说:"蛮夷猾夏,寇贼奸宄。汝作士,五刑有服②,五服三就。五流有宅,五宅三居。惟明克允!"明,明察的意思;允,信服的意思。舜帝除对皋陶指明五刑的用法及执行地点、宽宥五刑的流放处所外,特别强调要明察案情、处理公允、令人信服。

《周书·谥法解》:"杀戮无辜曰厉。"周公虽然让康叔告诉众人"予罔厉杀人"(《梓材》),即我们不滥杀无罪的人,但在必须使用刑罚的时候,必须"敬明乃罚"(《康诰》)。明,意为严明,即要求康叔谨慎严明刑罚。"西周统治者所强调的是严格依法办事,既反对滥罚无辜,罚不当罚,也反对放纵犯罪,当罚而不罚。"③

在今文《尚书》中,主要有五种类型的人是必须重罚严惩的。

一是破坏治安者。"寇攘奸宄,杀越人于货,暋不畏死,罔弗憝。"(《康诰》)憝,怨的意思。寇盗攘夺内奸外宄,杀远人取货,强不畏死者,当顺民意以刑之。

二是不孝不友者。"元恶大憝,矧惟不孝不友""刑兹无赦"(《康诰》)。元,大、首的意思;憝,恨的意思。

三是不循大法者。"乃有不吉不迪,颠越不恭,暂遇奸宄,我乃劓殄灭之,无遗育,无俾易种于兹新邑。"(《盘庚》)④越,意为违法;殄,意为灭绝;育,意为后代;种,意为种族。"不率大夏""汝乃其速由兹义率杀"(《康诰》),率,意为遵循;夏,意为常法。这里需要注意的是,西周以前的刑罚经常株连家人、族群,西周主张"罪止一身",反对株连。《左传》:"父子兄弟,罪不相及"(昭公二十年);"父不慈,子不祗,兄不友,弟不共,不相及也"(僖公三十三年)。

---

① 陈抗生:《"明德慎罚"刍说》,《法学研究资料》1982年第6期,第29页。
② 五刑有服,《鲁语》:"大刑用甲兵,其次用斧钺,中刑用刀锯,其次用钻凿,薄刑用鞭扑。"
③ 王宏林:《"明德慎罚"辨》,《法学研究》1989年第6期,第88页。
④ 译文:若有不善不走正道、违法不恭、欺诈奸邪、胡作非为,我将灭绝他们,不留后代,不让其种族在新国都延续下去。

四是违弃王命者。"亦惟君惟长,不能厥家人越厥小臣、外正;惟威惟虐,大放王命;乃非德用乂"(《康诰》),作威肆虐的诸侯应当惩罚。"'群饮。'汝勿佚,尽执拘以归于周,予其杀"(《酒诰》),对于聚众饮酒的治事官员绝不放纵,全部逮捕处死。"有斯明享,乃不用我教辞,惟我一人弗恤弗蠲,乃事时同于杀"(《酒诰》),对于教育无效的殷商旧臣百官,同样一律处死。"在西周时,奴隶主政权的有识之士,就已经认识到官府公职人员犯罪的社会效果要比一般老百姓的严重得多,同时认识到以刑杀手段惩办违法官吏的必要性。"[1]

五是战时不听令者。"弗用命,戮于社,予则孥戮汝"(《甘誓》),"尔不从誓言,予则孥戮汝,罔有攸赦"(《汤誓》),"尔所弗勖,其于尔躬有戮"(《牧誓》),"汝则有大刑"(《费誓》)。孥,意为降为奴;戮,意为杀;大刑,意为死刑。

因此,周代并没有完全废除严苛的刑罚。《周礼·秋官司寇第五·掌戮》:"凡杀其亲者,焚之。杀王之亲者,辜之。凡杀人者,踣诸市,肆之三日。刑盗于市。凡罪之丽于法者,亦如之。"西周还率先制定后世封建刑法"十恶"渊源的八种重罪"八刑":"以乡八刑纠万民。一曰不孝之刑,二曰不睦之刑,三曰不姻之刑,四曰不弟之刑,五曰不任之刑,六曰不恤之刑,七曰造言之刑,八曰乱民之刑。"(《周礼·地官司徒之职》)《周易》古经称犯人为"囚人""刑人",并具体介绍了惩治犯人所使用的刑具及方法,如《坎》上六"系用徽纆,置于丛棘,三岁不得,凶";《困》九五"劓刖,困于赤绂,乃徐有说,利用祭祀"等。甚至有学者认为所谓的"慎罚",在古代"充其量不过是使百姓能够活下去,而不会超过这个限度"[2]。

二、慎罚文化的历史影响

儒家创始人孔子深受西周制度、思想文化的影响,他通过诠释《尚

---

① 陈抗生:《"明德慎罚"刍说》,《法学研究资料》1982 年第 6 期,第 30 页。
② 王世舜、王翠叶译注:《尚书》,北京:中华书局 2012 年版,第 216 页。

书》,形成了儒家所信奉的理想典范。"由文武周公所创设的周礼之所以成为儒家所信奉的理想典范,乃是通过对《尚书》的诠释而证成的。"①儒家尚德,但也讲刑讲法。子曰:"君子怀刑,小人怀惠"(《论语·里仁篇》);孟子认为:"行一不义,杀一无辜,而得天下,皆不为也"(《孟子·梁惠王上》);荀子认为:"治之经,礼与刑,君子以修百姓宁"(《荀子·成相篇》)。"从孔子和孟子的仁政之法到荀子的礼制之法都源于《吕刑》及《尚书》有关各篇施用中刑达成德治的法制思想。"②"慎罚"是儒家刑罚思想的滥觞,得到了儒家的大力继承与发展。儒学在汉代以后确立了独尊的历史地位,"慎罚"文化至此也得到了升华,形成了"德主刑辅"的基本框架。虽然在不同历史时期,有过重德、重法的两极运动,但始终没有脱离这个框架。不论是先秦的"明德慎罚",还是汉代以后的"德主刑辅",都体现了传统的政法和谐理念,兼具了德刑双重功用,体现了人治与法治的互动互补,成为中华法系有别于其他法系的基本特质。

1. 慎罚是儒家刑罚思想的滥觞

儒家继承发展了"慎罚"思想,敬畏刑罚,反对杀戮,尤其是不教而杀,主张"中庸""以武息武",向往"无讼"的理想境界。

儒家主张敬畏刑罚。儒家认为执政者对待刑罚务必要非常谨慎,不能偏听偏信。《孟子·梁惠王上》:"左右皆曰可杀,勿听;诸大夫皆曰可杀,勿听;国人皆曰可杀,然后察之,见可杀焉,然后杀之。"

儒家反对不教而杀。"圣人之道,不能独以威势成政,必有教化。"(《春秋繁露·为人者天》)孔子把起先不加以教育便加以杀戮称作"虐",并将其列为四种恶政之首。子曰:"不教而杀谓之虐;不戒视成谓之暴;慢令致期谓之贼;犹之与人也,出纳之吝谓之有司。"(《论语·尧曰》)《荀子·宥坐》:"《书》曰:'义刑义杀,勿庸以即,予维曰未有顺事。'言先教也。"这种思想也延伸适用到其他领域,如用兵用人。子曰:"以不教民

---

① 严正:《王道理想与圣贤意识》,《河南社会科学》2008年第5期,第89页。
② 钱宗武、杜纯梓:《尚书新笺与上古文明》,北京:北京大学出版社2004年版,第312页。

战,是谓弃之。"(《论语·子路篇》)不教民,即不教之民,用未经过训练的人去作战,这等于是糟蹋生命。

儒家强调"中"。子曰:"名不正,则言不顺;言不顺,则事不成;事不成,则礼乐不兴;礼乐不兴,则刑罚不中;刑罚不中,则民无所措手足。"(《论语·子路篇》)孔子把礼乐兴否看成是刑罚中否的直接前提,认为如果没有礼乐,"中"就得不到应有的重视。《逸周书·度训》:"和非中不立,中非礼不慎。""中"是一个重要的哲学概念,尚"中"的文化传统,在儒家那里发展出"中庸"的思想,凡事讲求适中,认为过犹不及,这成为中华民族独特的一种文化思维模式与治国处事之道。《礼记·中庸》:"不勉而中,不思而得,从容中道","隐恶而扬善,执其两端,用其中于民"。《左传·昭公二十年》载仲尼曰:"善哉! 政宽则民慢,慢则纠之以猛;猛则民残,残则施之以宽。宽以济猛,猛以济宽,政是以和。"

儒家反对杀戮,主张德治。孟子主张"省刑罚""不嗜杀人"(《孟子·梁惠王上》)。《论语·颜渊篇》记载季康子问政于孔子:"如杀无道,以就有道,何如?"孔子对曰:"子为政,焉用杀? 子欲善而民善矣。君子之德风,小人之德草。草上之风必偃。"孔子明确表达了对为政使用杀戮的反对,即便是对无道的坏人,也不主张杀戮。在儒家看来,刑只能约束行为,德才是实现社会大治的根本。子曰:"道之以政,齐之以刑,民免而无耻;道之以德,齐之以礼,有耻且格。"(《论语·为政篇》)[1]他认为使用刑罚整顿民众,虽然民众暂时免于罪过,却无廉耻之心,而使用礼教,民众不但有廉耻之心,而且人心归服。因此,儒家提倡为政者以德带头、对人宽容。"先有司,赦小过,举贤才""'善人为邦百年,亦可以胜残去杀矣。'诚哉是言也"(《论语·子路篇》)。孔子认同善人为政百年可以克服残暴免除虐杀。在他看来,德治虽然不能立竿见影,但时间终究会让效果显

---

[1] 朱熹注曰:"愚谓政者为治之具,刑者辅治之法,德、礼则所以出治之本,而德又礼之本也。此其相为终始,虽不可以偏废,然政、刑能使民远罪而已,德、礼之效,则有以使民日迁善而不自知。故治民者不可徒恃其末,又深探其本也。"他强调"法度禁令"只能"制其外","道德齐礼"才能"格其心",所以应"明刑以弼五教,以期于无刑"。(《朱文公文集》)

现。"在孔子构想的人人有德的环境中,只需要人人自我修养,自我完善,自我监督从而成贤至圣。只要人人都有德,那么'罚'也就失去了必要性。"①

儒家向往"无讼"的理想境界。儒家把"当罚必罚"的矛头指向了社会不稳定因素,认为武力是用来平息武力的。《汉书·武五子传》:"是以仓颉作书,'止''戈'为'武'。圣人以武禁暴整乱,止息兵戈,非以为残而兴纵之也。"《说文解字》引用《左传·宣公十二年》楚庄王"夫武,定功戢兵。故止戈为武",把"武"解释为确定战功、聚藏兵器、止息战争。儒家这种理解虽然与"武"造字本义②并不吻合甚至相反,但其中却蕴含了儒家对社会稳定和谐的追求,希望实现"无讼"的理想境界。子曰:"听讼,吾犹人也。必也使无讼乎!"(《论语·颜渊篇》)③孔子表示自己在审理诉讼时一定要使诉讼事件完全消灭才好。正是由于孔子对刑罚的这种淡化的态度,中国古代独特的"外儒内法"的政治模式得以形成。儒家将周人以"中罚"判断祥刑的标准转变为以"无讼"作为法律秩序良善的标志,这种"以讼为非、讼则终凶"的思想观念,对我国古代的司法实践产生了较为深刻的影响。

2. 慎罚文化在汉代以后得到了升华

为结束战国混乱局面,秦国利用法家思想迅速壮大,统一了六国,建立了秦朝。但秦统一后依旧采用严刑峻法,遂二世而亡。在秦的废墟中建立起来的汉朝,吸取教训,实行了"宽省刑罚"的休养生息政策,出现了史上著名的"文景之治"。

汉代第一位力倡儒学的思想家陆贾提出"行仁义、法先圣,礼法结合、无为而治",强调德不厌重、刑不厌轻、罚不患薄、赏不患厚,"故设刑者不厌轻,为德者不厌重,行罚者不患薄,布赏者不患厚,所以亲近而致

---

① 黄熙:《从〈尚书〉到〈论语〉的"明德慎罚"观念》,《华夏文化》2017 年第 4 期,第 9 页。
② "武"字中"止"是脚,表行进,"戈"是兵器,合起来是表示拿着兵器在走,本义是示威或征伐。
③ 据《史记·孔子世家》记载,孔子在鲁定公时,曾为大司寇,即治理刑事的官员。他的这句话或许是刚任大司寇时所说。

远也"(《新语·至德》)。汉武帝接受董仲舒"罢黜百家,独尊儒术"的主张,采用"德主刑辅"礼法并用的治国策略,影响深远。《汉书·董仲舒传》:"天道之大者在阴阳,阳为德,阴为刑,刑主杀而德主生。是故阳常居大夏,而以生育养长为事;阴常居大冬,而积于空虚不用之处。以此见天之任德不任刑也。"《春秋繁露·循天之道》:"夫德莫大于和,而道莫正于中","是故以中和理天下者,其德大盛"。

唐初名臣魏徵遵循儒家正统思想,将刑罚对于治国理政的作用比作驾车者手中的马鞭,"然则仁义,理之本也;刑罚,理之末也。为理之有刑罚,犹执御之有鞭策也,人皆从化,而刑罚无所施;马尽其力,则有鞭策无所用""是以圣帝明王,皆敦德化而薄威刑也"(《贞观政要·公平》)。他认为假如民众的行为皆合乎仁义,恰如马匹奋力驰骋时的马鞭,刑罚自然也就失去了用处。在这种思想观念下,唐代力求轻刑省罚、约法简文,秉持"德礼为政教之本,刑罚为政教之用"(《唐律疏议·名例》)。

明太祖朱元璋虽然赞成并奉行"刑乱国用重典"的精神,但也曾表示"用刑之道贵在得中。得中则刑清,失中则刑乱。刑乱则政衰矣"(《明太祖宝训》卷五)。清代统治者为谋求长治久安,提出"尚德缓刑""教化为本"的主张。康熙帝曾诏谕三法司说:"帝王以德化民,以刑弼教。莫不敬慎庶狱,刑期无刑。"(《清圣祖实录》卷九十四)

"在西周明德慎罚思想基础上形成的德主刑辅成为秦汉以后治国理政的主体模式,在历史上为国家的长治久安,社会的和谐稳定起了持久而积极的作用,也为今天国家治理模式创新实践提供了重要资源。"[①]我国在 21 世纪初提出的"宽严相济"刑事司法政策,要求"当严则严、当宽则宽、宽严适中",对未成年人、老年人犯罪和偶犯强调从宽处理;目前刑事法律中贯彻的"罪行相适应"原则,强调罪行与处罚相适应,避免轻判、重判现象的发生。这些应该说与先秦的"慎罚"思想一脉相承。

---

① 韩星:《由明德慎罚到德主刑辅——西周明德慎罚思想及其历史影响》,《观察与思考》2015 年第 9 期,第 63 页。

小　结

社会安定和谐是社会发展的根本基础，"慎罚"是一个基于统治者视角的概念，其根本出发点和终极目标就是维护社会安定和谐以实现政权的稳固与江山的永恒。"慎罚"是儒家刑罚思想的滥觞，得到了儒家的大力继承与发展。随着儒学在汉代独尊地位的确立，"慎罚"文化也得到了升华，形成了"德主刑辅"的基本框架，成为中华法系有别于其他法系的基本特质，也为当今国家治理模式创新实践提供了宝贵的资源。本章在介绍"罚"字形义历史演变的基础上，重点探究了今文《尚书》中"罚"的意义。在今文《尚书》中，"罚"字共 48 见，其中 41 见在《周书》中，因为《周书》中有我国历史上现存最早的较为系统的法典《吕刑》。今文《尚书》中"罚"的意义有罪、罚金、惩罚、刑罚四种，基本上涵盖了"罚"从本义到引申义的所有意义。当然，"罚"的本义"过错、罪过"基本不用了，除与刑罚有关的意义外，一般意义上的"处罚、惩罚"之义很活跃。今文《尚书》中的"罚"，除意思为"罪"的与"慎罚"无关外，其他三种意义上的"罚"均在"慎罚"的讨论范围内。今文《尚书》"慎罚"思想中包含了恤刑、故意过失有别、惯犯偶犯有别、疑罪从轻、中刑等一系列较为成熟的刑罚适用原则。在这些原则的指导下，"慎罚"文化主要包括敬畏刑罚、先教后罚、采用中罚、该轻则宽、当罚必严五方面的内容，要求执政者时刻对刑罚保持敬畏之心，在教罚统一的前提下以教为先，遵循中刑之道，运用警戒、流放、赦免、赎罪等宽松手段，对当罚者务必严惩不贷。

第四章 "民"及保民文化

以天地为镜知进退,以历史为镜知兴衰。中华政治文明在演变发展的过程中,视角逐步由天上转向人间,曾作为政治最早最高依据的"天",其意义不断削弱,而"民"的分量不断增强。

"民"是一个发展的概念。甲骨文中早已出现"民"字,此后其形义均不断变化。"民"字在今文《尚书》中出现了近 200 次,超过"天""德"等重要概念字出现的次数,基本上涵盖了本义之外的所有意义,其中以"庶民"之义为最。可见,"民"在今文《尚书》中的重要性。实践表明,老百姓具有改写人类历史的巨大力量。保有"安、养"之义,保民的对象"民"就是指老百姓,即庶民。保民,即指安定保养老百姓。然而,在奴隶制时代,所保之民至多是在政治生活中有所显现的自耕农及以上的民,而不可能扩展到处于社会最底层的奴隶。

在我国,保民意识由来已久,我们可以从历史上的明君贤臣那里发现这一意识的身影。在生产力极为低下的原始社会,生存是人类的大事,部落领袖们主要凭借为民谋生获得民心,从而巩固自身力量。所以,在保民思想产生和发展的过程中,有识之君、有识之士们发挥了推动保民思想形成与发展的核心作用。保民的核心内涵是重民,相关表达最早见于《尚书·盘庚》:"我王来,既爰宅于兹,重我民,无尽刘。"

商汤曾以"率遏众力,率割夏邑"(《汤誓》)为由出师讨伐夏桀,"保民"成为他发动战争并取得胜利的法宝。《管子·桓公问》载:"汤有总街之庭,以观人诽也",这表明重视搜集民众的意见也是商汤"保民"的一种表现。"当然,商汤的重民保民思想还带有浓厚的原始气息,甚至与传说中尧舜禹时代的原始民主作风十分相近。这说明商汤时期的重民保民没有上升到制度化乃至理论化的高度,还处于质朴的政治行为阶段。"①商汤之后的殷王,保民思想一度被抛却,直到盘庚的迁都之举,才使这一思想得以再续。《史记·殷本纪》记载盘庚迁都后,"行汤之政,然后百姓由宁,殷道复兴,诸侯来朝,以其遵成汤之德也"。商王朝在盘庚时期再一次得到了长足的发展,同时也增强了保民思想的生命力与对后世的影响力。武丁之后,祖庚之时,保民思想又有了新的突破。《高宗肜日》载"王司敬民,罔非天胤,典祀无丰于昵",这应是历史文献对"敬民"一词的最早记载。随着民众地位的不断提升与自我意识的不断觉醒,其改写历史的巨大力量积聚到一定程度后将充分显现,如商末时"小民方兴,相为敌雠"(《微子》),失去民众的拥护与支持后,殷商王朝的大厦轰然倒塌。

殷周之际是中国政治与文化变革最剧烈的时期。周人"在传统的宗教生活中,注入了自觉的精神;把文化在器物方面的成就,提升而为观念方面的展开,以启发中国道德地人文精神的建立"②。以周公为代表的周初统治集团,将我国奴隶社会的政治理论水平推向了一个前所未有的高度,"'保民'是周公提出的一个新的政治概念"③,"保民"成为一个政治话语。这既是维护政权的需要,也是历史发展的必然。这是周代在"小邦周"成功取代"大邑商"的历史巨变后,在认真总结吸取朝代兴衰更迭经验教训的基础上,对天命产生怀疑、对民众力量高度重视的反映。"民惟邦本,本固邦宁",民众的力量足以决定政权的存亡,若想永享国祚,就必

① 王保国:《殷商时期重民保民思想刍议》,《史学月刊》2002 年第 7 期,第 23 页。
② 徐复观:《中国人性论史》(先秦篇),上海:上海三联书店 2001 年版,第 14 页。
③ 刘泽华:《中国政治思想史集》(第一卷),北京:人民出版社 2008 年版,第 29 页。

须重视民众,统治者只有"保民",民众才能安于被统治,政权才能长久。因而周代对民情民心的关切达到了空前的历史高度,作为今文《尚书》核心思想之一的"保民"思想在当时亦已发展成熟。"保民"思想既是"明德"思想的延续,也是"明德"思想的落脚点。"'敬德'是'保民'的思想基础和前提,'保民'是'敬德'的归宿和体现,人君是否'敬德'及其'敬德'的程度是通过是否'保民'的程度而表征的。"①

可以说,周公等杰出思想家、政治家对民众的这种充满血亲情意的态度与情感,对我国后世的君民、官民关系产生了深刻而长远的影响。从孔子的"载舟覆舟"到孟子的"民贵君轻""保民而王",再到荀子的"立君为民",再到现今的"父母官""爱民如子""执政为民"等说法都是对这一思想的传承。李安宅《〈仪礼〉与〈礼记〉之社会学的研究》一书指出:"中国社会只有两种正式而确定的组织,那就是国与家——即国也不过是家的扩大,家的主是父,国的主是君。"②

然而,保民思想具有先天的缺陷,由于民众在其中的主体地位根本无法得到显现,归根结底,它只能成为统治阶级维护自身利益的一种怀柔声音。"它的进步也只能步履蹒跚,随着圣君的出现而出现,随着他的死亡而消退","而后世的圣君贤臣们也只有在不断的重复总结中迂回发展这种思想,而他们也从来不会想过把这种思想推向民主的结局,这大概是民本乃至于民主思想在我国历史上发展迟缓的最终原因吧"。③

第一节 "民"字的形义演变

"民"虽然笔画比较简单,但从古至今,字形上还是发生了一系列细微的变化。甲骨文中已经有"民"字(𦥑 𦥑 𦥑)④,像有锐物或刃物直刺

---

① 罗移山:《从〈周易〉卦爻辞看周王朝"敬德保民"政治路线的具体蕴涵》,《河南师范大学学报(哲学社会科学版)》2001年第2期,第2页。

② 李安宅:《〈仪礼〉与〈礼记〉之社会学的研究》,上海:上海人民出版社2005年版,第55页。

③ 王保国:《殷商时期重民保民思想刍议》,《史学月刊》2002年第7期,第26页。

④ 刘钊等编:《新甲骨文编》,福州:福建人民出版社2009年版,第715页。

入人目瞳内之形，所以学界有"借体象形"①"象形字"②之说。但根据"象形就是象物之形，因此只能是独体的，不能有任何附加的成分"③这一原则判断："民"是个指事字。段玉裁《说文解字注》谓古文"民"字形"蓋象萌生繇庑之形"④，而"萌生繇庑之形非实体、故当为指事字。朱氏通训定声则依古文 **Ʋ** 形而说、谓字从母、则属合体指事矣"⑤。

自西周以来的"民"字形演变过程大体如下图所示：

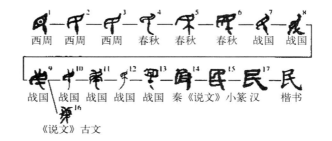

图 4

（注：图示来源于《字源》第 1103 页；具体字形来源：1—6《金文编》第 813 页，7—14《战文编》第 811 页，15—16《说文解字》第 266 页，17《篆隶表》第 894 页。）

由图示可以看出，"民"金文字形承袭甲骨文，周成王时《何尊》铭文中"民"的字形（▨）与甲骨文很相近，当是"盲"字的初文。此后，"民"字形皆有目无瞳，有时目内会添画饰笔。"民""盲"每通训，故二者殆即一事。郭沫若《甲骨文字研究》指出周代彝器上的"民"字："作一左目形，而有刃物以刺之"，"周人初以敌为民时，乃盲其左目以为奴徵也"，认为在我国古代曾有刺瞎敌人俘虏左眼将其作为奴隶标识的做法。故"民"的本义是"奴隶"。"民"之甲骨文及所见金文最早字形何尊字，其义皆不限

① 李学勤：《字源》，天津：天津古籍出版社 2013 年版，第 1103 页。

② 谷衍奎编：《汉字源流字典》，北京：语文出版社 2008 年版，第 202 页。

③ 张双棣等编著：《〈古代汉语知识教程〉学习指导书》，北京：北京大学出版社 2002 年版，第 42 页。

④ （清）段玉裁：《说文解字注》，上海：上海古籍出版社 1981 年版，第 32 页。

⑤ 林尹、高明主编：《中文大辞典》，台北：中国文化大学出版部 1990 年版，第 804 页。

于刺左目。甲骨文"民"已有用于"奴隶"义的情况。① 春秋金文"民"字竖画上的黑点略有变形,或变成"∧",或变成"一"。战国"民"字形体承袭春秋金文,有的竖画上黑点或变成"一",或加饰笔"⌒",竖画或向上穿出,或在上部加饰笔"∨",秦文字中"目"字符向左下方拉长变形而难辨。篆文形体趋于线条化,后经过隶变,遂成后世"民"的字形。"民"可以单用,也可作偏旁。唐代,"民"为避唐太宗讳作"人"。

《说文解字》释"民":"众萌也。从古文之象。凡民之属皆从民。"②《新书·大政下》:"夫民之为言萌也,萌之为言盲也。"段玉裁《说文解字注》:"萌犹懵懵无知貌","大抵汉人萌字浅人多改为氓","继又改氓为甿则今之周礼是也","仿佛古文之体少整齐之也"。③ 注言"民"为众人懵懵无知的样子,字形是根据古文字的形体稍作齐整而来的。对于这古文字形(图示编号 16),徐灏《说文解字注笺》认为:"疑象草木萌芽之形。"林义光认为,"民"早期字形象草芽之形,当为"萌"之古文,由草芽蕃生,引申为人民之民;"萌""氓"古音同,故亦假"萌"为"氓",《史记·三王世家》有"加以奸巧边萌",边萌,即边民。《荀子·礼论》言"外是,民也",杨倞注为"民,民氓,无所知者"。

相较"奴隶(盲)"与"草芽蕃生(萌)"这两种对于"民"字最初字形的理解,本文更倾向于后者。"民"的意义在引申发展的过程中,首先引申指民众、庶民、臣民,《周易·师卦》有"君子以容民畜众",采用互文的手法,表明"民""众"同义。《论语·微子篇》:"逸民:伯夷、叔齐、虞仲、夷逸、朱张、柳下惠、少连",朱熹集注:"民者,无位之称。"这个意义上的"民"是相对于在位的官员或者君王而言的。相对于在位的官员的"民",如《诗经·大雅·假乐》"宜民宜人"中的"民"与"人"各有所指,"民"指庶民,"人"指群臣。《孝经·诸侯》中"民是广及无知,人是稍识仁义",邢昺疏引皇侃云:"而和其民人。"相对于君王的"民",可理解为"臣民"。如

---

① 详见《甲骨文字集释》第 3717 页或者《金文形义通解》第 2912 页。
② (汉)许慎:《说文解字》,北京:中华书局 2013 年版,第 266 页。
③ (清)段玉裁:《说文解字注》,上海:上海古籍出版社 1981 年版,第 32 页。

《礼记·缁衣》载"民以君为心,君以民为体";《左传·文公十三年》记"利于民而不利于君";《左传·庄公二十三年》载"夫礼,所以整民也",孔颖达疏"民谓甿庶,贵贱者皆是也"。在此基础上,"民"的意义进一步泛化引申指人、人们、人类。《说文解字·民部》王筠句读"民,亦人之通称";《诗经·大雅·生民》有"厥初生民,时维姜嫄";《左传·成公十三年》载"民受天地之中以生";《左传·昭公二十五年》亦载"民有好恶喜怒哀乐"。

"民"可以指某类人,如"农民""藏民"等。也可以特指汉族人,如苏轼《书上元夜游》中的"民夷杂糅";或特指士兵,如《孙膑兵法·威王问》中的"令民素听,奈何"。"民"亦可作为姓氏。

当"民"用作为形容词时,可以指劳动大众的、乡间民间的,如"民谣""民俗"等;也可以指非军事的、非官方的,如"民用""民办"等。

我国古代称无爵者为"四民"。《谷梁传·成公元年》:"古者四民:有士民,有商民,有农民,有工民。"何休注《公羊传·成公元年》"三月,作丘甲":一曰德能居位,曰士;二曰辟土殖谷,曰农;三曰巧心劳手成器物,曰工;四曰通财粥货,曰商。当"民"与"农"对称时,指除农民之外的三民。《汉书·食货志上》"又曰糴甚贵伤民,甚贱伤农",颜师古注引韦昭曰:"民,谓士工商也。"《六书略》认为"民,象俯首力作之形",此说穿凿不可从。

第二节　今文《尚书》"民"的意义

在今文《尚书》中,"民"字共 187 见,其中,《虞夏书》中 15 见,《商书》中 28 见,其余 144 见均在《周书》中,占比近八成(77%)。从意义上来看,今文《尚书》中的"民"没有使用其本义"奴隶"的情况。今文《尚书》中"民"的意义有三种,均为引申义,其中,意义为"庶民"的有 105 见,占比近六成(56%);意义为"臣民"的有 47 见;意义为"人"的有 35 见。

一、庶民

在今文《尚书》中，凡与官员相对的"民"指庶民。在君王与官员谈及"民"时，往往指的是庶民。如：

（1）臣作朕股肱耳目。予欲左右有民，汝翼（《皋陶谟》）

助词"有"为名词词头；左右，助。此语例中，"汝"即上一句中的"臣"，与"民"相对。

在这种情况下，经常出现"人"与"民"的对举现象，其中的"人"指官吏，"民"指庶民。如：

（2）人用侧颇僻，民用僭忒（《洪范》）

（3）在知人，在安民（《皋陶谟》）

庶民需要治理，治理庶民的官长在今文《尚书》中被称为"民养""司民""尹民""乂民"等，如：

（4）民养其劝弗救（《大诰》）

养，意为长。民养，意为邦君御事，指诸侯和各级官员。

（5）勿辩乃司民湎于酒（《酒诰》）

（6）告尔四国多方惟尔殷侯尹民（《多方》）

司、尹，意为治。司民、尹民，均指治民的官员。

（7）乃惟以尔多方之乂民不克永于多享（《多方》）

乂民，意为邦君，指多方首长。

（一）单语素"民"

单语素"民"可以独立成为单纯词。它在句中主要作主语、宾语，有时也作定语或状语等。

1. 作主语

（8）民用丕变（《盘庚》）

（9）民宁（《康诰》）

（10）民不康（《大诰》）

（11）民不静（《大诰》）

（12）今惟民不静（《康诰》）

宁、静，意为安宁；康，意为安定。

（13）民情大可见，小人难保（《康诰》）

（14）凡民自得罪（《康诰》）

（15）（16）凡民惟曰不享（《洛诰》）（《多方》）

例（15）中的享，意为享礼，指诸侯朝见天子时的礼节；例（16）中的享，指享位。

（17）厥民析（《尧典》）

（18）厥民因（《尧典》）

（19）厥民夷（《尧典》）

（20）厥民隩（《尧典》）

（21）今民将在祗遹乃文考，绍闻衣德言（《康诰》）

在，意为观察；祗，意为敬；遹，意为遵循。

（22）矧今民罔迪，不适（《康诰》）

（23）爽惟民迪吉康（《康诰》）

迪，意为教导；适、吉，意为善；爽惟，句首语气助词。王引之《经传释词》："凡《书》言爽惟、丕惟、洪惟、诞惟、迪惟、率惟，皆词也。"

2. 作宾语

（24）今天相民（《吕刑》）

（25）今天其相民（《大诰》）

相，意为助、扶助、相助、帮助。

（26）王司敬民（《高宗肜日》）

司，意为嗣。

（27）显民（《康诰》）

显，意为光显、尊宠。

（28）乃别播敷造民（《康诰》）

播敷，意为播布；造，通"告"。

（29）安民则惠（《皋陶谟》）

惠，意为爱。

（30）迪民康（《大诰》）

迪，意为引导。迪民康，指引导老百姓安定下来。

（31）乃由裕民（《康诰》）

（32）乃裕民曰（《康诰》）

裕，意为导；由裕，即猷裕，教导。

（33）厥乱为民（《梓材》）

乱，或作"率"，大都；为，意为教化。

（34）天齐于民（《吕刑》）

齐，意为整顿。

（35）恤功于民（《吕刑》）

恤，意为慎重；功，意为治事。

（36）乃既先恶于民（《盘庚》）

先，意为引导、倡导。

（37）乃胥惟虐于民（《多方》）

惟虐，意为为虐。

（38）惟殷于民（《吕刑》）

殷，意为多，引申有"厚"义。

（39）施实德于民（《盘庚》）

曾运乾："迁则为惠民之实德也。"

（40）式敷民德（《盘庚》）

式，句首语气助词；敷，意为施；德，意为惠。语意同"施实德于民"。

（41）惟王子子孙孙永保民（《梓材》）

惟，意为与、和；保，意为保有。

（42）罔不惟民之承保。后胥慼鲜，以不浮于天时（《盘庚》）

江声："保，安也。言前后无不承安其民也。"孙星衍说同。后，意为君王；胥，"谞"的古字，意为知；慼，通"戚"，意为贵戚大臣；鲜，意为鲜明；

浮,意为罚。

（43）别求闻由古先哲王用康保民（《康诰》）

由,意为于;康,意为安。这句话是说,别求闻于古先哲王用以安保人民之道。

（44）惟夏之恭多士大不克明保享于民（《多方》）

保享,意为保护劝导。

（45）往敷求于殷先哲王用保乂民（《康诰》）

保,意为安。

（46）乃其乂民（《康诰》）

（47）用康乂民作求（《康诰》）

（48）用康乂民（《康诰》）

（49）亦敢殄戮用乂民（《召诰》）

（50）率乂于民棐彝（《吕刑》）

乂,意为养、治、治理。

（51）王厥有成命治民（《召诰》）

厥,句中语气助词。

（52）治民祗惧（《无逸》）

（53）折民惟刑（《吕刑》）

折,意为制。

（54）朕教汝于棐民彝（《洛诰》）

于,《词诠》解释为"以也";棐,意为辅;彝,意为法。这句话的意思为,我教给您辅民之法则。

（55）予惟用闵于天越民（《君奭》）

闵,意为忧虑;越,意为与、和。

3. 定语、状语

作定语的如:

（56）民之乱（《吕刑》）

乱,意为治。

（57）于民之中（《吕刑》）

中，指狱讼的案情。

（58）立民长伯（《立政》）

长伯，指官长。立民长伯即为老百姓建立官长。

作状语的如：

（59）当于民监（《酒诰》）

4．其他

有时，"民"作为定中短语的中心语，如"受民""我民"中的"民"。

"受民"指接受上天与祖先赐给的民众。

（60）相我受民（《立政》）

（61）以乂我受民（《立政》）

（62）诞保文武受民（《洛诰》）

今文《尚书》中，"受民"的组合还不稳定，如：

（63）承保乃文祖受命民（《洛诰》）

"我民"中的"民"隶属性强，主体独立性被剥夺。可以指"庶民"，如：

（64）其考我民（《大诰》）

（65）彼裕我民（《洛诰》）

（66）天惟与我民彝大泯乱（《康诰》）

（67）弗永远念天威越我民（《君奭》）

（二）与其他语素组合成词的"民"

"庶民"意义上的"民"，在今文《尚书》已经出现与其他语素组合成为合成词的情况，而且全部属于偏正型。从首篇《尧典》开始出现的"黎民"在末篇《秦誓》依然在使用，与之同义的"烝民"仅在《虞夏书·皋陶谟》中有1见。《商书·盘庚》称"憸民"，《周书》称"下民""小民""平民"，甚至直接称为"庶民"。尽管称谓多样，其实身份一样。

1．下民

君在上，民在下，所以庶民往往也被称为"下民"，如：

（68）皇帝清问下民鳏寡有辞于苗（《吕刑》）

（69）殄资泽于下民（《文侯之命》）

2. 黎民、烝民

（70）黎民于变时雍（《尧典》）

（71）黎民阻饥（《尧典》）

（72）黎民怀之（《皋陶谟》）

（73）以保我子孙黎民（《秦誓》）

（74）以不能保我子孙黎民（《秦誓》）

（75）烝民乃粒（《皋陶谟》）

"黎""烝"，均指"众"。一说"黎，黑也。民首皆黑，故曰黎民"①。

3. 小民、憸民

（76）小民方兴（《微子》）

（77）小民乃惟刑用于天下（《召诰》）

（78）怀保小民（《无逸》）

怀保即保护安定。

（79）惠康小民（《文侯之命》）

（80）在昔殷先哲王迪畏天显小民（《酒诰》）

（81）欲王以小民受天永命（《召诰》）

（82）其惟王勿以小民淫用非彝（《召诰》）

（83）其丕能諴于小民（《召诰》）

（84）相时憸民（《盘庚》）

憸民，《蔡传》解释为："小民也。"

4. 平民

（85）延及于平民（《吕刑》）

平民指老百姓。

5. 庶民

（86）（87）庶民从（《洪范》）

---

① （宋）蔡沈注，钱宗武、钱忠弼整理：《书集传》，南京：凤凰出版社 2010 年版，第 2 页。

（88）（89）（90）庶民逆（《洪范》）

（91）庶民惟星（《洪范》）

（92）庶民罔有令政在于天下（《吕刑》）

（93）（94）（95）凡厥庶民（《洪范》）

（96）用敷锡厥庶民（《洪范》）

（97）惟时厥庶民于汝极（《洪范》）

（98）以厥庶民暨厥臣达大家（《梓材》）

（99）能保惠于庶民（《无逸》）

6. 其他

（100）诞惟民怨（《酒诰》）

（101）用顾畏于民碞（《召诰》）

碞，同"岩"，意为险。民碞，即民险，指殷民难治。

（102）罔顾于天显民祇（《多士》）

祇，通"疧"，意为病、困。

（103）作汝民极（《君奭》）

极，意为标准、表率。

（104）惟乃知民德亦罔不能厥初（《君奭》）

德，意为行为。

（105）作新民（《康诰》）

革新殷民，使他们弃旧图新。

二、臣民

在今文《尚书》中，凡与"君"相对的"民"往往指臣民。在句中主要作主语、宾语、定语，有时也作状语等。

（一）单语素"民"

1. 作主语

（1）民否则厥心违怨（《无逸》）

否则，同"丕则"，于是；违，意为恨。

（2）民无或胥诪张为幻（《无逸》）

诪张，意为欺诈；幻，指互相诈惑。

（3）民不适有居（《盘庚》）

（4）民罔不盡伤心（《酒诰》）

盡，指伤痛。

（5）乃非民攸训（《无逸》）

攸，意为所；训，意为顺从。

（6）惟民其勅懋和（《康诰》）

勅，同"敕"，告诫的意思；懋，意为勉。

（7）惟民其毕弃咎（《康诰》）

咎，意为罪恶。

（8）惟民其康乂（《康诰》）

康，意为安；乂，意为治。

2. 作宾语

（9）盘庚乃登进厥民（《盘庚》）

登进，即使人近前。

（10）盘庚敩于民（《盘庚》）

敩，即教、开导。

（11）洪舒于民（《多方》）

舒，意为毒害。

（12）不肯戚言于民（《多方》）

戚，意为忧。

（13）乃话民之弗率（《盘庚》）

话，意为会合；率，意为循。

（14）其基作民明辟（《洛诰》）

基，意为商定；作，意为振作。这句话意为，商定了鼓舞臣民的营洛之法。

3. 作定语、状语

（15）天子作民父母（《洪范》）

（16）天惟时求民主（《多方》）

（17）代夏作民主（《多方》）

（18）诞作民主（《多方》）

（19）视民利用迁（《盘庚》）

用，意为以。

（20）恭承民命（《盘庚》）

承，意为续。

（21）罔显于民祗（《酒诰》）

祗，意为敬；民祗，指臣民所重视的事。

（22）不克开于民之丽（《多方》）

开，意为明；丽，意为附。民之丽，即老百姓归附君王的道理。

作状语的如：

（23）惟涉河以民迁（《盘庚》）

4. 其他

臣民之"民"在句中常作定中短语的中心语，如"我民""朕民""中国民""四方民""四国民""有夏之民""后民"中的"民"等。

"我民"中的"民"也可以指臣民。

（24）我民用大乱丧德（《酒诰》）

（25）今我民用荡析离居（《盘庚》）

（26）今我民罔弗欲丧（《西伯戡黎》）

（27）惟曰我民迪小子惟土物爱（《酒诰》）

（28）重我民（《盘庚》）

（29）肇我民（《酒诰》）

（30）天亦惟用勤毖我民（《大诰》）

（31）自我民聪明（《皋陶谟》）

（32）自我民明威（《皋陶谟》）

孙星衍注疏："民者，人也，统贵贱言之。"

"我民"之间可以加入其他成分，如：

（33）汝共作我畜民（《盘庚》）

畜，意为养。

与"我民"类似的还有"朕民"。

（34）曷虐朕民（《盘庚》）

今文《尚书》中出现一次"中国民"的说法。

（35）皇天既付中国民越厥疆土于先王（《梓材》）

中国民，即中国的臣民。

（36）四方民大和会（《康诰》）

此语例中"四方民"指四方的臣民。

（37）予大降尔四国民命（《多士》）

（38）我惟大降尔四国民命（《多方》）

四国民，即管、蔡、商、奄四国臣民。

（39）亦惟有夏之民叨懫日钦（《多方》）

（40）越厥后王后民（《召诰》）

后民，指后来的臣民。

（二）与其他语素组合的"民"

天在上，人在下，所以天下之人不分贵贱均可被称为"下民"。在今文《尚书》中，"臣民"意义上的"下民"在《虞夏书》《商书》《周书》中均有出现。万、兆可以表示数量极多，因此"万民""兆民"也可以成为臣民的代称，二者意义相当。"万民"在《商书》《周书》中均有出现，"兆民"只在《周书·吕刑》中有1见。

1. 下民

（41）下民其咨（《尧典》）

（42）下民昏垫（《皋陶谟》）

2. 万民、兆民

（43）汝万民乃不生生（《盘庚》）

（44）尔谓朕曷震动万民以迁？（《盘庚》）

（45）用咸和万民（《无逸》）

（46）以万民惟正之供（《无逸》）

（47）兆民赖之（《吕刑》）

三、人

在今文《尚书》中，凡与"天"相对的"民"一般指人。因此，"天""民"关系中的"民"，往往指的是"人"。

（一）单语素"民"

在句中主要作主语、宾语等。

1. 作主语

（1）民中绝命（《高宗肜日》）

（2）民有不若德（《高宗肜日》）

（3）民兴胥渐（《吕刑》）

兴，意为起；渐，意为欺诈。

（4）民讫自若（《秦誓》）

讫，意为尽；若，意为顺。

（5）厥民刑（《多方》）

（6）惟民自速辜（《酒诰》）

蔡沈集传："曰民者，犹曰先民，君臣之通称也。"

2. 作宾语

（7）上帝监民（《吕刑》）

（8）非天夭民（《高宗肜日》）

（9）诞受厥命越厥邦厥民（《康诰》）

3. 其他

指"人"之"民"在句中也常作定中短语的中心语，如：

（10）天亦哀于四方民（《召诰》）

（11）和恒四方民（《洛诰》）

（12）四方之民罔不祗畏（《金縢》）

（二）与其他语素组合的"民"

1. 下民

（13）惟天监下民（《高宗肜日》）

（14）惟天阴骘下民（《洪范》）

（15）惟我下民秉为（《多士》）

2. 先民

（16）相古先民有夏（《召诰》）

3. 俊民

（17）俊民用章（《洪范》）

（18）俊民用微（《洪范》）

（19）俊民甸四方（《多士》）

（20）明我俊民（《君奭》）

俊，指才过千人。俊民，即杰出的人才，指有才能的人。

（21）民献有十夫予翼（《大诰》）

（22）其大惇典殷献民（《洛诰》）

献，贤的意思。献民，即贤民，与"顽民"相对，指服从周化者。

（23）兹乃三宅无义民（《立政》）

义，贤的意思。

4. 殷民、苗民

（24）今殷民乃攘窃神祇之牺牷牲用以容（《微子》）

（25）降监殷民（《微子》）

（26）乃服惟弘王应保殷民（《康诰》）

（27）汝乃以殷民世享（《康诰》）

殷民，也称为"播民"。

（28）播民和见（《康诰》）

播民，指播迁之民。其中不服从周王朝统治的被称为"迷民""雠民"，服从周王朝统治的被称为"友民"。

（29）和怿先后迷民（《梓材》）

（30）（31）予小臣敢以王之雠民百君子越友民（《召诰》）

百君子，即殷的众官员。

（32）苗民弗用灵（《吕刑》）

（33）苗民无辞于罚（《吕刑》）

（34）惟时苗民匪察于狱之丽（《吕刑》）

（35）遏绝苗民（《吕刑》）

第三节 保民文化的主要内容及形成原因

如今，民与百姓同义。然而，"百姓"在今文《尚书》中共 11 见①，除《尧典》"百姓不亲"、《牧誓》"俾暴虐于百姓"中的"百姓"外，其余以指"百官"为主。《周语》："百姓兆民"，注："百姓，百官也。官有世功，受氏姓也。"百姓，即百生。《尚书正义》对于《尚书》中的这种多义现象十分关注，如对《尧典》"平章百姓"，《孔传》："百姓，百官。"《尚书正义》疏："'百姓'，谓百官族姓。"对于《尧典》"百姓昭明"，《尚书正义》疏："经传之言'百姓'，或指天下百姓。此下句乃有'黎民'，故知'百姓'即百官也。"而对《尧典》"百姓不亲"则明确疏为"往者天下百姓不相亲睦"。对于《牧誓》"俾暴虐于百姓"疏为"杀害加於人"。

在今文《尚书》中，庶民不仅仅用"民"来表示，有时，也用"小人"来表示。"小人"，郑玄谓"小民"。"小人"一词在今文《尚书》中共 10 见②，均指庶民，即老百姓。除《盘庚》中 1 见属于《商书》外，其他 9 例均见于《周书》，其中有 8 例见于《无逸》。在《康诰》"民情大可见，小人难保"中，"民"与"小人"同义复现，"保小民"即"保民"。

---

① "平章百姓""百姓昭明""百姓如丧考妣""百姓不亲"（《尧典》）；"汝不和吉言于百姓""历告尔百姓于朕志"（《盘庚》）；"俾暴虐于百姓"（《牧誓》）；"百僚庶尹惟亚惟服宗工越百姓里居"（《酒诰》）；"则商实百姓王人"（《君奭》）；"士制百姓于刑之中""在今尔安百姓"（《吕刑》）。

② "无或敢伏小人之攸箴！"（《盘庚》）；"民情大可见，小人难保"（《康诰》）；"则知小人之依""相小人""爱暨小人""旧为小人""爱知小人之依""不闻小人之劳""小人怨汝詈汝""曰小人怨汝詈汝"（《无逸》）。

　　"保民"二字的直接组合在今文《尚书》中共 2 见,均在《周书》之周公告诫康叔治殷的诰词里。第一次出现在《康诰》"别求闻由古先哲王用康保民"中,第二次出现在《梓材》"惟王子子孙孙永保民"中。然而,二者的意义有别,前者是安定保养老百姓,后者是保有拥有老百姓,在逻辑上构成了因果关系。所谓的"保民"思想探讨的是前者的内容。当然,在"保民"二字的直接组合出现之前,今文《尚书》中已经出现了与"保民"思想有关的语例,如《商书·盘庚》"罔不惟民之承保"。此外,在《周书》中,亦有不少语例出现了"保""民"二字同现未连用的情况,如"往敷求于殷先哲王用保乂民""别求闻由古先哲王用康保民""乃服惟弘王应保殷民"(《康诰》),"诞保文武受民""承保乃文祖受命民"(《洛诰》),"能保惠于庶民""怀保小民"(《无逸》),"惟夏之恭多士大不克明保享于民"(《多方》),"以保我子孙黎民""以不能保我子孙黎民"(《秦誓》)。

一、保民文化的主要内容

　　对于统治者而言,老百姓是上天与祖先赐予自己的隶属者,这就决定了老百姓的地位之低,故有"小人""小民"之称,又因老百姓与在位的官吏等级有别,也有"平民""庶民"之称。然而,老百姓又是统治者保有江山的主体与根基,保民在实质上就是保江山。因此,明察民情、安定民心,是统治者执政的明智之举。西汉政论家贾谊认为民决定了国家的安全、君王的威望、官吏的能力、战争与政治的胜败,指出以民为本的主体应该包括国家、君王和官吏。也就是说,以民为本不只是君王要有这种认识,官吏也要有这种认识。而且,"不仅要以民为本,还要以民为命、以民为功、以民为力"[1],从而更为系统全面地表述了民在国家政治治理中的重要作用。在今文《尚书》中,保民文化主要体现在"惟皇作极:君王是保民的榜样""臣作股肱耳目:官吏是辅佐君王保民的得力助手""民迪吉康:教化民众是保民的有效途径"三方面。

---

[1] 汪高鑫:《中国史学思想通史·秦汉卷》,合肥:黄山书社 2002 年版,第103 页。

1. 惟皇作极：君王是保民的榜样

《洪范》九畴之五为"皇极"，即君王的法则。"凡厥庶民，无有淫朋，人无有比德，惟皇作极"，"凡厥庶民，有猷有为有守，汝则念之"，这些强调了君王对百官与百姓的榜样示范作用，同时也提出了要重视百姓中有计谋、有作为、有操守的人；之七"稽疑"指出君王如有重大的疑难，先要自己考虑，然后再"谋及卿士，谋及庶人，谋及卜筮"。

君王若要施行德政，除了坚持不懈地提高自身的修养，还必须"在知人，在安民"（《皋陶谟》）。理解臣下才能任人唯贤，安定民心才会受民爱戴。

盘庚表示"予其懋简相尔念敬我众。朕不肩好货，敢恭生生。鞠人谋人之保居，叙钦"（《盘庚》），要根据诸侯、大臣重民保民的实际行动决定其升黜与受敬重与否。召公勉励成王"其惟王位在德元，小民乃惟刑用于天下，越王显"（《召诰》），要树立并慰问仁德的领导，让老百姓效法施行天下，发扬王的美德。君王的权力不可侵犯，一旦落入官员手中，就会危害家国，导致"人用侧颇僻，民用僭忒"（《洪范》），即百官背离王道，老百姓犯上作乱。周公劝勉成王务必注重诸侯朝见天子的礼节，认为当诸侯对享礼不诚心时，老百姓也同样会认为可以不朝享了，这样就会导致政事的错乱轻慢。

《洪范》把老百姓比喻成星星，"庶民惟星，星有好风，星有好雨"，有的喜风，有的喜雨，当以风、雨来润泽他们。君王应当"左右民"（《皋陶谟》）、"敬民"（《高宗肜日》）、"显民"（《康诰》）、"知小人之依""治民祗惧"（《无逸》），即帮助、敬重、尊宠、理解、治理老百姓，这样才能实现保民。这其中包括：

君王要爱民如子，不可虐待百姓、滥杀无辜，"天子作民父母，以为天下王"（《洪范》），"若有疾，惟民其毕弃咎。若保赤子，惟民其康乂""无作怨"（《康诰》）。刑罚只是德治教化的有益补充，如果喧宾夺主的话，难免会伤及无辜而使老百姓生怨，这对于政权稳定是有百害而无一利的。《周易·临·六三》："甘临，无攸利。既忧之，无咎"，"甘"通"箝"，箝制的意思,用箝制手段治理老百姓不会有好结果,如果君王能认识到这一点并采取合适的政策,则不会有差错。

君王要关心民生疾苦,保障基本生存条件,"先知稼穑之艰难,乃逸,则知小人之依""知小人之依,能保惠于庶民,不敢侮鳏寡""徽柔懿恭,怀保小民,惠鲜鳏寡"(《无逸》)。《周易·观·六三》载"观我生进退",《周易·观·九五》载"观我生,君子无咎"。其中的"生"指生民,即老百姓。君王要体察老百姓的疾苦与需求,不仅要以之制定方针政策,还要经常以之反省施政得失。

君王要谦虚谨慎,正确对待百姓的怨詈,有效化解矛盾,"厥或告之曰:'小人怨汝詈汝。'则皇自敬德。厥愆,曰:'朕之愆允若时。'不啻不敢含怒"(《无逸》),"怨不在大,亦不在小;惠不惠,懋不懋"(《康诰》),正如王鸣盛所言:"戒以民怨无恒,宜服以宽也。"《周易·观·初六》载"童观。小人无咎。君子吝",《象传》有"君子以教无穷,容保民无疆",君王对老百姓应有大度的政治胸怀,要宽容、体谅、教育、保护他们。

2. 臣作股肱耳目:官吏是辅佐君王保民的得力助手

正如盘庚所言"施实德于民""式敷民德"(《盘庚》),把实实在在的好处恩惠给予民众,让民众得到实际利益的惠民利民是保民的关键,而要真正实现惠民利民,大臣官员们的辅佐之力至关重要。

尧"乃命三后,恤功于民。伯夷降典,折民惟刑;禹平水土,主名山川;稷降播种,农殖嘉谷。三后成功,惟殷于民"(《吕刑》)。在尧帝命令伯夷、大禹、后稷慎重治理好民事后,老百姓都变忠厚了。

在《盘庚》中,盘庚劝告不服从迁都的臣民"古我前后,罔不惟民之承保",从前的先王,没有谁不使老百姓安居乐业的,这个道理君王清楚、大臣明白,因此没有受到老天的惩罚。他指出有的大臣搅乱政事,聚集财物,"兹予有乱政同位,具乃贝玉",从而导致臣民之间不能互相救助,社会矛盾激化,因此应当像先王一样保民而迁都。

官员应该时刻注重自身言行在老百姓中的示范表率作用。"罔有逸言,民用丕变"(《盘庚》),在位的官员没有错误的言论,老百姓就会起很大的变化。那些"不率大戛""乃别播敷造民,大誉弗念弗庸,瘝厥君"
《康诰》者,另外向老百姓发布政令,并大肆称誉不考虑且不执行国家
法令的人,产生了恶劣的影响。他们危害了君王,助长了恶人,应当迅速
捕杀。

3. 民迪吉康:教化民众是保民的有效途径

迪,教导的意思;吉,善的意思。民迪吉康,即民众经过教化就会善
良安定。教导民众是惠民利民的一种重要方法。"惟乃知民德亦罔不能
厥初"《君奭》,老百姓的行为,开始时没有不好好地。然而,必须对他
们坚持加以教化,这样他们才能够做到善终。

"王启监,厥乱为民""引养引恬"《梓材》。君王建立诸侯国,大多
是为了教化老百姓,不断地教养、安抚他们。"施行宽和怀柔政策以感化
'迷民',是周王室实现政治稳定的根本举措。周初实行政治大分封,王
室特命鲁、卫之君'启以商政,疆以周索',命虞叔'启以夏政,疆以戎索'
《左传》定公四年),这都是感化'殷顽民'的重大政治举措。"①

民众通过听闻、观察与自身的生活体验,对君臣自有评价。周公告
诫康叔要探求先代圣明帝王保民的遗训、方法,用安康的方法治理老百
姓。"民宁,不汝瑕殄"《康诰》,只要努力施行德政、安定民心、顾念民
德、宽缓徭役、丰足衣食,老百姓安宁了,也就不会有责备抱怨了。而且,
"彼裕我民,无远用戾"《洛诰》,教导好自己的老百姓,远方的老百姓也
会因此前来归附。

二、保民文化的形成原因

今文《尚书》在天的视域下审视"民",认为"民亦天之子""天为民求
民主""天通于民意",从超验的维度解答了执政者保民的必要性、重要
性,成为今文《尚书》保民文化展开的前提,推动了商、周文化发生了"神

---

① 罗移山:《从〈周易〉卦爻辞看周王朝"敬德保民"政治路线的具体蕴涵》,《河南师范大学学报
(哲学社会科学版)》2001年第2期,第3页。

本"向"民本"方向的转变。

1. 民亦天之子:民众的存在也具有神圣性

在周人的思想观念中,上天与人类存在着一种血缘般的亲密关系。《诗经·大雅·烝民》载:"天生烝民,有物有则。"今文《尚书》的许多语例都表明,庶民与大臣乃至于君王都是与天相对的一种存在,如"上帝监民"(《吕刑》)、"惟天监下民""非天夭民"(《高宗肜日》)、"惟天阴骘下民"(《洪范》)、"天亦哀于四方民"(《召诰》)等,这些语例中的"民"意义均为"人"。

在天的视域下,人类社会内部人为建构的人与人之间的等级关系被消解。所有人都是天之子,"皇天既付中国民越厥疆土于先王"(《梓材》)。此时,君王与其他人的区别仅在于其为"天之长子"。"皇天上帝改厥元子"(《召诰》)中的"元子",也称"首子"。郑玄曰:"言首子者,凡人皆天之子,天子为之首耳。"可见,今文《尚书》的"天子"概念包含人与人之间朴素的平等意识,与后世把君王神圣化的"天之独子"为"天子"完全不同。

百姓和神圣化的"天"的存在,使现实的最高统治者在观念上可以接受这样一种逻辑:江山社稷不是某家族、某个人的私有之物,而是属于代表普遍民众利益的上天,政权的秉持者并非是权力的所有者,上天之所以不断变换君王,也是为了民众的福祉。正是这种权力的占有与所有的分离,才使得"敬天"与"保民"的统一成为可能。周代的统治者认识到:君王不是天生永恒的,而是上天选定的,是因民意而变化的,民众认可的才是上天认可的。

2. 天为民求民主:民众成为王权合法性的依据

《孟子·公孙丑下》载:"得道者多助,失道者寡助。"夏桀与商纣皆迷信天命,忽视民意。夏桀以日自比,然而"有众率怠弗协,曰:'时日曷丧?予及汝皆亡'"(《汤誓》)。最终,"天惟时求民主,乃大降显休命于成汤,刑殄有夏"(《多方》)。商纣危在旦夕,却言:"呜呼!我生不有命在天?"(《西伯戡黎》)孙星衍注:"言有命在天,民无能为也。"[1]"天惟五年须暇之

---

[1] (清)孙星衍撰,陈抗、盛冬铃点校:《尚书今古文注疏》,北京:中华书局1986年版,第252页。

子孙,诞作民主,罔可念听"(《多方》),于是上天放弃了商的子孙。专断的天命观导致夏、商均不可避免地走向了覆灭,这也表明上天已经转移其大命于合适的民主人选。

"民主"的组合在今文《尚书》共 3 见,均出自《周书·多方》中。称君王为"天子"是从"天"的视角出发,赋予君王地位的天命性、不可撼动性。而"民主"这一概念解构了王权的神秘性与专断性,它是从"民"的视角重新诠释君王的含义,让"民"成为王权合法性的依据,天成为一个象征性的终极依据。周人正是通过反思政权的合法性依据,构建了天、民、王三者的关系,君王是天命暂时的代理人,作为天选的民主,君王的责任就是协助上天安定老百姓,若不能助天安民,天便会按民意选定新的代理人。《左传》文公十三年"天生民而树之君";襄公十四年"天生民而立之君,使司牧之""非尔惟作天牧"(《吕刑》)。屈万里注:"天牧,为天治理民众者。"[1]周代将四方的诸侯称为"天牧",即治民官,也正是这种思想的反映。但是,从今文《尚书》中我们也发现"天子"与"民主"的关系基本是同义并用,"天子"共 5 见,其中 4 见出现在《周书》中,比"民主"略多。今文《尚书》中的"民主"意识如昙花一现,可贵而短暂。

3. 天通于民意:天的意志服从于民众的意志

据《吕刑》记载,古时蚩尤作乱,苗民纷乱,颛顼"乃命重、黎,绝地天通,罔有降格"。"绝地天通"指断绝地民与天神相通的办法,当指巫术等。《国语·楚语》:"颛顼受之,乃命南正重司天以属神,命北正黎司地以属民,使复旧常,无相浸渎,是为绝地天通。"此后,由巫师专事与上天相通的任务。"王者自己虽为政治领袖,同时仍为群巫之首。"[2]"商人的天命观可以说是这种天民相绝观的典型,民与天之间无涉,天命也与民无涉,只与帝王相关。周人对这一落后的天命观进行了解构,将天的意

---

① 屈万里:《尚书今注今译》,上海:上海辞书出版社 2015 年版,第 238 页。
② 陈梦家:《商代的神话与巫术》,《燕京学报》1936 年第 20 期,第 535 页。

志与民的意志结合起来,赋予民意以神圣性。"①

《皋陶谟》:"天聪明,自我民聪明。天明畏,自我民明威。达于上下,敬哉有土!"这是用分总的表达方法指出天意与民意相通的道理,其中的"达"即"通","上下"指上天和下民,"达于上下"即上天的意旨与下民的意见是相通的。因此,皋陶发出了"敬哉有土"的慨叹:要谨慎啊,有国土的君王。蔡沈注:"天之聪明非有视听也,因民之视听也,因民之视听以为聪。天之明畏非有好恶也,因民之好恶以为明畏。"②李存山指出:"中国上古时期以'天'为最高的信仰对象,而'天'的意志又服从于民的意志,这就是儒家的'天民一致'思想。"③然而,需要注意的是,今文《尚书》中的天意民意相通具有由天至民的单向性,也就是上天可以通民意,而下民不能通天意。由此可见,无论是商还是周,统治者均紧紧控制着与天意相通的权利。但是,周代确立了"民"的重要地位,他们认为"皇天授命君主的目的是代行天意来爱护保护人民"④,这促使统治者重视民情,敬德保民。

① 林国敬:《天民 民命 民主——论〈尚书〉民本思想的逻辑建构》,《海南大学学报(人文社会科学版)》2017年第5期,第87页。
② (宋)蔡沈注,钱宗武、钱忠弼整理:《书集传》,南京:凤凰出版社2010年版,第31页。
③ 李存山:《儒家的民本与民主》,《博览群书》2006年第12期,第53页。
④ 陈来:《殷商的祭祀宗教与西周的天命信仰》,《中原文化研究》2014年第2期,第21—22页。

小 结

　　民在国家政治治理中具有极为重要的作用,是统治者保有江山的主体与根基,保民在实质上就是保江山。因此,明察民情、安定民心是统治者执政的明智之举。作为一种观念形态,民本思想在我国源远流长,其肇于三代,在诸子的阐释与发展中日趋完善。《尚书》是我国民本思想最早的文献源头,周公旦是保民的伟大倡导者、实践者与推动者。孔子主张"为政以德",孟子主张"民贵君轻",荀子主张"民水君舟",韩非子主张"法不阿贵"。诸子思想的合流,实现了民本思想的理论化过程,并最终成为具有鲜明农耕与宗法特色的中国古代政治学说和政治文化。本章在介绍"民"字形义历史演变的基础上,重点探究了今文《尚书》中"民"的意义。在今文《尚书》中,"民"字共187见,其中144见在《周书》中,"保民"成为周代的一种政治核心话语。从意义上来看,今文《尚书》中的"民"没有使用其本义"奴隶"的情况,使用的意义均为引申义,包括"庶民""臣民""人"三种,其中,意义为"庶民"的情况占比近六成。今文《尚书》在天的视域下审视"民",认为民众的存在同样具有神圣性、民众是王权合法性的依据、天的意志服从于民众的意志,因而从超验的维度解答了执政者保民的必要性、重要性,成为今文《尚书》"保民"文化展开的前提。以民为本的主体包括国家、君王和官吏,今文《尚书》"保民"文化主要体现在"惟皇作极:君王是保民的榜样""臣作股肱耳目:官吏是辅佐君王保民的得力助手""民迪吉康:教化民众是保民的有效途径"三方面,着力从君王和官吏两个主体推动商、周文化由"神本"向"民本"方向的转变。

第五章　"酒"及饮酒文化

　　《诗经·小雅·宾之初筵》记载："酒既和旨,饮酒孔偕"("笺云:和旨,酒调美也。孔,甚也。王之酒已调美,众宾之饮酒又威仪齐一,言主人敬其事而众宾肃慎。"[①]),高度夸赞了酒的美味。甲骨文中早就出现了"酒"字及相关汉字,说明在文字产生之前酒已经出现了;从考古来看,我国夏代已经出现酒器,说明酿酒起于夏代甚至更早的时期。我国的文化传统习惯于将人类的某种创造发明归功于某个人,造酒也不例外。西晋江统《酒诰》载:"酒之所兴,肇自上皇;或云仪狄,一曰杜康。"他认为酒起于太古帝皇时期,或说仪狄、另说杜康所造。仪狄造酒之说流传很广。《吕氏春秋·审分览·勿躬》载:"仪狄作酒。"相传仪狄是夏禹时代的造酒官,我国最早的酿酒人。《战国策·魏策·鲁共公择言》载:"昔者,帝女令仪狄作酒而美,进之禹。禹饮而甘之。遂疏仪狄,绝旨酒曰:'后世必有以酒亡其国者。'"另说杜康是我国的酿酒始祖。《玉篇·酉部》记载酒为"杜康所作"。曹操《短歌行》"何以解忧? 唯有杜康"索性直接以杜康代表酒。当然,还有传说仪狄、杜康两个人酿制的是不同的酒。《世本》:"仪狄始作酒醪,变五味;少康作秫酒。"《说文解字》:"古者仪狄作酒

---

① (清)阮元:《十三经注疏》,北京:中华书局1980年版,第484页。

醪,禹尝之而美,遂疏仪狄。杜康作秫酒。""古者少康初作箕帚秫酒。少康,杜康也。"①北宋朱肱《北山酒经》也记载:"仪狄作酒醪,杜康秫酒。"

在古代,酒除了有传说中仪狄作酒醪、杜康作秫酒之分,根据清浊、用途、原料等还可将酒分为不同的类型。一是根据清浊,酒分清酒、浊酒。清代朱彬《礼记训纂》引江永曰:"酒者,沛去糟,醴则和糟者也。"过滤过的酒为清酒,用于祭祀。《诗·小雅·信南山》有"祭以清酒",朱熹集传:"清酒,清洁之酒。"而五齐是相对于清酒的浊酒。《周礼·天官·酒正》载:"辨五齐之名:一曰泛齐,二曰醴齐,三曰盎齐,四曰缇齐,五曰沉齐。"泛齐,指酒糟浮在酒中;醴齐,指糟、液混合;盎齐,指白色之酒;缇齐,指丹黄色之酒;沉齐,指酒糟下沉。二是根据用途,酒分三酒。《周礼·天官·酒正》:"辨三酒之物,一曰事酒,二曰昔酒,三曰清酒。"明代冯时化《酒史·酒考》:"《周礼》辨三酒之物:一曰事酒,有事而酿之酒也;二曰昔酒,久酒也;三曰清酒,今之冬酿夏成者也。"事酒,有事而饮也,因事而酿,时间很短;昔酒,无事而饮也,可短时储藏,稍醇厚些;清酒,冬酿夏熟,酒中之冠。此外,《诗经·豳风·七月》还记载有冬天酿制经春始成的"春酒"。三是根据原料,酒分三等。东汉郑玄曰:"凡酒,稻为上,黍次之,粱次之。"明代徐炬《酒谱》:"上尊者,糯米酒也;中尊者,稷米酒也;下尊者,粟米酒也。"二人所言意思相当,黍亦称稷,今北方谓之黄米;粟称高粱,谷穗大且毛长、颗粒大。

回望历史,我国众多文人墨客都与酒有着不解之缘,如"一日须倾三百杯"的酒中仙李白、"落魄江湖载酒行"的杜牧、"潦倒新停浊酒杯"的杜甫、"劝君更尽一杯酒"的王维、"能饮一杯无"的醉司马白居易、"葡萄美酒夜光杯"的王翰、"常置酒一壶"的醉翁欧阳修、"把酒问青天"的苏轼、"沉醉不知归路"的李清照、"浊酒一杯家万里"的范仲淹等。无疑,酒作为人类创造的物质文明成果,自诞生之日起就极大地丰富了社会的物质生活和精神文化生活,被广泛应用于祭祀、宴饮、治病、调味等社会生活的诸多方面,成为人类生活中不可缺少的重要组成部分。

---

① (汉)许慎:《说文解字》,北京:中华书局 2013 年版,第 156 页。

酒与人事自始存在千丝万缕的联系,成就了我国源远流长的酒文化。饮酒文化是酒文化中独特而重要的组成部分。作为我国酒文化文献记载的源头,今文《尚书》中的饮酒文化影响深远。如今,我国从中央到地方颁布实施了一系列公务活动禁酒的相关法规。如,为深入贯彻落实全面从严治党要求而自 2017 年 9 月 1 日起正式施行的《贵州省公务活动全面禁酒的规定》中明确提出:"全省范围内的公务活动,一律禁止提供任何酒类,一律不得饮用任何单位和个人提供的任何酒类,包括私人自带的酒类","在工作时间内和工作日午间,一律不准饮酒"等。对违反规定的,将视情节给予批评教育、组织处理或纪律处分;对执行规定不力的,将严肃追究主体责任、监督责任和领导责任。当今严令禁酒的重磅举措追根溯源,与今文《尚书》中的饮酒文化一脉相承。

通过对"酒"字形义演变及今文《尚书》中"酒"字所在文献的全面考察与分析,可以充分了解其中蕴含的酒文化,尤其是商末周初时期的饮酒文化,也能间接反映出儒家的酒德伦理文化,对当今社会依然有着极为重要的借鉴意义。

第一节　"酒"字的形义演变

总体看来,"酒"字的字形从古至今变化不是特别大,其演变过程大体如下图所示:

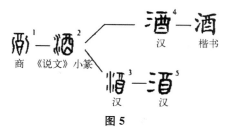

图 5

(注:图示来源于《字源》第 1287 页;具体字形来源:1《汉语字形表》第 563 页,2《说文解字》第 311 页,3、4、5《篆隶表》第 1067 页。)

　　"酒"字自甲骨文开始,就有从水从酉的字形。有的中间是一个酒器,两旁是流出的液体(🈷甲二一二一);有的左边是水形,右边是酒器(🈷京都一九三二)。罗振玉《殷虚文字类编》:"酒,象酒由尊中挹出之状。""酒"在甲骨文中用以表示"饮酒"(动词),或者用作地名(名词)。小篆"酒"字(🈷)就是承袭了这种字形,其中,酉亦声。"酒"指"饮酒",有甲骨文为例,如"甲子卜,宾贞,卓酒在疾,不从王古"("卓为武丁时著名的贵族臣僚,他时常从事祭祀和征伐。""卓酒在疾,是说卓因为饮酒而处在疾病期间。不从王古之从是随从之义。古与故乃古今字。""故训事典籍习见。不从王古,即不从王事。""是贞问卓因为饮酒而患疾病,能否随王从事某项工作。""甲骨文作为动词,为饮酒之义……从卜辞内容来看,这个酒不象是指一般的饮酒,而是指醉于酒,即饮酒而醉之义,近似于现在所说的酗酒,至少相当于现在所说的醉,所以才至于病。"①)。后代用例也很多。如宋代刘汝进《与客九日游龙山以尘世难逢开口笑分韵得口字》:"我拙不能诗,我病不能酒。"唐代李贺《江南弄》:"酒中倒卧南山绿。"

　　罗振玉认为《说文解字》中"酉与酒训略同,本为一字,故古代金文酒字皆作酉"。"酉"是"酒"的初文。《六书正伪·有韵》载"酉,古酒字";《说文解字·酉部》王筠句读"酉乃古酒字也";《周礼·天官·酒正》孙诒让正义"酉即酒也"。这一点,出土的卜辞、竹简、帛书也可为证。如京都大学所藏甲骨文字有"癸未卜贞……有酉用"。再如,从战国楚墓包山楚简中可以发现,"'酉'是'酒'字初文。如二〇〇、二〇二、二〇三'酒食'俱作'酉食'"②。另外,睡虎地秦墓竹简《秦律·田律》有"百姓居田舍者毋敢酤酉";马王堆汉墓帛书《春秋事语》有"悬钟而长饮酉"。从字形上看,"酉"为古代酒器的象形。王国维云:"酉象尊形",尊,同"樽",是古代

①　于省吾主编,姚孝遂按语编撰:《甲骨文字诂林》(第二册),北京:中华书局1996年版,第1275—1276页。
②　刘信芳:《包山楚简近似之字辨析》,《考古与文物》1996年第2期,第78页。

的盛酒器具;《通志·六书四》载"酉,卣也",卣,指古代口小腹大的盛酒器具。具体来看,"酉"字外框为器身,其上一横为纹饰,上端为酒器口与颈,顶上一横为封盖,两竖或为酒器上的提梁。李孝定《甲骨文字集释》认为甲文"上象其颈及口缘,下象其腹有花纹之形";郭沫若《释支干》认为"此字篆形与古文尚无大别,骨文变体颇多,然大体……乃壶尊之象也","古金及卜辞每多假以为'酒'字"。所以,"酉"本义为酒坛子,这是从字形上来看的,是字形义,但"酉"也用以指酒,即"用粮食、水果等含淀粉或糖的物质经过发酵制成的含乙醇的饮料"①。以酒器代替所容之物,应在情理之中。金文还有将几点水滴置于酉器之中的写法,更加突出了酒器与酒的密切关系。东汉刘熙《释名·释饮食》:"酒,酉也,酿之米曲酉泽,久而味美也。亦言踧也,能否皆强相踧持饮之也。又入口咽之皆踧其面也。"踧,蹙也,指饮酒的人都龇牙皱眉的样子。释"酉"为"蹙",源于喝酒时人们常见的面部表情,间接表现了酒味的刺激性。因为酒味的刺激性,所以酒也可代表苦味。《周礼·天官·疾医》"以五味",东汉郑玄注:"五味,醯、酒、饴蜜、姜、盐之属者。"唐朝贾公彦疏:"酒则苦也。"

在殷商卜辞中,"酉"也用于地支与天干相配以计时,如"已酉卜,黍年,有足雨"。这说明,殷商时期"酉"字在表示酒的同时,已被借用于表示地支第十位。然而,包山楚简却又显示,"凡干支之'酉'俱从木"②。可见,十二地支第十位的用字早期并不固定。后来,"酉"字为其专用,《七修类稿·天地类·支干》:"郑樵,大儒也,解支干之名以为是皆假借。"因"酉"被借走,汉代小篆正式用有水旁的"酒"字表示酒之义,沿用至今。《六书故·工事四》:"酉,醴之通名也……借义擅之,故又加水作酒。"因此,"酉"与"酒"属于一对古今字。"小篆'酒'字的形体,在左旁增添三点为'水',以表示酒是液体。其右边的'酉',仍表示酒坛子,两形会意,合

① 中国社会科学院语言研究所词典编辑室编:《现代汉语词典》(第6版),北京:商务印书馆2012年版,第695页。
② 刘信芳:《包山楚简近似之字辨析》,《考古与文物》1996年第2期,第78页。

为'酒'的意思。这个'酒'字,也成为一个'从水酉声'的形声字。"①

"酒"还有文化义"造就",这是一种社会意义。东汉许慎《说文解字》:"酒,就也,所以就人性之善恶","一曰造也,吉凶所造也"。② 清代段玉裁《说文解字注》:"宾主百拜者,酒也;淫酗者,亦酒也","造古读如就"。③ 酒顺应人性,既能彰显人性的善良,也能助长人性的丑恶;亦言酒能引来吉凶。其实,酒只是一种助推剂,善恶、吉凶之源本不在酒,而在于人本身。

第二节 今文《尚书》"酒"的意义

在今文《尚书》中,共出现"酒"字 16 次,分布在《商书·微子》《周书·酒诰》《周书·无逸》三篇文献中,其中有 13 次出现在《酒诰》中,占比 81%。这是因为,《酒诰》是一篇记录周公命令被封为卫君的幼弟康叔在卫国禁酒的诰词。卫国地处黄河和淇水之间,为殷商故地,殷人饮酒成习,经常"群饮""崇饮"。周公认识到殷人的恶习会危害社会秩序,阻碍生产发展,同时也担心康叔受到恶习影响,腐化堕落。《酒诰》是我国把禁酒作为治国安邦重大施政决策的首篇官方文献,是中国第一部禁酒令,禁酒的对象主要针对朝野官员,对普通百姓也很有影响。从意义上来看,今文《尚书》中的"酒"有"乙醇饮料"与"饮酒"两种意义,并以前者居多,共 12 见。

一、乙醇饮料

在今文《尚书》中,"酒"为"乙醇饮料"之义的情况有 12 见,或作为介宾结构中的宾语,或直接作宾语,以前者居多。其中,有 2 处见于《微子》,其他均见于《酒诰》。

(1) 我用沈酗于酒(《微子》)

(2) 方兴沈酗于酒(《微子》)

---

① 余成功编著:《汉字里的中国文化》,北京:群言出版社 2015 年版,第 258 页。

② (汉)许慎:《说文解字》,北京:中华书局 2013 年版,第 313 页。

③ (汉)许慎撰,(清)段玉裁注:《说文解字注》,南京:凤凰出版社 2007 年版,第 1296 页。

微子名启,是纣王的同母庶兄。《微子》记载的是启多次劝谏纣王无效而陷入绝望哀痛时,与父师、少师商量自己该赴死还是该逃亡的对话,微子是问答的主体。

例(1)中"我"指纣王。《史记·宋微子世家》作"纣沈湎于酒"。用,意为因为、由于。沈,淫,王引之:"沈之言淫也。"微子认为,纣王因为沉醉在酒中,从而败坏了先祖成汤的美德。

例(2)中,方,并也;兴,起也。父师指出殷商君臣并起酗酒,上下皆沉醉在酒中。

(3)不腆于酒(《酒诰》)

(4)罔敢湎于酒(《酒诰》)

(5)惟荒腆于酒(《酒诰》)

(6)矧汝刚制于酒(《酒诰》)

(7)乃湎于酒(《酒诰》)

(8)勿辩乃司民湎于酒(《酒诰》)

腆,意为丰厚、多,当与"酒"搭配时,意思相当于"湎"(沉迷);不腆,意为不敢厚用。荒,意为大;荒腆,意为大厚。制,意为制止、断绝、戒绝。以上例句均通过介词"于"介引与动作行为有关的涉及对象"酒"。

(9)亦罔非酒惟行(《酒诰》)

(10)亦罔非酒惟辜(《酒诰》)

例(9)(10)中,惟,《玉篇》释曰:"为也";行,《尔雅·释诂》释曰:"言也",指口实;辜,意为罪。酗酒危害极大,这导致酒被看成是臣民失德的口实与国家丧亡的罪过所在。"酒"在这两例中作为介引的成分,理解时前面可以加上"以、把、将"等介词。

(11)致用酒(《酒诰》)

致,意为得到。致用酒,意思是可以喝酒。"酒"作宾语。

二、饮酒

在今文《尚书》中,"酒"为"饮酒"之义的情况有 4 见,作动词。其中,有 1 处见于《无逸》，其他均见于《酒诰》。

（1）祀兹酒（《酒诰》）

兹，《尚书正读》释曰："则也，声之转。祀兹酒，犹云祀则酒。"在祭祀时，才饮酒。祭祀是《酒诰》规定可以饮酒的主要场合。

（2）无彝酒（《酒诰》）

无，通"毋"，意为不要；彝，意为经常。《孔传》："教之皆无常饮酒。"这是《酒诰》对饮酒频率作出的要求。"酒"在这里作中心语。

（3）庶群自酒（《酒诰》）

庶群，意为群臣；自，意为私自。这里是讲纣王群臣私自饮酒。"酒"在这里作谓语。

（4）酗于酒德哉（《无逸》）

于，《经传释词》释曰："为也。"纣王把酗酒作为酒德。酒德，即饮酒的规范，"酒"在这里作定语。

第三节　周初"酒"的双面内涵及周公禁酒的人文理性

《汉书·食货志下》："酒者，天之美禄，帝王所以颐养天下，享祀祈福，扶衰养疾。百礼之会，非酒不行。""酒，百药之长，嘉会之好。"[1]清代马国翰辑《玉函山房辑佚书·春秋纬说题辞》："酒之言乳也。"宋代秦观《田居四首》："田家重农隙，翁妪相邀迓。班坐酾酒醪，一行三四谢。"可见，适当用酒，益处很多。"医"的繁体字是"醫"，从殴从酉，表示酒与医药关系紧密而特殊，也说明酒可以用来治病。

酒在社会礼仪活动中扮演重要的角色，它既是一种保健饮料，通经活络、延年益寿，也是人类交流情感的重要媒介。但是，饮酒过度则危害很大。《韩非子·说林上》："常酒者，天子失天下，匹夫失其身。"[2]酗酒轻则导致个人失德，重则导致国家灭亡。正如《酒诰》中周公所言："越小大

---

① （汉）班固：《汉书》，北京：中华书局 1962 年版，第 1182—1183 页。
② （清）王先慎：《韩非子集解》，北京：中华书局 1998 年版，第 176 页。

邦用丧,亦罔非酒惟辜","天降威,我民用大乱丧德,亦罔非酒惟行"。他指出平常大大小小国家的灭亡,无不归咎于酗酒;天降惩罚,臣民平常大乱失德,也无不以酗酒为口实。

从表面上看,周公《酒诰》的目的是官场禁酒("封,汝典听朕毖,勿辩乃司民湎于酒。"),但实质上是为了更好地维护周王朝的统治。以周公为代表的周初统治者深切地认识到禁酒对于巩固新生政权、官员个人命运和粮食供给的至关重要性。他们以雷霆万钧的政治魄力禁酒限酒,制定了一系列禁酒条例。同时,又着力引导人们将酒用于祭祀、孝亲、进献等重要的社会活动中。因此,在这种文化背景下,酒在周初被赋予了很多新的内涵,具有两面性。同时禁酒也充满了浓厚的人文理性,对中国饮酒文化的形成和发展影响深远。

一、周初"酒"的双面内涵

周初的"酒",既是一个必禁之物,又是一个必备之物。

(一)酒,一个必禁之物

周初的酒,与王朝兴亡、个人命运、粮食供给紧密相连,这就使其成为一个必禁之物。

1. 酒,关系王朝兴亡之物

"饮酒亡国"的观念传说始于大禹,大禹因酒味美而疏远仪狄、戒绝美酒,并断言:"后世必有以酒亡其国者。"(《战国策·魏策·鲁共公择言》)在今文《尚书》中,周公以殷商兴亡、周受殷命的历史事实,说明君臣能否把握好饮酒之度,直接影响王朝的兴亡。

周公说:"越在外服,侯甸男卫邦伯,越在内服,百僚庶尹惟亚惟服宗工越百姓里居,罔敢湎于酒。"商朝建立之初,从成汤到帝乙等圣明的殷先王在位时,在外的诸侯,在朝的官员、宗室以及退居者,均忙于国事,不敢亦无暇纵酒,所以根本没有人沉湎酒中。因而,商初政治清明、国君圣德、官员勤勉,王朝呈现出一派欣欣向荣的发展态势,百姓得以安居乐业。

然而,商纣王继位之后,"惟荒腆于酒,不惟自息乃逸"(《酒诰》),一心只想着纵酒取乐,不思悔改。他胆大妄为、不畏天命、不敬老臣,致使国家法度名存实亡,先祖美德被败坏。这种种罪行,都源于他沉湎于酒。《诗经·大雅·荡》形象地描述了商纣王纵酒败德的情形:"文王曰咨,咨女殷商。天不湎尔以酒,不义从式。既愆尔止,靡明靡晦。式号式呼,俾昼作夜。"《史记·殷本纪》记载商纣王:"好酒淫乐,嬖于妇人","以酒为池,县肉为林,使男女倮相逐其间,为长夜之饮"。① 殷商朝廷内部的有识之士均为王朝的命运忧心忡忡,如纣王的同母庶兄微子与父师等都看到殷商因纵酒行将灭亡的种种征兆。在《微子》中,微子说:"我祖厎遂陈于上,我用沈酗于酒,用乱败厥德于下。"他看到商汤定的法则还在,纣王却由于沉醉酒中,败坏成汤美德于后世。父师说:"天毒降灾荒殷邦,方兴沈酗于酒,乃罔畏畏,咈其耇长旧有位人。"他看到天降大灾要灭商,但上上下下却都沉醉在酒中,不惧怕天威,违背年长旧臣的教诲。《史记·卫康叔世家》记载:"周公旦惧康叔齿少……告以纣所以亡者以淫于酒,酒之失,妇人是用,故纣之乱自此始。"②《酒诰》:"诞惟民怨,庶群自酒,腥闻在上",周公说当时世间只有百姓的怨气,群臣私自喝酒的腥气升腾而上,被上天察觉,所以上天才降祸灭商。商纣王由此也成为历史上因酒失国之君的典型,出土的西周早期青铜礼器大盂鼎的铭文中也有关于殷商因酒失国的记载:"零殷正百辟,率肆(通肆)于酉(酒),古(故)丧师(人民)已。"

周公提醒康叔要以纣为戒,"今惟殷坠厥命,我其可不大监抚于时",牢记古人之言"人无于水监,当于民监"。所以,高度重视民情成为周朝与殷商鲜明的区别之一。周公还对康叔说:"我西土棐徂,邦君御事小子尚克用文王教,不腆于酒,故我至于今,克受殷之命。"(《酒诰》)周公认为周国之所以能代替殷商接受上天赐予王权的大命,就是因为辅助诸侯与

---

① (汉)司马迁:《史记》,北京:中华书局 1959 年版,第 105 页。
② (汉)司马迁:《史记》,北京:中华书局 1959 年版,第 1590 页。

官员们都能遵从文王的教导，不多饮酒。周公还政于成王后，也专门告诫成王："无若殷王受之迷乱，酗于酒德哉！"（《无逸》）以殷为鉴，为了周王朝的长治久安，周初统治者无不以禁酒为政治要务并高度重视，出土的大盂鼎作为西周早期器物，也明确记载了文王、武王时期的禁酒情况。无怪乎孔子感叹："周监于二代，郁郁乎文哉，吾从周。"（《论语·八佾》）

"周公在《酒诰》中把饮酒的政治危害在认识上推向极端。"①今文《尚书》中这种把酒与王朝兴亡相联系的思想，以及站在政治治乱的高度审视饮酒行为的做法，成为我国儒家基本酒德文化观念"饮酒亡国论"或"酒祸论"的源头。

2. 酒，关系个人命运之物

酒不仅与王朝兴亡相联系，也与个人命运息息相关。《诗经·小雅·小宛》："人之齐圣，饮酒温克。彼昏不知，壹醉日富。各敬尔仪，天命不又。"认为如果人不慎于自己的酒品酒德，上天都不会保佑。饮酒之度，关系到个人的命运，尤其对于官员来说。过度饮酒，势必导致"在官者殆于政也，为下者慢于令也"②，轻则毁了仕途，重则丧了性命。例如，宋代窦苹《酒谱·乱德》载："楚恭王与晋师战于鄢陵而败，方将复战，召大司马子反谋之。子反饮酒醉，不能见。王叹曰：'天败我也。'乃班师而戮子反。"③

《酒诰》有"矧汝刚制于酒"，周公告诫康叔要求各级官员必须强行戒酒，发现有群聚饮酒的，除殷商旧臣暂且先教育外，其他一律押京处死。对于那些依然违抗教令的人也处死，绝不赦免。在周公看来，官员饮酒无度将阻碍政务的顺利运行，进而引起社会大乱甚至影响王朝统治，属于严重犯罪。因此，对触犯禁酒令的治事官员必须严惩不贷，一律杀无赦。唯一例外的是，出于安抚殷商遗民的政治考虑，对他们暂且网开一

---

① 黄修明：《〈尚书·酒诰〉与儒家酒德文化》，《北京化工大学学报（社会科学版）》2009年第1期，第61页。

② （北齐）魏收：《魏书》，北京：中华书局1974年版，第1087页。

③ （宋）窦苹：《酒谱》，北京：中华书局2010年版，第89页。

面,先教育,后严惩。苏轼认为:"此谓凡湎于酒而不为他大奸者也,不择殷周;而周公特言殷者,盖为妹邦化纣之德,诸臣百工皆沉湎,而况民乎!故凡湎于酒者,皆可教不可杀,不分殷周也。"①例外体现的是周公对殷商遗民的感化与笼络,这种区别对待的思想策略,显示出明察秋毫的政治智慧,对于安定教化殷民发挥了重要的作用。

东晋葛洪《酒诫》载:"君子以之败德,小人以之速罪,耽之惑之,鲜不及祸","谓非酒祸,祸其安出"。② 这种酒祸论成为古代官场的普遍共识。清代学者张潮更是把做官与嗜酒放到了对立面上:"故居官者必不可以嗜酒,嗜酒者必不可以为官。"③在《酒诰》篇末,周公对康叔说:"勿辩乃司民湎于酒。"孔安国释为:"勿使汝主民之吏湎于酒,言当正身以帅民。"也就是说,作为治民的官员必须带头禁酒,作好表率,不能沉湎于酒中。周公还说,如果各级官员能够检点自己、限制饮酒,就可以长期在王室任职,甚至有机会参与国君举行的祭祀。而且,"兹亦惟天若元德,永不忘在王家"(《酒诰》),这也是上天所赞赏的美德,王室将永远铭记。

今文《尚书》中这种对社会饮酒行为依法管控、严厉惩戒的做法,为后世实施禁酒政策提供了强有力的历史依据。如《史记·孝文本纪》记载西汉萧何曾颁布禁酒令"汉律三人已上无故群饮,罚金四两"④;《金史》记载金朝海陵王曾下令"禁朝官饮酒,犯者死"⑤等。"为了保证酒禁政令的贯彻实施,历代统治者对违令犯禁者往往采取极其严厉的刑律惩处措施","而溯本穷源,周代以降所有对酒禁犯者极为苛酷的严厉惩罚,均可从西周《酒诰》对聚饮者'予其杀'的立法禁令中,找到既有事实的历史先例和经典文献的历史依据"。⑥

---

① (宋)苏轼:《东坡书传》,北京:中华书局1991年版,第414—415页。
② 杨明照:《抱朴子外篇校笺》,北京:中华书局1991年版,第594页。
③ (清)张潮:《懒园觞政》,上海:上海古籍出版社1990年版,第1页。
④ (汉)司马迁:《史记》,北京:中华书局1959年版,第417页。
⑤ (元)脱脱:《金史》,北京:中华书局1975年版,第112页。
⑥ 黄修明:《〈尚书·酒诰〉与儒家酒德文化》,《北京化工大学学报(社会科学版)》2009年第1期,第64页。

3. 酒,关系粮食供给之物

节约粮食是我们汉民族的优良传统。酒主要由粮食发酵酿制而成,所以《淮南子·说林训》有"清醢之美,始于耒耜"[1]之说。过度饮酒,必然浪费大量的粮食。周公强调禁酒的一个重要原因正是节约粮食。《酒诰》指出:"我民迪小子惟土物爱。""土物"就是指土里生长出来的农作物。"爱"即爱惜。这句话的意思是我们的臣民要教导子孙爱惜粮食。周朝始祖后稷是舜帝时的农官,掌管百谷种植,擅长稼穑,《史记·周本纪》说他"好种树麻、菽,麻、菽美。及为成人,遂好耕农,相地之宜,宜穀者稼穑焉,民皆法则之"[2]。周以农业为立国之本,在生产力尚不发达的上古时期,先民们深知粮食来之不易,因此对于粮食十分珍惜。《尚书·周书》的《无逸》篇中,周公也谆谆告诫居官的君子"先知稼穑之艰难,乃逸,则知小人之依",希望官员们要懂得农事的艰难。周初的统治者也大多崇尚节俭,而且世人皆知纣王时期酗酒成风,以酒为池,酿酒后剩余的酒糟残渣堆积如山,浪费了大量的粮食。周公因而告诫康叔"惟曰我民迪小子惟土物爱,厥心臧,聪听祖考之彝训,越小大德"(《酒诰》),让他要记住祖训,宣布禁酒,发扬美德,教导臣民珍惜粮食、善良中正。应该说,在我国古代,为节约粮食而开展的禁酒是最常见、最普遍的,由于要避免粮荒,因此此类禁酒利国利民,深得民心,受到广大民众的大力拥护与支持。

《汉书·郦陆朱刘叔孙传》:"王者以民为天,而民以食为天。"[3]"周公等周初为政者珍惜农作成果,把有限的粮食资源尽可能地用于人们果腹所需,这显然要比酿成'琼液'更能给统治者带来安定与祥和。""以剥夺'小民'果腹所需为代价满足少数人的淫饮之欲,在周公看来只能是桀、

---

① 何宁:《淮南子集释》,北京:中华书局 1998 年版,第 1216 页。
② (汉)司马迁:《史记》,北京:中华书局 1959 年版,第 112 页。
③ (汉)班固:《汉书》,北京:中华书局 1962 年版,第 2108 页。
④ 梁凤荣:《从〈酒诰〉看周公的执政思维特点》,《河南大学学报(社会科学版)》2007 年第 4 期,第 121 页。

纣之识,是执政者的大忌。"①所以,在《无逸》中,周公开篇就直言告诫成王:"呜呼! 君子所,其无逸。先知稼穑之艰难,乃逸,则知小人之依。"君子为官,切不可贪图逸乐,首先必须了解稼穑之艰难,然后才会知道老百姓的痛苦。周公通过禁酒而宣扬的尚俭戒奢意识,曾广泛地渗透到西周初年周人的精神层面。顾炎武《日知录》高度评价周初:"成康以下,天子无甘酒之失,卿士无醉歌之愆。"②这应该说与周公的严令禁酒密不可分。

后代从节约粮食的角度开展禁酒屡见不鲜,如《晋书·帝纪第十》记载安帝隆安五年(401 年)"是岁饥,禁酒"③等。宋代庄绰《鸡肋编》总结到:"三代之世,无九年之蓄为不足,而后世常乏终岁之储。非特敦本力田者少,而食者众,亦酒醴以糜之耳。盖健啖者一饭不过于二升,饮酒则有至于无算。前代以水旱资储未丰,皆禁酤酒。"④所以,节粮救荒是我国古代最常见的禁酒原因,这类禁酒在很大程度上协调了酒事与民食二者的关系,既有利于农业生产与社会稳定,又促进了我国饮酒文化的健康发展。

(二) 酒,一个必备之物

周初的酒,在祭祀、孝亲、进献等社会活动中的不可或缺,又使其成为一个必备之物。

1. 酒,饮而勿醉的祭祀之物

《礼记·祭统》:"凡治人之道,莫急于礼。礼有五经,莫重于祭。"祭祀差不多是人类社会早期的带有普遍性的文化行为。这种行为不仅渗透到人类的日常生活之中,还影响到国家的政治生活,中国尤其如此。《左传·成公十三年》记载古代国家有两件大事,一是祭祀,一是战争,即"国之大事,在祀与戎"。祭祀甚至比战争重要,是古代国家最为重要的

---

① 梁凤荣:《〈酒诰〉周公神权法思想管窥》,《辽宁大学学报(哲学社会科学版)》2007 年第 5 期,第 120 页。
② (清)顾炎武:《日知录集释》,上海:上海古籍出版社 2006 年版,第 1605 页。
③ (唐)房玄龄等:《晋书》,北京:中华书局 1974 年版,第 254 页。
④ (宋)庄绰:《鸡肋编》,北京:中华书局 1983 年版,第 81 页。

大事。《国语·鲁语》明言："夫祀,国之大节也。而节,政之所成也。故慎制祀以为国典。"①祭祀地位之高,可见一斑。祭祀的对象是天地神灵和祖先,祭祀的目的是祈求天地神灵和祖先的佑助。上古时期,生产力低下,人们的思维简单。他们对风暴雷霆、日食月食、地震海啸充满恐惧,对风云变幻、朝晖夕阴、草木枯荣感到神秘,将一切自然之物和一切自然现象都视为天地造化、神灵主宰,即万物有灵、祖先有灵。人类战战兢兢,感激天地祖先,又畏惧天地祖先,于是便祭祀,对天地祖先顶礼膜拜、祈求保佑、降福免灾。祭祀时的祭品是人类认为最好的东西,如粮食,而酒是粮食的精华,因而"饮必祭,祭必酒"。

《礼记·表记》载:"粢盛秬鬯以事上帝。"②宋代苏轼《书传》称"天始令民知作酒者,本为祭祀而已",同时代朱翼中《北山酒经》载"酒之于世也,礼天地,事鬼神"。③"人在酒的麻醉作用下,可以在幻觉的境界里重新与自然合为一体,体验到人与自然神灵沟通的愉悦。因此,酒出现伊始便用于宗教祭祀。"④酒稀缺而神秘,敬献酒水成为人们向祭祀对象表达敬意与祈福的重要手段,所以酒在祭祀活动中必不可少,当然其中也体现了我国酒文化追求回报的功用性特征。《周礼·天官·酒人》载"凡祭祀共酒以往",《左传·齐桓公伐楚盟屈完》载"尔贡包茅不入,王祭不共,无以缩酒"。⑤"祭"字在《龙龛手鉴》中有一个从酉从祭的异体字,从字形的角度说明了祭祀与酒的关系密不可分。所以,酒甚至可作祭名,指用酒祭祀。罗振玉:"卜辞所载诸酒字为祭名。考古者酒熟而荐祖庙。然后天子与群臣饮之于朝。"⑥

当然,"在中华民族历史长河中,古酒没有出现之前,祭祀是用水,称

---

① 徐元诰:《国语集解》,北京:中华书局 2002 年版,第 154 页。

② (清)阮元:《十三经注疏》,北京:中华书局 1980 年版,第 1640 页。

③《景印文渊阁四库全书·子部》,台北:台湾商务印书馆 1986 年版,第 815 页。

④ 梁凤荣:《〈酒诰〉周公神权法思想管窥》,《辽宁大学学报(哲学社会科学版)》2007 年第 5 期,第 118 页。

⑤ (清)阮元:《十三经注疏》,北京:中华书局 1980 年版,第 670 页。

⑥ 罗振玉:《增订殷虚书契考释》,东京:东方学会 1927 年版,第 25 页。

之为玄酒,酒真正被史书记载的最早的名称便是'玄酒',玄酒是中国古代第一祭祀酒,其中最著名的便是源于周的'大羹玄酒',被广泛应用于祭祀等庄严神圣的场合"①。在古代生产力不发达的情况下,酿酒实属不易,所以古人酿造出来最好的酒——清酒,首先要献于祭祀,《诗经·小雅·信南山》载:"祭以清酒,从以骍牡,享于祖考。"清酒用于祭祀时改称为"清酌"。《玉篇》:"礼云凡祭宗庙酒曰清酌也。"东汉蔡邕《独断》卷上载:"凡祭号牲物异于人者,所以尊鬼神也……酒曰清酌。"《礼记·曲礼下》:"凡祭宗庙之礼……酒曰清酌。"孔颖达疏:"言此酒甚清澈,可斟酌。"②

在《酒诰》中,周公的禁酒之令,主要针对的是文武百官和周的子孙,要求他们都必须做到不要经常饮酒,只在祭祀时饮酒且不得喝醉。

周公开篇即言:"乃穆考文王,肇国在西土。厥诰毖庶邦庶士越少正御事朝夕曰:'祀兹酒。'惟天降命,肇我民,惟元祀。"《尚书正义》:"元祀者,言酒惟用于大祭祀。见戒酒之深也。"③元祀,即大祭天地之礼,在周礼中分量最重、地位最高。蔡沈的《书集传》:"天始令民作酒者,为大祭祀而已。"④周公回顾往昔,告诫康叔,先祖文王在西方建国之初,就早晚告诫官员们,祭祀时才能饮酒。上天也降命劝勉臣民,只能在大祭时饮酒。在这里,周公搬出上天与先祖,这在天命观及先祖观很强的时代,无疑具有强大的威慑力。所以,周代制酒主要用于祭祀,而且认为这是古已有之的传统。《周颂·载芟》:"为酒为醴,烝畀祖妣,以洽百礼。有飶其香,邦家之光。有椒其馨,胡考之宁。匪且有且,匪今斯今,振古如兹。"《周颂·丰年》中也有类似的语句:"为酒为醴,烝畀祖妣。以洽百礼,降福孔皆。"

先秦时代,人们看到了酒的重要作用,但也给饮酒者提出"克制"这

---

① 张静:《先秦酒与祭祀》,《理论观察》2016年第10期,第59页。
② (清)阮元:《十三经注疏》,北京:中华书局1980年版,第1269页。
③ (清)阮元:《十三经注疏》,北京:中华书局1980年版,第206页。
④ (宋)蔡沈注,钱宗武、钱忠弼整理:《书集传》,南京:凤凰出版社2010年版,第171页。

一明确的要求。虽然饮酒多少没有具体的数量限制,但要以饮酒之后神志清晰、形体稳健、气血安宁为度。《酒诰》:"文王诰教小子有正有事:无彝酒。"周公进一步追忆文王曾专门告诫在王朝任职的子孙,无论官职高低,都不要经常饮酒。文王还具体告诫在诸侯国任职的子孙"越庶国:饮惟祀,德将无醉"(《酒诰》),只在祭祀时饮酒,并且必须用酒德帮助自己不要喝醉。也就是说,在祭祀时虽然可以喝酒但不可以随心所欲没有节制,必须以德自律,保持头脑清醒,以防酒醉失态失礼。因为酒一旦喝多,人便会言行失礼,如《诗经·宾之初筵》中"宾既醉止,载号载呶,乱我笾豆,屡舞僛僛。是曰既醉,不知其邮,侧弁其俄,屡舞傞傞"细致描写了宴饮上醉酒的丑态,主张饮酒有度。

重德是周公在继承殷商文化的基础上提出的重要思想,以至此后,重德成为儒家思想的精华,在中国历史上长期发挥着影响。"周人既重礼又重德,饮酒之是非得失,看其社会效果如何,是否合乎礼仪,有〔是〕否有酒德。要反对的是狂饮无度、败坏礼仪的纵酒行为。"①祭祀自古就是十分严肃庄重的活动,饮酒自然也必须保持礼节不能过度,这也是儒家认可和主张的酒礼原则。《论语》中记载孔子曰"唯酒无量,不及乱""不为酒困",主张饮酒者要以德自律、适度饮酒。《礼记·乐记》:"是故先王因为酒礼,壹献之礼,宾主百拜,终日饮酒而不得醉焉,此先王之所以备酒祸也。"②"周公等人的顿悟过人之处就在于他们以'德'作为天意与天命的中介:有德则顺天意,顺天意则得天下;失德则逆天意,逆天意则失天下。"③饮酒讲礼重德,也成为了中国饮酒文化独特的精华部分。

2. 酒,其乐融融的孝亲之物

《孝经》规定一般老百姓的孝为:"用天之道,分地之利,谨身节用,以养父母。"酒对于培养人们慎终追远、孝敬父母的美德有所裨益。以酒孝

---

① 刘冬颖:《〈尚书·酒诰〉与〈诗经〉中的酒德》,《东疆学刊》2003 年第 3 期,第 35 页。
② (清)阮元:《十三经注疏》,北京:中华书局 1980 年版,第 1534 页。
③ 梁凤荣:《〈酒诰〉周公神权法思想管窥》,《辽宁大学学报(哲学社会科学版)》2007 年第 5 期,第 119 页。

敬父母,是人们把祭祀之礼应用到现实生活中的一种表现。《礼记·射义》记载"酒者,所以养老也"①。在粮食不充裕的时代,酒显得非常珍贵,除祭祀活动使用之外,在日常生活中,子女当首先用以表达对父母的敬意。孝悌是人性的根底,更是我国整个宗法统治伦理纲常的根基。所以,后世有"忠臣要到孝子门前寻"的说法,究其情感深因,依旧是维护政治统治。

《酒诰》将饮酒活动与家庭伦理相联系,大力提倡尊敬父母、奉亲养老。周公禁酒对于殷的普通老百姓来说较为宽松,他要求康叔告诫殷民在卫国安心居住,努力专心于农事,勤勉侍奉长辈。农事之余,到外地经商、孝养父母。"厥父母庆,自洗腆,致用酒。"父母高兴了,儿女准备洁净丰盛的饭菜,这时候可以喝酒,这就是所谓的"父母庆用酒"。"作出'父母庆用酒'这一规定,一方面适应了人性,又强化了宗法亲情。"②"这是我国古代敬老尊老意识的具体表现,因古代老年人不仅是血缘上的长辈,而且是部族智慧经验的载体。所以人类早期文明中敬老是共同有的特征,而在我国周代表现得更突出些。"③这一饮酒训诫其实带有强烈的奖赏性质,本质上是周公改造殷商遗民,对其身份进行重新定位的重要举措,即要将他们改造成勤勉的农人与业余的商贾,只有在农业保收、商业有人而父母满意的情况下,才有机会品尝美酒,而这机会获得的背后是十分艰辛的努力与付出。"力农、勤作、节减、孝道原本就是周族的传统道德规范,通过《酒诰》将这种潜意识形态向殷遗民浸染渗透,远比明火执仗的杀戮更能使殷顽民从心理上折服。"④其中,力农的要求源于周人农业为本的思想,据《吕氏春秋集释》记载,周初"天子亲率诸侯耕帝藉

---

① (清)阮元:《十三经注疏》,北京:中华书局1980年版,第1689页。
② 阮明套:《从〈酒诰〉看周代的饮酒礼——兼论殷周礼制的损益》,《古代文明》2011年第3期,第58页。
③ 辛海庭:《尚书"酒诰"与酒文化》,《中国酒》1996年第6期,第55页。
④ 梁凤荣:《〈酒诰〉周公神权法思想管窥》,《辽宁大学学报(哲学社会科学版)》2007年第5期,第121页。

田，大夫、士皆有功业"，"后妃率九嫔蚕于郊，桑于公田"。①"周公以颁布戒酒令为契机，成功实现了用周人道德伦理向殷人嗜酒积习的渗透、灌输，开启了由殷商尊神文化向西周礼乐文化的转向，因此周公禁酒不仅是一种带有政治意义的治国举措，而更深层的是一次由嗜酒崇饮到以礼治酒的文化转型。"②

对于孝亲，孔子主张不仅要从形式上按礼奉养，还要从内心真正孝敬。《论语·为政》中子游问孝。子曰："今之孝者，是谓能养。至于犬马，皆能有养；不敬，何以别乎？"另有子夏问孝。子曰："色难。有事，弟子服其劳；有酒食，先生馔，曾是以为孝乎？"子女孝敬父母，不仅仅在于能赡养父母，还要心存敬意，只有这样，才能很自然地对父母和颜悦色。

3. 酒，饮而可醉的进献之物

《孟子·梁惠王上》指出"老吾老，以及人之老"，表明人首先要孝敬自己的父母，然后再把这份孝道推而广之。乡饮酒礼是周代流行的宴饮风俗。在宴席上，有必须严格遵循的饮酒礼节，知礼而德高望重的老者为上宾。《礼记·射义》："乡饮酒之礼者，所以明长幼之序也。"③《礼记·曲礼上》："侍饮于长者，酒进则起。拜受于尊所，长者辞，少者反席而饮，长者举未釂，少者不敢饮。"饮酒时，晚辈要主动给长辈斟酒，在长辈尚未举杯饮尽时，晚辈不开饮。《礼记·乡饮酒义》："乡饮酒之礼，六十者坐，五十者立侍以听政役，所以明尊长也；六十者三豆，七十者四豆，八十者五豆，九十者六豆，所以明养老也。民知尊长养老，而后乃能入孝弟。民，入孝弟，出尊长养老，而后成教，成教而后国可安也。君子之所谓孝者，非家至而日见之也，合诸乡射，教之乡饮酒之礼，而孝弟之行立矣。"④乡饮酒礼虽然是繁文缛节，极其复杂，但是主要目的是尊长养老、推贤荐

① 许维遹：《吕氏春秋集释》，北京：中华书局 2009 年版，第 684 页。
② 刘光胜、李亚光：《清华简〈耆夜〉与周公酒政的思想意蕴》，《社会科学战线》2011 年第 12 期，第 38 页。
③ （清）阮元：《十三经注疏》，北京：中华书局 1980 年版，第 1686 页。
④ （清）阮元：《十三经注疏》，北京：中华书局 1980 年版，第 1683 页。

能,担负着非常重要的政治教化功能,对后世影响深远。历朝历代通过这种普及性的道德实践活动,序长幼、别贵贱,成就孝悌、尊老、敬贤的道德风尚,进而创建和谐安定的社会环境。

《酒诰》也把饮酒活动与社会伦理相联系,提倡尊老、敬贤、尊主。周公追忆文王祖训,以殷为鉴,反复强调为官者务必慎于酒。然而,周公又说"庶士有正越庶伯君子,其尔典听朕教! 尔大克羞耇惟君,尔乃饮食醉饱",即酒食除孝敬自己的父母之外,各级官员若能将其进献给其他的长者乃至于国君,这个时候,就可以畅饮而醉、果腹而饱了。这体现出周公对官员们尊老、敬贤、尊主行为的高度肯定与奖赏。这里的"耇","绝对不是简单的老年人就能够囊括的,而其必为贤能之人"①。那些能为国家出谋划策、充满智慧经验的长者,终周一代都受到了统治者的高度重视和尊敬,他们与国君并列,接受各级官员的进献。尊老敬贤成为周的国策,《周书》的许多篇目都有叙述。

尊老敬贤不仅仅是一种美德,还具有治国安民的重大意义。子曰:"吾观于乡,而知王道之易易也。"因为明了其中的深意,孔子自己严格做到尊老敬贤,"乡人饮酒,杖者出,斯出矣"(《论语·乡党》)。乡人饮酒礼毕,他一定要等老者先出去,然后自己才出去。尊主在我国也有悠久的传统,如反映周代早期农业生产和民众日常生活情况的《诗经·豳风·七月》中有"跻彼公堂,称彼兕觥,万寿无疆",记载了辛苦劳作一年的民众,年终升堂举觥,共同祝愿主人长寿。

酒,在我国的历史长河中逐渐被纳入儒家礼的范畴,通过各种酒礼活动,儒家的长幼有序、等级有差的伦理秩序得到了推广与强化。

二、周公禁酒的人文理性

人文理性是人们认知、批判、选择和创造人文价值观的能力,是法治

① 阮明套:《从〈酒诰〉看周代的饮酒礼——兼论殷周礼制的损益》,《古代文明》2011 年第 3 期,第 56 页。

所特定需要的文化基础和文化心理,是反对蛮横专制的非理性文化和空想浪漫的超理性文化。人文理性具有科学精神、法治观念、人权思想等理性文化要素。我国是酒的故乡,也是酒文化的发源地。酒文化几乎与中国数千年文明发展史结伴而行。饮酒文化的理性思维是:酗酒危害甚烈,酒亦有利;饮酒当避其害,兴其利,有礼有节。

周初禁酒,规定相当严苛。"为了禁酒,周初不但规定'酤酒在官',而且佐酒之物亦不得在市场出售。"①甚至把专门盛放酒器的器座命名为"禁",时刻提醒人们饮酒不忘禁酒。1972 年,宝鸡戴家湾出土的夔纹青铜禁,就是西周早期的承尊器,是古代贵族在祭祀、宴飨时摆放卣、尊等盛酒器的器座。《仪礼·士冠礼》:"尊于房户之间,两甒有禁。注:禁,承尊之器也。""名之为禁者,因为酒戒也。"②

我国第一部禁酒令《酒诰》珍贵地记录并充分反映了中国历史上以周公为代表的周初统治者坚定的禁酒决心和信念,虽似主要告诫康叔针对卫地,实际上是适用于全国的政治举措,赋予了酒关乎王朝兴亡、个人命运、粮食供给等重要内涵。但与此同时,值得关注的是,周公也高度重视酒在人类社会生活中不可或缺的重要地位与作用,强调酒作为祭祀、孝亲、进献之必备物的丰富内涵。所以,周初禁酒准确地说是禁止官员饮酒,人们在日常重要社会活动中依然可以饮酒。周公显然意识到酒在人类情感世界中的重要作用,对于培养慎终追远、孝敬父母的美德有所裨益,因此并没有完全禁绝。饮酒有助于情感交流,禁酒则是理性的法规制度,饮酒与禁酒显示了"情"与"理"之间的矛盾,而周公的禁酒,体现的是理性对反理性的遏制而非剿灭,充满人文理性。

周公禁酒这种充满人文理性的政治举措,刚柔相济,原则性与灵活性高度融合,得到了广泛的支持与拥护,实施效果迅速彰显,从而迅速扭转了殷商酗酒的恶习,将社会饮酒风气引向了一条有德、有节、有礼的健

---

① 周苇风:《〈周易·噬嗑〉卦与周公禁酒关系考论》,《古籍整理研究学刊》2012 年第 2 期,第 72 页。
② (清)阮元:《十三经注疏》,北京:中华书局 1980 年版,第 956 页。

康发展道路。禁酒虽严,但事实上也是周初统治者对社会形成有礼、有节、有德、文明饮酒风气的着力引导。然而,遗憾的是,西周中后期滥饮无度的现象卷土重来,周幽王时"天不湎尔"之诗始作。正如明代邱濬所说:"周之先王既设官以几谨乎酒,又作诰以示戒乎人,其后子孙乃至于沈酒淫泆而天下化之,以底于乱亡。酒之沈溺于人也如此,吁可畏哉!"①

历史的经验告诉我们,禁酒之举任重而道远,在任何一个时代都不是一劳永逸的事。我们应该坚持人文理性,在原则性与灵活性相结合的前提下,禁酒限酒,常抓不懈,卓有成效。

---

① (明)邱濬:《大学衍义补》,北京:京华出版社 1999 年版,第 277—278 页。

小　结

甲骨文中早就出现了"酒"字及相关汉字,说明在文字产生之前酒已经出现了。酒自诞生之日起就极大地丰富了社会的物质生活和精神文化生活,被广泛应用于祭祀、宴饮、治病、调味等社会生活的诸多方面,成为人类生活中不可获缺的重要组成部分。酒与人事自始存在千丝万缕的联系,成就了我国源远流长的酒文化。饮酒文化是酒文化中独特而重要的组成部分。作为我国酒文化文献记载的源头,《尚书》中的饮酒文化影响深远。当今一系列严令禁酒的重磅举措追根溯源,与《尚书》中的饮酒文化一脉相承。本章在介绍"酒"字形义历史演变的基础上,重点探究了今文《尚书》中"酒"的意义。在今文《尚书》中,"酒"字共 16 见,其中有 13 次出现在我国第一部禁酒令《周书·酒诰》中,这是我国把禁酒作为治国安邦重大施政决策的首篇官方文献。从意义上来看,今文《尚书》中的"酒"有"乙醇饮料"与"饮酒"两种意义,并以前者居多。周初,以周公为代表的统治者深切地认识到禁酒对于巩固新生政权、官员个人命运和粮食供给的至关重要性,以雷霆万钧的政治魄力禁酒限酒,制定了一系列禁酒条例。同时,又着力引导人们将酒用于祭祀、孝亲、进献等重要的社会活动中。因此,在这种政治文化背景下,酒被赋予了很多新的内涵,成为关系王朝兴亡之物、关系个人命运之物、关系粮食供给之物、饮而勿醉的祭祀之物、其乐融融的孝亲之物、饮而可醉的进献之物。周公的禁酒,体现的是理性对反理性的遏制而非剿灭,充满了浓厚的人文理性,从而将社会饮酒风气引向了一条有德、有节、有礼的健康发展道路,促进了我国饮酒文化的良性发展。

第六章 《尚书》经典训诂的文化嬗变

　　儒典之尊、政书之祖《尚书》年代久远、底蕴丰厚,是我国最早的一部史籍,记录了虞夏、商、西周及春秋前期的一些重大历史内容,是研究上古时期历史文化不可或缺的珍贵文献,在古今中外均产生了极为深远的影响。然而,我国著名文学家韩愈称《尚书》"佶屈聱牙",可见《尚书》在唐代时相当晦涩难懂。日本著名汉学家太田辰夫曾把上古汉语依次分为商(殷)周、春秋战国、汉三期,他认为《尚书》是读解商周汉语的基础资料,但"《书》(书经)里的诸篇极其难懂","在东晋时候已经难以读懂,很难模仿了"。① 所幸历代学者潜心钻研、疏通经文,为后世洞悉《尚书》的真谛提供了路径。当然,在训诂过程中,必然会带上学者的主观倾向,也必然会烙上时代的文化印迹。"儒家经典是儒学的载体,这些经典惯于依托历史来阐发其王道逻辑,而历史自身所富含的偶然因素又凸显了历史的复杂性,因此,如欲在历史叙事中维持前后一致的价值判断或者说历史观,对依循时间轨迹的历史予以主观化整理就是必不可少的,这正

----

① [日]太田辰夫著,江蓝生、白维国译:《汉语史通考》,重庆:重庆出版社1991年版,第4页。

是儒家经解所欲实现的重要目的。"①近代以前,唐孔颖达《尚书正义》②、宋蔡沈《书集传》③、清孙星衍《尚书今古文注疏》④堪称《尚书》经解之作的经典。《尚书正义》以《孔传》为正注作疏,《书集传》是宋儒《书》说的代表,《尚书今古文注疏》除《孔传》与宋儒《书》说外,几乎搜罗整理了历代有关《尚书》的书面材料。这三部训诂之作既各自独立,又互为补充,共同构建了《书》学研究宏大而完整的体系。

汉唐《书》学研究专于章句训诂,坚持注不破经、疏不破注的理念。唐贞观年间,孔颖达等奉敕撰《尚书正义》,由经、孔安国传(简称《孔传》)、孔颖达疏或正义(简称《正义》)三部分组成,对《尚书》以《孔传》为正注并加以解释、申述、探源,博采魏晋南北朝以来的《书》说为疏,旁征博引、阐释详细、多有创见,是唐代以前《尚书》训诂的集大成之作,也是科举考试的必读经书。《尚书正义》保存的旧说典故,在训诂学上具有很高的价值。

宋代是中国传统文化发展的巅峰时期,"华夏文明历数千载演进,盛极于赵宋之世"⑤。宋代也是中国学术研究的转型期,"儒家之学,从魏、晋直至唐代,经过释、道的渲染,也就哲学化了"⑥。儒学哲学化催生出的宋代理学对经学的解读产生了全新的诠释理念与方法。伴随着宋学的形成,《书》学研究逐渐注重汉学与宋学的结合,追求"六经注我,我注六经"的境界,既重章句注疏亦重义理阐发。宋代《尚书》学研究最高的学术成就是《书集传》,由南宋著名学者蔡沈受其师朱熹之命著就。《书集传》集其师其父及宋代其他《书》学为一体,参考众说、多述旧闻、融会贯通、择善而从,首次明确析分标识今、古文,解经以义理为宗,"疏通证明,

① 朱腾:《儒家经解与儒家历史观的圆融——以〈尚书正义〉、〈毛诗正义〉及春秋三传为中心》,《史学月刊》2013年第12期,第98页。
② (汉)孔安国传,(唐)孔颖达正义:《尚书正义》,上海:上海古籍出版社2007年版。
③ (宋)蔡沈注,钱宗武、钱忠弼整理:《书集传》,南京:凤凰出版社2010年版。
④ (清)孙星衍撰,陈抗、盛冬铃点校:《尚书今古文注疏》,北京:中华书局1986年版。
⑤ 陈寅恪、邓方铭:《〈宋史·职官志〉考证》,上海:上海古籍出版社1982年版,第245页。
⑥ 杨东莼:《中国学术史讲话》,南京:江苏教育出版社2005年版,第152页。

较为简易"①,多有精当新识,成为继《尚书正义》之后《书》学研究的又一个里程碑,"《书经》至是而大明如揭日月矣"②,"诸家言《尚书》者不复行于世"③。在元明清时《书集传》被立为官学,推崇为科举读本,成为我国封建社会后期最有影响力的学术经典之一。时至今日,它不仅是一部研究理学思想的重要著作,也是一部研究《尚书》和中国文化的经典文献,对当代中国思想文化建设同样具有重要的理论价值。

　　清代学者《尚书》研究角度众多,学术成就颇丰,其中以乾嘉学派重要代表人物孙星衍的《尚书今古文注疏》为最。孙星衍在书序中感叹道:"《尚书》为唐、虞、三代之文,字迹奇古,诂训与后世方言不同,制度或在《礼经》之先。后人不考时代,率为之注解,致训故乖违,句读舛误,谓之佶屈聱牙,殊可叹也。""今依其例,遍采古人传记之涉《书》义者,自汉魏迄于隋唐。不取宋以来诸人注者,以其时文籍散亡,较今代无异闻,又无师传,恐滋臆说也。"他积 30 多年之功,除《孔传》与宋儒《书》说外,几乎搜罗整理了历代有关《尚书》的书面材料,删繁就简、去伪存真,撰就《尚书今古文注疏》,"该书采取自注自疏的诠释体例,运用网罗旧说、选择旧说、突破旧说、重组旧说的诠释方法,兼疏今古文,注取五家三科之说,疏取先秦诸子唐前旧说之涉《书》义者及时近人说,不取宋元明人之论,比较典型地体现了乾嘉学派的治学精神、治学方法及治学倾向"④。它注文简明、疏文翔实、逻辑严密、今古文各还其是。梁启超曾评价道:"他的体例,是'自为注而自疏之'。注文简括明显,疏文才加详,疏出注文来历,加以引申,就组织上论,已经壁垒森严。他又注意今古文学说之不同,虽他的别择比不上后来陈朴园的精审,但已知两派不可强同,各还其是,不勉强牵合,留待读者判断从违。这是渊如极精慎的地方。"⑤尽管《尚书今

① (清)永瑢:《书经集传提要》,北京:中华书局 1965 年版,第 93 页。
② (南宋)黄震:《黄氏日抄》卷五,上海:上海古籍出版社 1987 年版,第 64 页。
③ (南宋)黄度:《尚书说》,上海:上海古籍出版社 1987 年版,第 127 页。
④ 焦桂美:《〈尚书今古文注疏〉的诠释动因、体例与方法》,《孔子研究》2013 年第 1 期,第 61 页。
⑤ 梁启超:《中国近三百年学术史》,上海:上海三联书店 2006 年版,第 169 页。

古文注疏》有不取宋儒之说的保守,有申汉抑宋的特征,但依然不影响其代表乾嘉学派最高水平的学术地位,在乾嘉经学史乃至整个中国经学史上有着很高的地位,被清代学者皮锡瑞《经学通论》评价为治《尚书》的"先看之作"。

作为《尚书》训诂的经典之作,《尚书正义》《书集传》《尚书今古文注疏》无一例外地首先以搜集前人成果为研究基础,这对《书》学旧闻旧说的保存起到了重要的作用。同时,三部力作又各有突破创新,多有新见新识,从而推动《书》学研究不断向前发展。正是这些新见新识在很大程度上代表了唐宋清三个时代《尚书》训诂文化的主要特征。即便是撰写者个人的见解、观点很少直接出现的《尚书今古文注疏》,我们依然可以从其对故训及时近人说的态度及重组形式、呈现的历史观点等方面有所发现。通过对《尚书正义》《书集传》《尚书今古文注疏》具体训诂内容的细致比较,能够捕捉到《尚书》唐宋清三代训诂文化嬗变的主要轨迹。《虞夏书》是《尚书》所有内容中时间最为久远的一部分,虞是舜帝的国名,夏是禹帝的国名,《虞夏书》主要记载的是尧舜禹启时期的重要历史传说、人物、事件。"尧舜时代是中华早期文明产生的时代,是华夏集团形成与连续性——从尧到舜到禹的发展时代,处于中华文明史的开端阶段。"①所以,本章主要以今文《尚书·虞夏书》作为语料,采取"竭泽而渔""穷原竟委"穷尽性的方法,全面考察《尚书正义》《书集传》《尚书今古文注疏》对《虞夏书》中的"天""德""罚""民""酒"相关语句的训诂情况,以期在《尚书》的训诂文化嬗变方面有所发现。

统计发现,今文《尚书·虞夏书》中"天""德""罚""民""酒"字分别出现 18 次、14 次、1 次、15 次、0 次。由于今文《尚书·虞夏书》中未出现"酒"字,所以对今文《尚书》中"酒"字相关语句的训诂情况的考察以今文《尚书·商书》为语料(详见附录六)。"天"在《尚书·虞夏书》的 18 见,

---

① 张碧波:《中华早期文明的文化人类学考察——读〈尚书·尧典〉》,《学习与探索》2005 年第 1 期,第 138 页。

分布于《尧典》5 见、《皋陶谟》11 见、《甘誓》2 见。"天"的意义涉及"天空""老天""大"三种。"德"在《尚书·虞夏书》的 14 见,分布于《尧典》4 见、《皋陶谟》9 见、《禹贡》1 见。"德"的意义涉及"登""道德""美善""德政""贤人"五种。"罚"在《尚书·虞夏书》只 1 见,出现在《甘誓》中,意义为"惩罚"。"民"在《尚书·虞夏书》的 15 见,分布于《尧典》7 见、《皋陶谟》8 见。"民"的意义涉及"庶民""臣民"两种。"酒"在《尚书·商书》中共 2 见,均出现在《微子》中,意义为"乙醇饮料"。根据《尚书正义》《书集传》《尚书今古文注疏》对今文《尚书·虞夏书》中"天""德""罚""民"和今文《尚书·商书》中"酒"相关语句训诂情况的逐条梳理、细致比较、深入分析,可以在《尚书》训诂文化嬗变方面得出一些初步的判断。

第一节　从天治到人治关注点的明显变化

唐代《尚书正义》对尧舜时代作了推测性的描绘,反复阐述、强调天人之道和以天道治民的思想,关注天人关系;宋代《书集传》严守师道,考辨训诂、阐明义理,以"求二帝三王心法"为宗旨,"至蔡氏《集传》出,别今古文之有无,辨《大序》、《小序》之讹舛,而后二帝三王之大经大法灿然于世焉"①。对于社会治理的主体,前者着眼于"天",即神化之天;后者着眼于"人",即圣人、君王。清代《尚书今古文注疏》综合汉唐之说,在详细梳理、旁征博引中也有关注人类社会伦理的表现。

《尚书正义》的关注点在天治,其训诂呈现出以下一些特点:

一是赋予自然之天神化的色彩,如:

1. 钦若昊天(《尧典》)

(1)《尚书正义》:敬顺昊天之命。

(2)《书集传》:昊,广大之意。

(3)《尚书今古文注疏》:注:今文欧阳说,春曰昊天,夏曰苍天,秋曰

---

① (明)何乔新:《椒邱文集》卷一,上海:上海古籍出版社 1987 年版,第 5 页。

旻天,冬曰上天,总曰皇天。古文说,天有五号,各用所宜称之。尊而君之则称皇天,元气广大则称昊天,仁覆闵下则称旻天,自上监下则称上天,据远视之苍苍然,则称苍天。疏:许氏谨案:"尚书'尧命羲、和,钦若昊天',总勒四时,知昊天不独春。"郑氏云:"春气博施,故以广大言之。浩浩昊天,求之博施。尚书所云者,论其义也。则'尧命羲、和,钦若昊天',无可怪耳。"亦见诗疏引。案:乐雅释天云:"春为苍天,夏为昊天,秋为旻天,冬为上天。"今文及许、郑,春夏互易。说文:"昦,春为昦天,元气昦昦。""旻,虞书曰:'仁闵覆下,则称旻天。'"盖用古文说也。昊天既为春天之名,此举春以统四时耳。

此条经文中的"天"指自然之天"天空"。《书集传》对"天"字的未训应是遵循了"天"意义明了无需训释的从简原则,显示了客观的训诂理念。《尚书今古文注疏》综合了汉唐之说,对昊天的意义进行了详细的梳理、区分与说明,最后给出春天为昊天、举春统四时的观点,显示了对季节时令的关注。而《尚书正义》在训诂时直接在"昊天"之后加了"之命"二字,把"钦若昊天"训为"敬顺昊天之命"。这就将经文中原本的自然之天带上了神化的色彩,赋予了自然之昊天对人类发号施令的能力。这表现了《尚书正义》对天人关系的高度关注。同时,《尚书正义》的训诂在一定程度上对"天"的意义由自然之天向神化之天的发展变化有所影响。

二是强调神化之天的至高无上,如:

2. 今予惟恭行天之罚(《甘誓》)

(1)《尚书正义》:天既如此,故我今惟奉行天之威罚,不敢违天也。我既奉天,汝当奉我。

(2)《书集传》:今我伐之,惟敬行天之罚而已。

(3)《尚书今古文注疏》:注:墨翟书作:"……'……予共行天之罚也。'"疏:言谨行天罚。

蔡沈深谙师道,不因经作文、注经成文,训诂只求文通、理明、意足,少则仅三言两语。他训诂此条经文简洁明了,在一定程度上反映了《书集传》经解最显著的特点"只期明事达理,不繁琐考据,不旁征博引,要言不烦,易简理得"①。《尚书今古文注疏》以引文作注,疏言也很简洁。而《尚书正义》在训诂"今予惟恭行天之罚"时,训为"故我今惟奉行天之威罚,不敢违天也",在"罚"字前增加了一个"威"字,这就突出强调了天罚的威严,紧随其后的"不敢违天也"和"我既奉天,汝当奉我"的表达更是彰显了天的至高至尊、毋庸置疑。

3. 敕天之命(《皋陶谟》)

(1)《尚书正义》:人君奉正天命以临下民。

(2)《书集传》:盖天命无常,理乱安危相为倚伏。

(3)《尚书今古文注疏》:疏:谓荐禹于天而告之。

对于此条经文,三家训诂的角度明显不同。《书集传》讲天命无常,《尚书今古文注疏》讲荐禹于天,而《尚书正义》重在强调君奉天命治理下民,天命不可违,如果君王违背天意,天则会弃之而去。

三是明确神化之天的行为目的,如:

4. 天叙有典(《皋陶谟》)

(1)《尚书正义》:天次序人伦,使有常性。

(2)《书集传》:典礼虽天所叙秩,然正之使叙伦而益厚,用之使品秩而有常,则在我而已。

(3)《尚书今古文注疏》:未训。

5. 天秩有礼(《皋陶谟》)

(1)《尚书正义》:天又次叙爵命,使有礼法。

(2)《书集传》:典礼虽天所叙秩,然正之使叙伦而益厚,用之使品秩而有常,则在我而已。

(3)《尚书今古文注疏》:未训。

6. 天命有德(《皋陶谟》)

(1)《尚书正义》:天又命用有九德,使之居官。

(2)《书集传》:言天命有德之人。

---

① (宋)蔡沈注,钱宗武、钱忠弼整理:《书集传》,南京:凤凰出版社 2010 年版,第 9—10 页。

（3）《尚书今古文注疏》：未训。

7. 天讨有罪（《皋陶谟》）

（1）《尚书正义》：天又讨治有罪，使之绝恶。

（2）《书集传》：天讨有罪之人。

（3）《尚书今古文注疏》：未训。

对于以上四条经文，《尚书今古文注疏》均未作训诂。《尚书正义》的视角依然是由上而下，训诂时强调天对于人类社会运行规则的把控，明确指明天之所为的目的，使有常性、使有礼法、使之居官、使之绝恶。《书集传》在训诂时的视角由下而上，强调人对于天所叙秩正之、用之的反作用力，突出人的主动性、人为的力量以及人自身善恶的重要性。

《书集传》的关注点在人治，这与其解经的理念有关。宋代蔡沈崇尚义理解经，探求圣人之心，云："《书》岂易言哉？二帝三王治天下之大经大法，皆载此书"，"然二帝三王之治本于道，二帝三王之道本于心。得其心，则道与治固可得而言矣"，"曰德曰仁，曰敬曰诚，言虽殊而理则一，无非所以明此心之妙也。至于言天，则严其心之所自出；言民，则谨其心之所由施"。"治乱之分，顾其心之存不存如何耳。后世人主有志于二帝三王之治，不可不求其道；有志于二帝三王之道，不可不求其心。求心之要，舍是书何以哉？""圣人之心见于书，犹化工之妙著于物，非精深不能识也。是传也，于尧、舜、禹、汤、文、武、周公之心，虽未必能造其微；于尧、舜、禹、汤、文、武、周公之书，因是训诂，亦可得其指意之大略矣。"①因而，《书集传》在训诂时呈现以下一些特点：

一是重视君德，如：

8. 允迪厥德（《皋陶谟》）

（1）《尚书正义》：为人君者，当信实蹈行古人之德。

（2）《书集传》：皋陶言为君而信蹈其德。

（3）《尚书今古文注疏》：注：史迁作"信其道德，谋明辅和"。疏：德

---

① （宋）蔡沈注，钱宗武、钱忠弼整理：《书集传》，南京：凤凰出版社 2010 年版，第 1—2 页。

者,《淮南·齐俗训》云"得其天性谓之德"。天性,谓五常之性……言信由其德……《管子·心术篇》云:"德者道之舍。"舍谓得於心也。

对于此条经文中的"德",三家训诂差异较大,《尚书正义》训为古人之德,《尚书今古文注疏》疏为五常之性,而《书集传》明确训为君德,表现了对君德的高度重视。

二是强调圣德、君德的重要性,如:

9. 四罪而天下咸服(《尧典》)

(1)《尚书正义》:行此四罪,各得其实,而天下皆服从之。

(2)《书集传》:圣人以天下之怒为怒,故天下咸服之。

(3)《尚书今古文注疏》:未训。

10. 光天之下(《皋陶谟》)

(1)《尚书正义》:又言当择人充满大天之下。

(2)《书集传》:使帝德光辉达于天下。

(3)《尚书今古文注疏》:未训。

对于这两条经文,《尚书今古文注疏》均未作训诂。《尚书正义》只突出"天"之广大,而《书集传》强调了圣德、君德的重要性,表明胸怀天下者方能真正王天下。

三是强调君需以敬德为先,如:

11. 祇台德先(《禹贡》)

(1)《尚书正义》:又天子立意常自以敬我德为先。

(2)《书集传》:当此之时,惟敬德以先天下,则天下自不能违越我之所行也。

(3)《尚书今古文注疏》:注:郑康成曰……其敬悦天子之德既先。疏:《白虎通·姓名篇》引《刑德放》曰:"尧知命,表稷、契赐姓子、姬,皋陶典刑,不表姓,言天任德远刑。"

对于此条经文,虽然三家均强调了以德为先的观念,然而,《尚书正义》着眼于臣,以有德之臣为先;《尚书今古文注疏》以引文表达天任德远刑的思想;而《书集传》是着眼于君,认为君敬德以先天下,故天下自不能违越其所行,强调了君敬德的自觉性与自主性。

四是重视君王之德教,如:

12. 迪朕德(《皋陶谟》)

(1)《尚书正义》:天下之人皆蹈行我德。

(2)《书集传》:帝言四海之内,蹈行我之德教者,是汝功惟叙之故。

(3)《尚书今古文注疏》:注:史迁说为"道吾德,乃女功序之也"。疏:迪,道。道者,达也。

对于此条经文,三家训诂内容基本相同,其中唯有《书集传》明确训"德"为帝之德教,这表现了其对君王德教的重视。

五是将安民看作仁之事,如:

13. 在安民(《皋陶谟》)

(1)《尚书正义》:在於能安下民。

(2)《书集传》:在于安民……安民,仁之事也。

(3)《尚书今古文注疏》:疏:民,谓众民;人,谓官人也。《诗·假乐》云:"宜民宜人。"传云:"宜安民,宜安人也。"疏云:"民、人,散虽义通,对宜有别。"引此经文……宗族贵戚人才不一,务在知而器使之。民众在下,在偏安之,其政乃可及远也。

14. 安民则惠(《皋陶谟》)

(1)《尚书正义》:能安下民,则为惠政。

(2)《书集传》:哲,智之明也;惠,仁之爱也。能哲而惠,犹言能知人而安民也。

(3)《尚书今古文注疏》:注:史迁……"安民"作"能安民"。疏:言知人则能器使,安民则众民思归之也。

对于"安民",《尚书正义》训为安下民,《尚书今古文注疏》训为安众民,而《书集传》认为是仁之事,将"安民"作为君王施行德政的重要内容。

《尚书今古文注疏》在训诂时也表现出对人类社会伦理的关注,如:

15. 象恭滔天(《尧典》)

(1)《尚书正义》:貌象恭敬,而心傲很若漫天。

(2)《书集传》:"滔天"二字未详,与下文相似,疑有舛误。

(3)《尚书今古文注疏》:疏:诗荡云:"天降滔德。"传云:"天,君。滔,慢也。"盖谓其貌似恭敬,而慢其天性。天者,高诱注淮南云:"性也。"谓慢天所付五常之性。

此条经文中的"天"指自然之天"天空"。《尚书正义》与《书集传》均没有对"天"进行训诂,其中《书集传》指出"滔天"可能有误,表明了对于不详存疑处不作强释的训诂态度。《尚书今古文注疏》直接指出"天"可以释为"君""性",并具体到"天所付五常之性",表现了其对人类社会伦理的关注。

第二节　对自然之法关注度逐渐降低的变化

《尚书》保存了人类观象计时最原始的资料。《尧典》叙写尧命制历法节令"乃命羲和,钦若昊天,历象日月星辰,敬授人时",钦、敬,均为表敬副词;若,意为顺从、遵循;象,意为取法;日月星辰,指自然规律;人,本作"民"。尧命令羲氏与和氏,严肃遵循昊天,根据日月星辰的运行,推算自然规律,从而制定历法,然后谨慎地把天时节令告诉人们。这是人类观象计时时代的最早文献记录。《孟子·梁惠王上》:"不违农时,谷不可胜食也。"[①]在缺乏科技支撑的时代,以食为天的先民们迫切需要根据季节耕种收获,准确把握自然规律,便留心观察天空中按一定季节出现的天象。尧分别命令羲仲、羲叔、和仲、和叔在东南西北四方实地考察太阳运行的规律,并根据鸟、火、虚、昴四星黄昏出现在天空正南方的日子,确定出春分、夏至、秋分、冬至的日期。其中,春分的确定是一年中农业上的大事,这时"厥民析",人们应时节分散在田野上开始进行劳作耕耘。

---

① (清)焦循:《孟子正义》,北京:中华书局 1987 年版,第 54 页。

尧进而要求用加闰月的办法保证春夏秋冬四时有序成岁,计 366 天,并由此规定百官的职守,使诸事得以兴盛。著名气象学家竺可桢认为《尧典》"所谓三百有六旬有六日就是阳历年,以闰月定四时成岁乃阴阳历并用"①,这比同时代的希腊、罗马的历法更进步。尧之后的舜继续完善,协调春夏秋冬四时的月份,确定天数。我国古代历法节令的准确制定反映了当时农业生产的发展与进步,开启了我国悠久而璀璨的农耕文明。

《老子》曰:"以辅万物之自然而不敢为。"我国古代先民的活动具有尊重自然、了解自然、运用自然、顺应自然的高度自觉,天人关系极为和谐。为政者在教授人们根据历法开展生产生活时,谨记自然生命之法,顺天而动。比较《尚书正义》《书集传》《尚书今古文注疏》对《尧典》"厥民析""厥民因""厥民夷""厥民隩"的训诂,可以看出角度与内容区别较大,这显示出随着时代的发展、科技的进步,训诂者对自然之法关注度的逐渐降低。

16. 厥民析(《尧典》)

(1)《尚书正义》:此时农事已起,不居室内,其时之民宜分析适野,老弱居室,丁壮就功。

(2)《书集传》:析,分散也。先时冬寒,民聚于隩。至是则以民之散处而验其气之温也。

(3)《尚书今古文注疏》:注:史迁"厥"为"其",下同。疏:析者,高诱注《吕览·仲春纪》,引经说之云:"散布在野。"《史记·司马相如传·索隐》引如淳云:"析,分也。"言使民分散耕种。

对于"厥民析",《尚书正义》认为:在春分时节,年轻人分散在田野从事农事,不违农时、不误农事,而老弱者依然留在室内,继续休养并发挥余热,承担一定的家事,包括养育、培养幼童等。《书集传》认为:当气温转暖时,民众散开相处。《尚书今古文注疏》认为:春分时节,让民众分散开来从事耕种。

---

① 竺可桢:《中国古代在天文学上的伟大贡献》,《科学通报》1951 年第 3 期,第 215 页。

17. 厥民因(《尧典》)

(1)《尚书正义》:於时苗稼以殖,农事尤烦。其时之民,老弱因共丁壮就在田野。

(2)《书集传》:因,析而又析,以气愈热而民愈散处也。

(3)《尚书今古文注疏》:疏:因者,《释诂》云:"儴,因也。"《说文》云:"汉令,解衣耕谓之襄。"盖谓民相就而助成耕耨之事。

对于"厥民因",《尚书正义》认为:夏至时节,农事尤为繁忙,老弱者也前去田野里帮忙。《书集传》认为:天气更加热了,民众燥热因而更加分散相处。《尚书今古文注疏》认为:夏至时节,民众互相帮助而完成耕作农事。

18. 厥民夷(《尧典》)

(1)《尚书正义》:於时禾苗秀实,农事未闲,其时之民,与夏齐平,尽在田野。

(2)《书集传》:夷,平也,暑退而人气平也。

(3)《尚书今古文注疏》:注:史迁作"其民夷易"疑衍"夷"字。疏:史公"夷"作"易"者,《释诂》文。夷读当如《泰誓》"夷居"之夷。《谥法解》云:"安心好静曰夷。"时无农功也。

对于"厥民夷",《尚书正义》认为:秋分时节,农事并未得闲,这时候,与夏时一样,民众尽在田野忙碌。《书集传》认为:此时酷暑退去,气温回落,民众也因而心平气和了。《尚书今古文注疏》认为:秋分时节,已无农事需要做了。

19. 厥民隩(《尧典》)

(1)《尚书正义》:於时禾稼已入,农事闲暇。其时之人,皆处深隩之室。

(2)《书集传》:隩,室之内也。气寒而民聚于内也。

(3)《尚书今古文注疏》:注:史迁作"其民燠"。疏:孔安国注《论语》云:"奥,内也。"《尔雅·释宫》云:"西南隅谓之奥。"是为内也。

对于"厥民隩",《尚书正义》认为:冬至时节,农事闲暇,民众都处于室内。《书集传》认为：天气寒冷了，民众畏寒重新聚于室内。《尚书今古文注疏》训"隩"为内也，表明冬至时节，民聚于内。

比较发现，《尚书正义》的训诂体现了对年轻者强壮生命状态的肯定与鼓励，体现了对老弱者虚弱生命状态的接受与关怀，既是对自然规律的遵循，也是对生命规律的尊重，训诂文字营造出虽然当时生产力极为低下，但整个社会充满着祥和与安乐的氛围。《书集传》在训诂关键字"析""因""夷""隩"意义的基础上，主要关注的是自然气候气温的变化对民众情绪与相处方式的影响，总体上训诂得最为简洁。《尚书今古文注疏》的训诂主要在述引他文的基础上，重在训诂民众有无农事与从事农事的方式。三家的训诂区别较为明显，从中可以看出训诂者对自然的关注度在逐渐下降，从深切关注自然到关注人与自然的关联，再到训诂时对自然的不予关注。

第三节　对民心民意关注度显著增强的变化

《尚书》是儒家民本思想的源头之作。与反复强调天道治民的《尚书正义》不同，《书集传》发展了儒家的民本思想。它将《尚书》"君权神授"思想下朴素的民本思想重新加以诠释，将民心推崇至天理的至高地位，以民心为天命，认为民心具有决定性作用，其向背决定着政权的存亡，主张君权民授，强调以民为本、以民为心、以民为先等。天理在程朱理学中是对一切都具有绝对决定作用的最高准则。《书集传》将民心上升到天理的高度，与之前的一些只强调君王得到人民的拥护才能稳固政权的思想有根本不同，它更强调人民在国家政治中的绝对决定性作用。《书集传》的民本思想形成了一个大致的理论体系，在政治方面表现为重民意，在经济方面表现为重民生，在思想方面表现为重教化。

20. 天聪明(《皋陶谟》)

(1)《尚书正义》：以天之聪明视听，观人有德。

(2)《书集传》：天之聪明非有视听也。

（3）《尚书今古文注疏》：《孟子·万章篇》引《泰誓》曰"天视,自我民视;天听,自我民听"是也。

21. 天明畏(《皋陶谟》)

（1）《尚书正义》：又天之明德可畏,天威者。

（2）《书集传》：天之明畏非有好恶也。

（3）《尚书今古文注疏》：未训。

对于以上两条经文,《尚书正义》与《书集传》均指出天具有赐美赐福以表达对人类行为认可的能力,只是训诂的方法不一样,前者使用肯定正面直接训诂,后者使用否定反面间接训诂。《尚书今古文注疏》要么不作训诂,要么只以肯定他人引文之义为疏。

22. 自我民聪明(《皋陶谟》)

（1）《尚书正义》：以天之聪明视听,观人有德,用我民以为耳目之聪明。

（2）《书集传》：天之聪明非有视听也,因民之视听以为聪明。

（3）《尚书今古文注疏》：疏:民者,人也,统贵贱言之。《孝经》云:"民之行也。"《释文》云:"本作'人'。"《坊记》郑注云:"先民,谓上古之君也。"《春秋·左氏》成十三年《传》:"民受天地之中以生。"疏云:"民,谓人也。"庄廿三年《传》:"所以整民。"疏:"民,谓氓庶,贵贱者皆是也。"民对天言之,自当为人。

23. 自我民明威(《皋陶谟》)

（1）《尚书正义》：又天之明德可畏,天威者,用我民言恶而叛之,因讨而伐之,成其明威。

（2）《书集传》：天之明畏非有好恶也,因民之好恶以为明畏。

（3）《尚书今古文注疏》：疏:民者,人也,统贵贱言之。《孝经》云:"民之行也。"《释文》云:"本作'人'。"《坊记》郑注云:"先民,谓上古之君也。"《春秋·左氏》成十三年《传》:"民受天地之中以生。"疏云:"民,谓人也。"庄廿三年《传》:"所以整民。"疏:"民,谓氓庶,贵贱者皆是也。"民对天言之,自当为人。

比较发现,《尚书正义》的训诂依然是以"天至上"为出发点,民只是辅助角色,最后的落脚点依然是成天之明威。在《书集传》看来,天与人同为一理,通达无阻,天理存于民心,所以民心即天命。人君当洞悉天民合一的道理,敬民安民,所以反复强调人君当敬畏民心,得民心者方能得天下。《尚书今古文注疏》训"民"为人,并旁征博引地加以说明。

在阐发天人一理、民心存天理的基础上,《书集传》又从天的视角界定统治集团的职责,将之提高为天职,是代天理事安民。如:

24. 惟时亮天功(《尧典》)

(1)《尚书正义》:惟是汝等敬事,则信实能立天下之功。天下之功成,主在於汝,可得不敬之哉?

(2)《书集传》:使之各敬其职,以相天事也。

(3)《尚书今古文注疏》:疏:《盛德篇》云"明堂,天法也",故去"亮天功"。

对于此条经文,《尚书正义》把"天功"训为天下之功,而《书集传》把"天功"训为天事。《尚书今古文注疏》以引用他人说法训诂。

25. 天工(《皋陶谟》)

(1)《尚书正义》:此官乃是天官,人其代天治之,不可以天之官而用非其人。

(2)《书集传》:天工,天之工也。人君代天理物,庶官所治,无非天事。苟一职之或旷,则天工废矣,可不深戒哉?

(3)《尚书今古文注疏》:注:史迁说为"非其人居其官,是谓乱天事"。疏:工,《汉书·律历志》引作"功",说云:"天兼地,人则天。"《后汉·刘元传》李淑曰:"夫三公上应台宿,九卿下括河海,故天工人其代之。"又《马岩传》岩上封事引此经,说之曰:"言王者代天官人也。"

比较发现,《尚书正义》训"天工"为"天官",仍然以天为训诂的出发点。《书集传》明确指出"天工,天之工也",并且提出了不才之人废其职而废天事,人君切不可用之的择人用人观点。《尚书今古文注疏》以史迁之说"非其人居其官,是谓乱天事"为注,这与《书集传》观点一致。

小　结

《尚书》"佶屈聱牙"，所幸历代学者潜心钻研、疏通经文，为后世洞悉《尚书》的真谛提供了路径。在训诂过程中，必然会带上学者的个人主观倾向，也必然会烙上时代的文化印迹。儒家经解的重要目的恰恰是对历史文献予以主观化整理，从而实现在历史叙事中维持前后一致的价值判断或者说历史观。因此，汉字训诂文化也是汉字文化重要的组成部分，通过考察今文《尚书》中代表性汉字及相关语句的训诂情况，可以捕捉到《尚书》训诂文化嬗变的一些轨迹。近代以前，唐孔颖达《尚书正义》、宋蔡沈《书集传》、清孙星衍《尚书今古文注疏》堪称《尚书》经解之作的经典，三者既各自独立，又互为补充，共同构建了《书》学研究宏大而完整的体系，在很大程度上代表了唐宋清三个时代《尚书》训诂文化的主要特征。本章在简要介绍唐孔颖达《尚书正义》、宋蔡沈《书集传》、清孙星衍《尚书今古文注疏》的基础上，从逐条梳理、细致比较《尚书正义》《书集传》《尚书今古文注疏》对今文《尚书·虞夏书》中"天""德""罚""民"及今文《尚书·商书》中"酒"字相关语句的训诂情况入手，经过深入地分析思考，在《尚书》训诂文化嬗变方面得出一些初步的判断。从唐到宋至清，对于《尚书》的训诂，主要发生了从天治到人治关注点的明显变化、对自然之法关注度逐渐降低的变化以及对民心民意关注度显著增强的变化。

结　语

　　文化是一个国家、一个民族的灵魂。文化兴国运兴,文化强民族强。我们必须坚定文化自信,"坚持百花齐放、百家争鸣,坚持创造性转化、创新性发展,激发全民族文化创造活力,更好构筑中国精神、中国价值、中国力量"①。1993 年,联合国曾在中国召开了主题为 21 世纪的挑战及教育改革的会议。来自 24 个国家的 80 多位专家讨论了一星期,分析了世界面临的挑战,他们提出世界第一位的挑战是德育问题。对于解决问题的办法,会议一致意见是:"到东方寻找答案,到中国寻找答案。"②中国是素有"礼仪之邦"之称的文明古国,有着高尚的道德传统。中华民族之所以能够千百年来屹立于世界的东方,正是源于包括思想、意识形态等的优秀传统文化的力量。《尚书》是至尊的儒家经典,承载着中华悠久的上古文明,保存了宝贵的历史经验教训,具有穿越时空的永恒不变的真理性。随着中华优秀传统文化的复兴,《书》学研究越来越受到重视,其当代价值日益彰显。当底蕴深厚的古典文献与当下的时代洪流相遇时,遂

①《中共中央关于坚持和完善中国特色社会主义制度、推进国家治理体系和治理能力现代化若干重大问题的决定》(2019 年 10 月 31 日中国共产党第十九届中央委员会第四次全体会议通过)。

② 吕型伟:《为了未来》,上海:上海教育出版社 2007 年版,第 77 页。

迸发出无限的勃勃生机,生动阐释了"历久弥新"的深刻含义。然而,《尚书》汉字文化研究尚处于刚刚起步的探索阶段,已有的研究成果零星而分散,虽然珍贵但明显缺乏系统性、规律性和方向性。学术界尤其是《书》学研究者,需要重视和关注对《尚书》汉字文化的研究。我们认为:

第一,《尚书》是蕴藏丰富汉字文化信息的上乘宝藏。《尚书》包含大量负载着华夏文化早期信息的汉字,涉及政治思想、政治制度、刑法制度等诸多方面。除了本研究已经探讨的代表字,在今文《尚书》中,还有所谓"最中国"的"和"字,27 见;蕴含"中庸"之妙的"中"字,41 见;与权力相关的"帝""王"字,分别 93 见、278 见;代表中华礼乐文化的"礼"字,11见;象征起始、希望的"元"字,20 见;表现"石崇拜"理性升华的"玉"字,13见等。只要精心构思,选好方向,确定切入口,静下心来坚持挖掘,定能有所发现与收获。这是探索汉字文化、弘扬传统文化一举两得的益事,也是让常被束之高阁的古典文献重新走进人们的生活,甚至能以一种新的姿态走向世界的尝试。可以在向世人展现汉字无限魅力的同时,也让儒学经典的现代意义熠熠生辉。

第二,《尚书》留下了中华民族早期对诸多核心文化元素的认识轨迹。《尚书》主要反映了人类轴心时代之前中华民族的文化形态。通过相关研究,可以拼接起我国早期汉字形义发展演变的历史过程,重新构建华夏诸多文化元素产生、发展、变化的体系。如"天",在远古时代尚未神化,很大程度上指"自然之天";夏商时代,人合于天,"神化之天"至上;至周代时,"天"已是个十分常用且重要的文化概念。在神权政治的施行上,周代从初期的守成走向中后期的创新变革,在敬天的同时,总结历史,对天进行了大胆的怀疑,提出了"以德配天"的思想,并且将民意与天意相连,神权政治由此发生了人性化的嬗变,天被伦理化。类似的这些内容是我国深厚传统文化底蕴的来源,应该得到应有的重视。

第三,《尚书》经典训诂是开展《尚书》汉字文化研究的瑰宝。通过历朝历代的《尚书》经典训诂,尤其是唐宋以来的《尚书》经典训诂,对《尚书》中负载丰富文化信息的汉字及相关语句的具体阐释,既可以看到某个时代对这些汉字的认知特征,又可以发现随着时代的更迭,人们对于这些汉字认知流变的文化规律。通过比较分析史上《尚书》经典训诂,可以更加深刻地把握《尚书》中有关汉字的文化信息,同时,也为《尚书》汉字文化研究开辟出一条新的蹊径。

第四,《尚书》汉字文化研究也应该具有宽广的国际视野。民族的就是世界的,《尚书》作为中华传统的元典,具有超越中华文明、超越时代的普适性,它不仅影响中国,也影响世界,不仅影响过去,也影响现在与未来。最近几年,随着国际《尚书》学会的成立和定期的学术活动,《尚书》研究已经扩展到美国和加拿大,研究著述也日渐丰厚。而且,汉字这种充满中华无限魅力的符号,早已在全球掀起了文化热潮,其国际地位与影响力毋庸置疑。因此,在跨文化语境下开展《尚书》汉字文化研究也是一条令人期待的探索之路。

本书致力于将《尚书》研究与汉字、文化研究结合起来,开辟了我国古典文献研究、汉字文化研究的新路径。作为一种有益的探索尝试,本研究在一定程度上推动了中华优秀传统文化的挖掘、继承、传播与弘扬,也为其他的相关研究提供了一种参考与借鉴。然而,作为一个崭新的研究领域,还需要相关研究者进一步深入、系统地开展这方面的研究。

中华民族的复兴需要传统文化的复兴,传统文化的复兴需要中华元典的回归。每逢时代变革激烈之时,中国历史上都会有一次"回归元典"的运动。这些代表着思想史、学术史重要节点的"元典回归",通过时代之诠释,一次又一次迸发出震惊世人的强大力量。古代典籍是中国优秀传统文化的重要载体,在古代典籍中,中华文化以语言文字的形式保存。语言文字较之实物来说,具有明显的概括性和间接性,因而也就具有了更强的时代穿越性。作为本国文化的重要组成部分,因不存在认知方面文化上的差异,古代典籍及其承载的文化信息本应该更容易被现代人们接受。然而,我们不得不承认和面对的是,汉语古今语言发展变化太大,那些远离大众的古老的文言文成为横亘在古代典籍与现代人们之间的巨大屏障。因此,中国古代典籍文化研究是时代所需,是中国优秀传统文化现代化的重要组成部分,是增强文化自信的必由之路。《尚书》——元典中的元典,是中华民族的历史记忆和文化基因,是远古自然规律和社会发展规律的历史总结,是世世代代道德教育的源泉,当代价值正日益彰显。《尚书》汉字文化研究提供了新的研究视角,拓展了新的研究领域,必将激活古典文本再生的新能量,强化《尚书》的文化张力。学术研究只有实现传统文化的当代转型,才能重构中华传统文化的形象与品格,使之既保持历史所赋予的亲和力,又融合时代所赋予的鲜活力。

主要参考文献

一、学术著作类（含专著、编著、译著）

（一）《尚书》类

［1］蔡沈. 书集传［M］. 钱宗武,钱忠弼,整理. 南京:凤凰出版社,2010.

［2］陈梦家. 尚书通论［M］. 北京:中华书局,1985.

［3］顾颉刚,刘起釪. 尚书校释译论［M］. 北京:中华书局,2010.

［4］黄度. 尚书说［M］. 上海:上海古籍出版社,1987.

［5］江灏,钱宗武. 今古文尚书全译［M］. 贵阳:贵州人民出版社,2009.

［6］姜建设. 政事纲纪《尚书》与中国文化［M］. 开封:河南大学出版社,2001.

［7］孔安国. 尚书正义［M］. 孔颖达,正义. 上海:上海古籍出版社,2007.

［8］刘振维. 论《今文尚书》中的天命观与政治哲学［M］. 台北:花木兰文化出版社,2010.

［9］钱宗武,杜纯梓. 尚书新笺与上古文明［M］. 北京:北京大学出版社,2004.

［10］屈万里. 尚书今注今译［M］. 上海:上海辞书出版社,2015.

［11］孙星衍. 尚书今古文注疏［M］. 陈抗,盛冬铃,点校. 北京:中华书局,1986.

［12］永瑢. 书经集传提要［M］. 北京:中华书局,1965.

［13］游唤民. 尚书思想研究［M］. 长沙:湖南教育出版社,2001.

［14］于省吾. 尚书新证［M］. 上海:上海书店出版社,1999.

［15］周秉钧. 尚书易解［M］. 上海:华东师范大学出版社,2010.

［16］周文德,戴伟.《尚书》数据库［M］. 成都:巴蜀书社,2003.

（二）其他

［1］白寿彝. 中国通史纲要［M］. 上海:上海人民出版社,1980.

[2] 班固.汉书[M].北京:中华书局,1962.

[3] 常玉芝.商代宗教祭祀[M].北京:中国社会科学出版社,2010.

[4] 陈来.古代宗教与伦理:儒家思想的根源[M].北京:生活·读书·新知三联书店,1996.

[5] 陈寅恪,邓方铭.《宋史·职官志》考证[M].上海:上海古籍出版社,1982.

[6] 窦苹.酒谱[M].北京:中华书局,2010.

[7] 杜预.春秋左传正义[M].孔颖达,疏.北京:中华书局,1980.

[8] 段玉裁.说文解字注[M].上海:上海古籍出版社,1981.

[9] 方铭.中国上古德治思想的起源[M]//赵逵夫.先秦文学与文化.上海:上海远东出版社,2014.

[10] 房玄龄,等.晋书[M].北京:中华书局,1974.

[11] 冯达文,郭齐勇.新编中国哲学史[M].北京:人民出版社,2004.

[12] 顾炎武.日知录集释[M].黄汝成,集释.上海:上海古籍出版社,2006.

[13] 郭沫若.郭沫若全集[M].北京:人民出版社,1982.

[14] 汉斯-格奥尔格·加达默尔.哲学解释学[M].夏镇平,宋建平,译.上海:上海译文出版社,2004.

[15] 何宁.淮南子集释[M].北京:中华书局,1998.

[16] 何乔新.椒邱文集[M].上海:上海古籍出版社,1987.

[17] 黄怀信.大戴礼记汇校集注[M].西安:三秦出版社,2005.

[18] 黄震.黄氏日抄[M].上海:上海古籍出版社,1987.

[19] 焦循.孟子正义[M].北京:中华书局,1987.

[20] 卡尔·雅斯贝斯.历史的起源与目标[M].魏楚雄,俞新天,译.北京:华夏出版社,1989.

[21] 孔子.论语全书[M].思履,译注.北京:中国华侨出版社,2017.

[22] 李鼎祚.周易集解[M].成都:巴蜀书社,2004.

[23] 李零.郭店楚简校读记[M].北京:北京大学出版社,2002.

[24] 李学勤.字源[M].天津:天津古籍出版社,2013.

[25] 梁启超.先秦政治思想史[M].天津:天津古籍出版社,2004.

[26] 梁启超.中国近三百年学术史[M].上海:上海三联书店,2006.

[27] 刘起釪.古史续辨[M].北京:中国社会科学出版社,1991.

[28] 刘泽华.先秦政治思想史[M].天津:南开大学出版社,1984.

[29] 刘泽华.中国政治思想史集[M].北京:人民出版社,2008.

[30] 刘钊,等.新甲骨文编[M].福州:福建人民出版社,2009.

[31] 刘知几.史通[M].长春:时代文艺出版社,2008.

[32] 柳诒徵.中国文化史[M].上海:东方出版中心,1988.

[33] 罗振玉.增订殷虚书契考释[M].东京:东方学会,1927.

[34] 米歇尔·福柯. 规训与惩罚[M]. 刘北成,杨远婴,译. 北京:生活·读书·新知三联书店,2012.

[35] 邱濬. 大学衍义补[M]. 北京:京华出版社,1999.

[36] 瞿同祖. 中国法律与中国社会[M]. 北京:中华书局,2003.

[37] 阮元. 清经解[M]. 上海:上海书店出版社,1988.

[38] 阮元. 十三经注疏[M]. 北京:中华书局,1980.

[39] 司马迁. 史记[M]. 北京:中华书局,1959.

[40] 苏轼. 东坡书传[M]. 北京:中华书局,1991.

[41] 太田辰夫. 汉语史通考[M]. 江蓝生,白维国,译. 重庆:重庆出版社,1991.

[42] 唐君毅. 中国古代哲学精神[M]//唐君毅全集. 北京:九州出版社,2016.

[43] 王国维. 古史新证——王国维最后的讲义[M]. 北京:清华大学出版社,1994.

[44] 王国维. 殷周制度论[M]//观堂集林. 北京:中华书局,1959.

[45] 王先慎. 韩非子集解[M]. 北京:中华书局,1998.

[46] 魏收. 魏书[M]. 北京:中华书局,1974.

[47] 吴怀祺,林晓平. 中国史学思想通史:总论·先秦卷[M]. 合肥:黄山书社,2005.

[48] 肖永清. 中国法制史简编[M]. 太原:山西人民出版社,1981.

[49] 徐复观. 中国人性论史[M]. 上海:上海三联书店,2001.

[50] 徐元诰. 国语集解[M]. 北京:中华书局,2002.

[51] 徐中舒. 甲骨文字典[M]. 成都:四川辞书出版社,2014.

[52] 许慎. 说文解字[M]. 北京:中华书局,2013.

[53] 许慎. 说文解字注[M]. 段玉裁,注. 南京:凤凰出版社,2007.

[54] 许慎. 说文解字校订本[M]. 班吉庆,王剑,王华宝,点校. 南京:凤凰出版社,2004.

[55] 许维遹. 吕氏春秋集释[M]. 北京:中华书局,2009.

[56] 杨朝明,宋立林. 孔子家语通解[M]. 济南:齐鲁书社,2009.

[57] 杨东莼. 中国学术史讲话[M]. 南京:江苏教育出版社,2005.

[58] 杨鸿烈. 中国法律思想史[M]. 北京:商务印书馆,1937.

[59] 杨明照. 抱朴子外篇校笺[M]. 北京:中华书局,1991.

[60] 杨天宇. 礼记译注[M]. 上海:上海古籍出版社,1997.

[61] 于省吾. 甲骨文字诂林[M]. 北京:中华书局,1996.

[62] 余继登. 典故纪闻[M]. 北京:中华书局,1981.

[63] 张潮. 懒园觞政[M]. 上海:上海古籍出版社,1990.

[64] 张岱年. 中国古典哲学概念范畴要论[M]. 北京:中国社会科学出版社,1989.

［65］张玉书,等.康熙字典［M］.上海：汉语大词典出版社,2002.

［66］郑玄.礼记正义［M］.孔颖达,疏.北京：中华书局,1980.

［67］周法高.金文诂林［M］.香港：香港中文大学,1974.

［68］朱熹.晦庵集［M］.上海：上海古籍出版社,1987.

［69］庄绰.鸡肋编［M］.北京：中华书局,1983.

［70］HERRLEE G C. The Origins of Statecraft in China［M］. Chicago：Universty of Chicago Press,1970.

二、学术论文类

（一）报刊论文

［1］晁福林.先秦时期"德"观念的起源及其发展［J］.中国社会科学,2005(4).

［2］陈梦家.商代的神话与巫术［J］.燕京学报,1936(20).

［3］陈抗生."明德慎罚"刍说［J］.法学研究资料,1982(6).

［4］樊鸣.论"明德慎罚"及其对后世的影响［J］.法制与社会,2007(4).

［5］韩星.由明德慎罚到德主刑辅——西周明德慎罚思想及其历史影响［J］.观察与思考,2015(9).

［6］何发甦.《尚书·西伯戡黎》"我生不有命在天"说辨析［J］.史学史研究,2008(2).

［7］黄德宽.多层次展现汉字文化的独特魅力［J］.郑州大学学报(哲学社会科学版),2005(5).

［8］黄开国."绝地天通"的文化意义［J］.湖南大学学报(社会科学版),2019(6).

［9］焦桂美.《尚书今古文注疏》的诠释动因、体例与方法［J］.孔子研究,2013(1).

［10］金荣权.中华民族尚德精神与中国古典神话［J］.江西社会科学,2007(9).

［11］冷必元.西周"慎罚"思想疑思与解惑［J］.政治与法律,2011(10).

［12］李德嘉."德主刑辅"说的学说史考察［J］.政法论丛,2018(2).

［13］梁凤荣.从《酒诰》看周公的执政思维特点［J］.河南大学学报(社会科学版),2007(4).

［14］廖名春."慎独"本义新证［J］.学术月刊,2004(8).

［15］林国敬.天民 民命 民主——论〈尚书〉民本思想的逻辑建构［J］.海南大学学报(人文社会科学版),2017(5).

［16］林明,徐艳云.《周易》古经"明德慎罚"观辨析［J］.周易研究,2007(6).

［17］刘光胜,李亚光.清华简《耆夜》与周公酒政的思想意蕴［J］.社会科学战线,2011(12).

［18］刘挺生. 从测天到治人——〈尚书〉与中国古代治安思想探源［J］. 华东师范大学学报（哲学社会科学版）,1999(1).

［19］刘信芳. 包山楚简近似之字辨析［J］. 考古与文物,1996(2).

［20］罗庆云.《尚书》"天棐忱"等疑难词句训解［J］. 武汉大学学报（人文科学版）,2010(2).

［21］罗移山. 从《周易》卦爻辞看周王朝"敬德保民"政治路线的具体蕴涵［J］. 河南师范大学学报（哲学社会科学版）,2001(2).

［22］聂培德. 从《尚书》看周代思想中的天与王朝更迭［J］. 齐畅,译. 求是学刊,2009(2).

［23］钱宗武.《书》学大道　必兴中华［N］. 光明日报,2016—5—23(16).

［24］阮明套. 从《酒诰》看周代的饮酒礼——兼论殷周礼制的损益［J］. 古代文明,2011(3).

［25］孙熙国,肖雁. 论《尚书》"德"范畴的形上义蕴——兼论中国哲学认识和把握世界的三个基本环节［J］. 哲学研究,2006(12).

［26］王保国. 殷商时期重民保民思想刍议［J］. 史学月刊,2002(7).

［27］王灿.《尚书》中的天人关系新探［J］. 青海师范大学学报（哲学社会科学版）,2009(6).

［28］王宏林. "明德慎罚"辨［J］. 法学研究,1989(6).

［29］王健. 论西周王朝政治意识中的合法性理念——以今文《尚书》为中心［J］. 江海学刊,2003(6).

［30］王杰. 春秋时期人文思潮思想述评［J］. 山东社会科学,2000(5).

［31］王连龙. 近二十年来《尚书》研究综述［J］. 吉林师范大学学报（人文社会科学版）,2003(5).

［32］王友富.《尚书》民本思想解析［J］. 青海社会科学,2009(5).

［33］王定璋. 从敬天保民到敬德保民——《尚书》中神权政治的嬗变［J］. 天府新论,1999(6).

［34］薛其晖.《尚书·尧典》法律思想辨析——试论中国法律的起源［J］. 学术月刊,1984(8).

［35］严正. 王道理想与圣贤意识［J］. 河南社会科学,2008(5).

［36］余达淮,张永博.《尚书》伦理思想探析［J］. 伦理学研究,2012(1).

［37］张碧波. 中华早期文明的文化人类学考察——读〈尚书·尧典〉［J］. 学习与探索,2005(1).

［38］张富祥. 从王官文化到儒家学说——关于儒家起源问题的推索和思考［J］. 孔子研究,1997(1).

［39］张晋藩. 论中国古代的德法共治［J］. 中国法学,2018(2).

［40］张静. 先秦酒与祭祀［J］. 理论观察,2016(10).

［41］章琼.二十世纪汉字文化研究评述［J］.语言教学与研究,2002(2).

［42］周苇风.《周易·噬嗑》卦与周公禁酒关系考论［J］.古籍整理研究学刊,2012(2).

［43］朱腾.儒家经解与儒家历史观的圆融——以〈尚书正义〉、〈毛诗正义〉及春秋三传为中心［J］.史学月刊,2013(12).

［44］朱晓红.礼与刑:《尚书》的法思想解读［J］.西北大学学报,2009(3).

［45］竺可桢.中国古代在天文学上的伟大贡献［J］.科学通报,1951(3).

（二）学位论文

［1］陈丹丹.系统功能语言学视角下的《尚书》传译研究［D］.扬州:扬州大学博士学位论文,2018.

［2］陈良中.朱子《尚书》学研究［D］.上海:华东师范大学博士学位论文,2007.

［3］葛厚伟.基于语料库的《尚书》译者风格研究［D］.扬州:扬州大学博士学位论文,2019.

［4］何发苏.孔子与《尚书》［D］.北京:北京师范大学博士学位论文,2008.

［5］黄杰.尚书之《康诰》《酒诰》《梓材》新解［D］.武汉:武汉大学博士学位论文,2017.

［6］邵妍.《尚书孔传》训诂研究［D］.济南:山东大学博士学位论文,2016.

［7］王颖.基于字料库的《尚书》文字研究［D］.北京:北京师范大学博士学位论文,2012.

［8］王媛.《今文尚书》文本结构研究［D］.北京:首都师范大学博士学位论文,2008.

［9］吴新勇.《尚书·无逸》探赜［D］.郑州:郑州大学博士学位论文,2012.

［10］臧克和.《尚书》文字校诂［D］.上海:华东师范大学博士学位论文,1999.

［11］朱岩.《尚书》文体研究［D］.扬州:扬州大学博士学位论文,2008.

附　录

附录一：今文《尚书》中"天"字出现情况一览表

序号	篇类	篇目	所在语句
1	《虞夏书》	《尧典》	钦若昊天
2			象恭滔天
3			浩浩滔天
4			四罪而天下咸服
5			惟时亮天功
6		《皋陶谟》	天工
7			天叙有典
8			天秩有礼
9			天命有德
10			天讨有罪
11			天聪明
12			天明畏
13			洪水滔天

序号	篇类	篇目	所在语句
14	《虞夏书》	《皋陶谟》	天其申命用休
15			光天之下
16			敕天之命
17		《甘誓》	天用剿绝其命
18			今予惟恭行天之罚
19	《商书》	《汤誓》	天命殛之
20			致天之罚
21		《盘庚》	恪谨天命
22			罔知天之断命
23			天其永我命于兹新邑
24			以不浮于天时
25			予迓续乃命于天
26		《高宗肜日》	惟天监下民
27			非天夭民
28			天既孚命正厥德
29			罔非天胤
30		《西伯戡黎》	天子
31			天既讫我殷命
32			故天弃我
33			不虞天性
34			天曷不降威？
35			我生不有命在天？
36			乃能责命于天？
37		《微子》	天毒降灾荒殷邦
38	《周书》	《牧誓》	今予发惟恭行天之罚
39		《洪范》	惟天阴骘下民

序号	篇类	篇目	所在语句
40	《周书》	《洪范》	天乃锡禹洪范九畴
41			以近天子之光
42			天子作民父母
43			以为天下王
44		《金縢》	若尔三王是有丕子之责于天
45			无坠天之降宝命
46			天大雷电以风
47			今天动威以彰周公之德
48			天乃雨
49		《大诰》	天降割于我家
50			矧曰其有能格知天命？
51			予不敢闭于天降威
52			绍天明
53			天降威
54			予造天役
55			天休于宁王
56			今天其相民
57			天明畏
58			天閟毖我成功所
59			天棐忱辞
60			天亦惟用勤毖我民
61			亦惟十人迪知上帝命越天棐忱
62			矧今天降戾于周邦？
63			尔亦不知天命不易？
64			天惟丧殷
65			天亦惟休于前宁人

序号	篇类	篇目	所在语句
66		《大诰》	天命不僭
67			天乃大命文王
68			宏于天
69			天畏棐忱
70		《康诰》	亦惟助王宅天命
71			于弟弗念天显
72			天惟与我民彝大泯乱
73			爽惟天其罚殛我
74			矧曰其尚显闻于天
75			惟天降命
76			天降威
77			兹亦惟天若元德
78	《周书》	《酒诰》	在昔殷先哲王迪畏天显小民
79			登闻于天
80			故天降丧于殷
81			天非虐
82		《梓材》	皇天既付中国民越厥疆土于先王
83			皇天上帝改厥元子
84			天既遐终大邦殷之命
85			兹殷多先哲王在天
86			以哀吁天
87		《召诰》	天亦哀于四方民
88			天迪从子保
89			面稽天若
90			天迪格保
91			面稽天若

序号	篇类	篇目	所在语句
92			矧曰其有能稽谋自天？
93			其自时配皇天
94			有夏服天命
95			有殷受天命
96		《召诰》	今天其命哲
97			祈天永命
98			小民乃惟刑用于天下
99			其曰我受天命
100			欲王以小民受天永命
101			用供王能祈天永命
102			王如弗敢及天基命定命
103	《周书》	《洛诰》	公不敢不敬天之休
104			公其以予万亿年敬天之休
105			奉答天命
106			弗吊旻天
107			将天明威
108			惟天不畀允罔固乱
109			惟天明畏
110			惟时天罔念闻
111		《多士》	亦惟天丕建保乂有殷
112			罔不配天其泽
113			诞罔显于天
114			罔顾于天显民祗
115			惟天不畀不明厥德
116			予亦念天
117			时惟天命

序号	篇类	篇目	所在语句
118			肆予敢求尔于天邑商
119			时惟天命
120		《多士》	我乃明致天罚
121			天惟畀矜尔
122			予亦致天之罚于尔躬
123		《无逸》	天命自度
124			非天攸若
125			弗吊天降丧于殷
126			若天棐忱
127			弗永远念天威越我民
128			不知天命不易
129			天难谌
130	《周书》		天不可信
131			天不庸释于文王受命
132			格于皇天
133		《君奭》	故殷礼陟配天
134			天惟纯佑命
135			天寿平格
136			天灭威
137			迪知天威
138			后暨武王诞将天威
139			肆念我天威
140			天休兹至
141			予惟用闵于天越民
142		《多方》	洪惟图天之命
143			天惟时求民主

序号	篇类	篇目	所在语句
144	《周书》	《多方》	惟天不畀纯
145			弗克以尔多方享天之命
146			非天庸释有夏
147			非天庸释有殷
148			图天之命屑有辞
149			天降时丧
150			天惟降时丧
151			天惟五年须暇之子孙
152			天惟求尔多方
153			开厥顾天
154			惟典神天
155			天惟式教我用休
156			尔曷不夹介乂我周王享天之命？
157			尔曷不惠王熙天之命？
158			尔乃不大宅天命
159			尔乃屑播天命
160			天惟畀矜尔
161			则惟尔多方探天之威
162			我则致天之罚
163		《立政》	告嗣天子王矣
164			方行天下
165		《顾命》	敬迓天威
166			今天降疾
167			天球
168			燮和天下
169			其能而乱四方以敬忌天威

序号	篇类	篇目	所在语句
170	《周书》	《顾命》	敢敬告天子
171			皇天改大邦殷之命
172			用昭明于天下
173			皇天用训厥道
174		《吕刑》	绝地天通
175			惟克天德
176			非尔惟作天牧？
177			天齐于民
178			尔尚敬逆天命
179			具严天威
180			今天相民
181			非天不中
182			天罚不极
183			庶民罔有令政在于天下
184		《文侯之命》	造天丕愆

附录二：今文《尚书》中"德"字出现情况一览表

序号	篇类	篇目	所在语句
1	《虞夏书》	《尧典》	克明俊德
2			否德忝帝位
3			舜让于德
4			惇德允元
5		《皋陶谟》	允迪厥德
6			亦行有九德
7			其人有德
8			日宣三德

序号	篇类	篇目	所在语句
9	《虞夏书》	《皋陶谟》	日严祗敬六德
10			九德咸事
11			天命有德
12			迪朕德
13			群后德让
14		《禹贡》	祗台德先
15	《商书》	《汤誓》	夏德若兹
16		《盘庚》	非予自荒兹德
17			惟汝含德
18			施实德于民
19			丕乃敢大言汝有积德
20			予亦不敢动用非德
21			用德彰厥善
22			故有爽德
23			德嘉绩于朕邦
24			肆上帝将复我高祖之德
25			式敷民德
26		《高宗肜日》	民有不若德
27			天既孚命正厥德
28		《微子》	用乱败厥德于下
29	《周书》	《洪范》	次六曰乂用三德
30			人无有比德
31			予攸好德
32			于其无好德
33			三德
34			四曰攸好德

序号	篇类	篇目	所在语句
35	《周书》	《金縢》	今天动威以彰周公之德
36		《康诰》	克明德慎罚
37			绍闻衣德言
38			若德裕乃身
39			朕心朕德
40			乃非德用乂
41			我时其惟殷先哲王德
42			告汝德之说于罚之行
43			丕则敏德
44			顾乃德
45		《酒诰》	我民用大乱丧德
46			德将无醉
47			越小大德
48			作稽中德
49			兹亦惟天若元德
50			经德秉哲
51			惟助成王德显越
52			弗惟德馨香祀
53		《梓材》	先王既勤用明德
54			亦既用明德
55			肆王惟德用
56		《召诰》	王其疾敬德
57			曰其稽我古人之德
58			所不可不敬德
59			惟不敬厥德
60			惟不敬厥德

序号	篇类	篇目	所在语句
61	《周书》	《召诰》	肆惟王其疾敬德？
62			王其德之用
63			其惟王位在德元
64			保受王威命明德
65		《洛诰》	公称丕显德
66			惟公德明光于上下
67			乃单文祖德
68			万年厌于乃德
69			其永观朕子怀德
70		《多士》	罔不明德恤祀
71			惟天不畀不明厥德
72			非我一人奉德不康宁
73			予一人惟听用德
74		《无逸》	酗于酒德哉
75			则皇自敬德
76		《君奭》	恭明德
77			我道惟宁王德延
78			罔不秉德明恤
79			惟兹惟德称
80			在昔上帝割申劝宁王之德
81			文王蔑德降于国人
82			亦惟纯佑秉德
83			丕单称德
84			耇造德不降我则
85			惟文王德丕承
86			其汝克敬德

序号	篇类	篇目	所在语句
87	《周书》	《君奭》	惟乃知民德亦罔不能厥初
88		《多方》	罔不明德慎罚
89			克堪用德
90			非我有周秉德不康宁
91			尔尚不忌于凶德
92		《立政》	知忱恂于九德之行
93			用丕训德
94			桀德
95			是惟暴德
96			用丕式见德
97			其在受德
98			昏惟羞刑暴德之人
99			乃惟庶习逸德之人
100			以克俊有德
101			不敢替厥义德
102			率惟谋从容德
103			我则末惟成德之彦
104			不训于德
105		《顾命》	德答拜
106		《吕刑》	罔有馨香德
107			德威惟畏
108			德明惟明
109			以教祗德
110			罔不惟德之勤
111			惟克天德
112			以成三德

序号	篇类	篇目	所在语句
113	《周书》	《吕刑》	有德惟刑
114			非德？
115		《文侯之命》	克慎明德
116			用成尔显德

附录三：今文《尚书》中"罚"字出现情况一览表

序号	篇类	篇目	所在语句
1	《虞夏书》	《甘誓》	今予惟恭行天之罚
2	《商书》	《汤誓》	致天之罚
3		《盘庚》	予敢动用非罚？
4			惟予一人有佚罚
5			罚及尔身
6			非汝有咎比于罚
7			自上其罚汝
8	《周书》	《牧誓》	今予发惟恭行天之罚
9		《康诰》	克明德慎罚
10			敬明乃罚
11			兹殷罚有伦
12			汝陈时臬事罚
13			乃其速由文王作罚
14			告汝德之说于罚之行
15			爽惟天其罚殛我
16		《多士》	致王罚
17			降致罚
18			罔非有辞于罚

序号	篇类	篇目	所在语句
19		《多士》	我乃明致天罚
20			予亦致天之罚于尔躬
21		《无逸》	乱罚无罪
22			乃大降罚
23		《多方》	罔不明德慎罚
24			我乃其大罚殛之
25			我则致天之罚
26		《立政》	帝钦罚之
27			以列用中罚
28		《顾命》	惟新陟王毕协赏罚
29	《周书》		苗民无辞于罚
30			正于五罚
31			五罚不服
32			五罚之疑有赦
33			其罚百锾
34			其罚惟倍
35			其罚倍差
36		《吕刑》	其罚六百锾
37			其罚千锾
38			墨罚之属千
39			劓罚之属千
40			剕罚之属五百
41			宫罚之属三百
42			大辟之罚其属二百
43			轻重诸罚有权
44			刑罚世轻世重

序号	篇类	篇目	所在语句
45	《周书》	《吕刑》	罚惩非死
46			其刑其罚
47			永畏惟罚
48			天罚不极

附录四：今文《尚书》中"民"字出现情况一览表

序号	篇类	篇目	所在语句
1	《虞夏书》	《尧典》	黎民于变时雍
2			厥民析
3			厥民因
4			厥民夷
5			厥民隩
6			下民其咨
7			黎民阻饥
8		《皋陶谟》	在安民
9			安民则惠
10			黎民怀之
11			自我民聪明
12			自我民明威
13			下民昏垫
14			烝民乃粒
15			予欲左右有民
16		《盘庚》	民不适有居
17			重我民
18			盘庚敩于民

序号	篇类	篇目	所在语句
19	《商书》	《盘庚》	民用丕变
20			施实德于民
21			乃既先恶于民
22			相时憸民
23			惟涉河以民迁
24			乃话民之弗率
25			盘庚乃登进厥民
26			罔不惟民之承保
27			视民利用迁
28			曷虐朕民
29			汝万民乃不生生
30			汝共作我畜民
31			今我民用荡析离居
32			尔谓朕曷震动万民以迁？
33			恭承民命
34			式敷民德
35		《高宗肜日》	惟天监下民
36			非天夭民
37			民中绝命
38			民有不若德
39			王司敬民
40		《西伯戡黎》	今我民罔弗欲丧
41		《微子》	小民方兴
42			今殷民乃攘窃神祇之牺牷牲用以容
43			降监殷民
44	《周书》	《洪范》	惟天阴骘下民

序号	篇类	篇目	所在语句
45	《周书》	《洪范》	用敷锡厥庶民
46			惟时厥庶民于汝极
47			凡厥庶民
48			凡厥庶民
49			凡厥庶民
50			天子作民父母
51			民用僭忒
52			庶民从
53			庶民逆
54			庶民逆
55			庶民从
56			庶民逆
57			俊民用章
58			俊民用微
59			庶民惟星
60		《金縢》	四方之民罔不祗畏
61		《大诰》	迪民康
62			民不康
63			民献有十夫予翼
64			民不静
65			今天其相民
66			其考我民
67			天亦惟用勤毖我民
68			民养其劝弗救
69		《康诰》	四方民大和会
70			播民和见

序号	篇类	篇目	所在语句
71	《周书》	《康诰》	显民
72			诞受厥命越厥邦厥民
73			今民将在祗遹乃文考
74			往敷求于殷先哲王用保乂民
75			别求闻由古先哲王用康保民
76			民情大可见
77			乃其乂民
78			乃服惟弘王应保殷民
79			作新民
80			惟民其勅懋和
81			惟民其毕弃咎
82			惟民其康乂
83			凡民自得罪
84			天惟与我民彝大泯乱
85			乃别播敷造民
86			乃由裕民
87			乃裕民曰
88			爽惟民迪吉康
89			用康乂民作求
90			矧今民罔迪
91			今惟民不静
92			民宁
93			用康乂民
94			汝乃以殷民世享
95		《酒诰》	肇我民
96			我民用大乱丧德

序号	篇类	篇目	所在语句
97	《周书》	《酒诰》	惟曰我民迪小子惟土物爱
98			在昔殷先哲王迪畏天显小民
99			罔显于民祗
100			民罔不衋伤心
101			诞惟民怨
102			惟民自速辜
103			当于民监
104			勿辩乃司民湎于酒
105		《梓材》	以厥庶民暨厥臣达大家
106			厥乱为民
107			皇天既付中国民越厥疆土于先王
108			和怿先后迷民
109			惟王子子孙孙永保民
110		《召诰》	越厥后王后民
111			天亦哀于四方民
112			相古先民有夏
113			其丕能諴于小民
114			用顾畏于民碞
115			王厥有成命治民
116			其惟王勿以小民淫用非彝
117			亦敢殄戮用乂民
118			小民乃惟刑用于天下
119			欲王以小民受天永命
120			予小臣敢以王之雠民百君子越友民
121			予小臣敢以王之雠民百君子越友民
122		《洛诰》	其基作民明辟

序号	篇类	篇目	所在语句
123	《周书》	《多士》	凡民惟曰不享
124			朕教汝于棐民彝
125			彼裕我民
126			和恒四方民
127			诞保文武受民
128			承保乃文祖受命民
129			其大惇典殷献民
130		《无逸》	惟我下民秉为
131			俊民甸四方
132			罔顾于天显民祗
133			予大降尔四国民命
134			治民祗惧
135			能保惠于庶民
136			怀保小民
137			用咸和万民
138		《君奭》	以万民惟正之供
139			乃非民攸训
140			民无或胥𫍙张为幻
141			民否则厥心违怨
142			弗永远念天威越我民
143		《多方》	作汝民极
144			明我俊民
145			予惟用闵于天越民
146			惟乃知民德亦罔不能厥初
147			告尔四国多方惟尔殷侯尹民
148			不肯戚言于民

续表

序号	篇类	篇目	所在语句
149	《周书》	《多方》	不克开于民之丽
150			洪舒于民
151			亦惟有夏之民叨懫日钦
152			天惟时求民主
153			乃惟以尔多方之义民不克永于多享
154			惟夏之恭多士大不克明保享于民
155			乃胥惟虐于民
156			代夏作民主
157			厥民刑
158			诞作民主
159			我惟大降尔四国民命
160			凡民惟曰不享
161		《立政》	兹乃三宅无义民
162			立民长伯
163			相我受民
164			以乂我受民
165		《吕刑》	延及于平民
166			苗民弗用灵
167			民兴胥渐
168			上帝监民
169			遏绝苗民
170			皇帝清问下民鳏寡有辞于苗
171			恤功于民
172			折民惟刑
173			惟殷于民
174			率乂于民棐彝

序号	篇类	篇目	所在语句
175	《周书》	《吕刑》	惟时苗民匪察于狱之丽
176			苗民无辞于罚
177			天齐于民
178			兆民赖之
179			今天相民
180			民之乱
181			庶民罔有令政在于天下
182			于民之中
183		《文侯之命》	珍资泽于下民
184			惠康小民
185		《秦誓》	民讫自若
186			以保我子孙黎民
187			以不能保我子孙黎民

附录五：今文《尚书》中"酒"字出现情况一览表

序号	篇类	篇目	所在语句
1	《商书》	《微子》	我用沈酗于酒
2			方兴沈酗于酒
3	《周书》	《酒诰》	酒诰
4			祀兹酒
5			亦罔非酒惟行
6			亦罔非酒惟辜
7			无彝酒
8			致用酒
9			不腆于酒

序号	篇类	篇目	所在语句
10	《周书》	《酒诰》	罔敢湎于酒
11			惟荒腆于酒
12			庶群自酒
13			矧汝刚制于酒
14			乃湎于酒
15			勿辩乃司民湎于酒
16		《无逸》	酗于酒德哉

附录六：今文《尚书》中"天""德""罚""民""酒"字经典训诂 示例一览表

一、今文《尚书·虞夏书》中"天"字经典训诂一览表

序号	篇类	篇目	所在语句	唐孔颖达《尚书正义》	宋蔡沈《书集传》	清孙星衍《尚书今古文注疏》
1	《虞夏书》	《尧典》	钦若昊天	【疏】敬顺昊天之命	昊，广大之意。	注：今文欧阳说，春日昊天，夏日苍天，秋日旻天，冬日上天，总日皇天。古文说，天有五号，各用所宜称之。尊而君之则称皇天，元气广大则称昊天，仁覆闵下则称旻天，自上监下则称上天，据远视之苍苍然，则称苍天。疏：许氏谨案："尚书'尧命羲、和，钦若昊天'，总勒四时，知昊天不独春。"郑氏云："春气博施，故以广大言之。浩浩昊天，求之博施。尚书所云者，论其义也。则'尧命羲、和，钦若昊天'，无可怪耳。"亦见诗疏引。案：乐雅释天云："春为苍天，夏为昊天，秋为旻天，冬为上天。"今文及许、郑，春夏互易。说文："昦，春为昦天，元气昦昦。""旻，虞书曰：'仁闵覆下，则称旻天。'"盖用古文说也。昊天既为春天之名，此举春以统四时耳。

序号	篇类	篇目	所在语句	唐孔颖达《尚书正义》	宋蔡沈《书集传》	清孙星衍《尚书今古文注疏》
2	《虞夏书》	《尧典》	象恭滔天	【疏】貌象恭敬,而心傲很若漫天。	"滔天"二字未详,与下文相似,疑有舛误。	疏:诗荡云:"天降滔德。"传云:"天,君。滔,慢也。"盖谓其貌似恭敬,而慢其天性。天者,高诱注淮南云:"性也。"谓慢天所付五常之性。
3	《虞夏书》	《尧典》	浩浩滔天	【疏】浩浩盛大,势若漫天。	浩浩,大貌,滔漫也,极言其大势若漫天也。	注:史公作"汤汤洪水滔天,浩浩怀山襄陵"。
4	《虞夏书》	《尧典》	四罪而天下咸服	【疏】行此四罪,各得其实,而天下皆服从之。	圣人以天下之怒为怒,故天下咸服之。	/
5	《虞夏书》	《尧典》	惟时亮天功	【疏】惟是汝等敬事,则信实能立天下之功。天之功成,主在於汝,可得不敬之哉?	使之各敬其职,以相天事也	疏:《盛德篇》云"明堂,天法也",故去"亮天功"。
6	《虞夏书》	《皋陶谟》	天工	【疏】此官乃是天官,人其代天治之,不可以天之官而用非其人。	天工,天之工也。人君代天理物,庶官所治,无非天事。苟一职之或旷,则天工废矣,可不深戒哉?	注:史迁说为"非其人居其官,是谓乱天事"。注:工,《汉书·律历志》引作"功",说云:"天兼地,人则天。"《后汉·刘元传》李淑曰:"夫三公上应台宿,九卿下括河海,故天工人其代之。"又《马岩传》岩上封事引此经,说之曰:"言王者代天官人也。"
7	《虞夏书》	《皋陶谟》	天叙有典	【疏】天次序人伦,使有常性	典礼虽天所叙秩,然正之使叙伦而益厚,用之使品秩而有常,则在我而已。	/
8	《虞夏书》	《皋陶谟》	天秩有礼	【疏】天又次叙爵命,使有礼法		/

序号	篇类	篇目	所在语句	唐孔颖达《尚书正义》	宋蔡沈《书集传》	清孙星衍《尚书今古文注疏》
9	《虞夏书》	《皋陶谟》	天命有德	【疏】天又命用有九德,使之居官。	言天命有德之人	/
10	《虞夏书》	《皋陶谟》	天讨有罪	【疏】天又讨治有罪,使之绝恶。	天讨有罪之人	/
11	《虞夏书》	《皋陶谟》	天聪明	【疏】以天之聪明视听,观人有德	天之聪明非有视听也	疏:《孟子·万章篇》引《泰誓》曰"天视,自我民视;天听,自我民听",是也。
12	《虞夏书》	《皋陶谟》	天明畏	【疏】又天之明德可畏,天威者	天之明畏非有好恶也	/
13	《虞夏书》	《皋陶谟》	洪水滔天	【疏】往者洪水漫天	禹言往者洪水泛溢,上漫于天	疏:以洪水漫天
14	《虞夏书》	《皋陶谟》	天其申命用休	【疏】以明受之布施於天,其重命帝用美道也。	天岂不重命而用休美乎?	注:郑康成曰:"天将重命汝以美应,谓符瑞也。"
15	《虞夏书》	《皋陶谟》	光天之下	【疏】又言当择人充满大天之下	使帝德光辉达于天下	/
16	《虞夏书》	《皋陶谟》	敕天之命	【疏】人君奉正天命以临下民	盖天命无常,理乱安危相为倚伏	疏:谓荐禹于天而告之。
17	《虞夏书》	《甘誓》	天用剿绝其命	【疏】上天用失道之故,今欲截绝其命。天既如此,故我今惟奉行天之威罚,不敢违天也。我既奉天,汝当奉我。	获罪于天。天用剿绝其命,今我伐之,惟敬行天之罚而已	注:墨翟书作:"……'……予共行天之罚也。'"疏:言谨行天罚。
18	《虞夏书》	《甘誓》	今予惟恭行天之罚			

二、今文《尚书·虞夏书》中"德"字经典训诂一览表

序号	篇类	篇目	所在语句	唐孔颖达《尚书正义》	宋蔡沈《书集传》	清孙星衍《尚书今古文注疏》
1	《虞夏书》	《尧典》	克明俊德	【疏】言尧之为君也，能尊明俊德之士，使之助己施化。	尧之大德，上文所称是也。	注：郑康成曰："俊德，贤才兼人者。"疏：言尧自明其德，以训九族。
2	《虞夏书》	《尧典》	否德忝帝位	【疏】我等四岳皆不有用之德，若使顺行帝事，即辱於帝位。	否，不通。忝，辱也。	疏：《论衡·问孔篇》作"鄙"，说为鄙陋，则此言鄙德，亦谓德鄙陋也。
3	《虞夏书》	《尧典》	舜让于德	【疏】舜辞让於德，言己德不堪嗣成帝也。	让于德，让于有德之人也。或曰谦逊，自以其德不足为嗣也。	疏：言德不足以悦服人也。
4	《虞夏书》	《尧典》	惇德允元	【疏】又当厚行德信，而使足为善长。	德，有德之人也……言当厚有德，信仁人，而拒奸恶也。	注：史迁说为"论帝德，行厚德，远佞人"。疏：信贤远佞……厚德信善
5	《虞夏书》	《皋陶谟》	允迪厥德	【疏】为人君者，当信实蹈行古人之德	皋陶言为君而信蹈其德	注：史迁作"信其道德，谋明辅和"。疏：德者，《淮南·齐俗训》云："得其天性谓之德。"天性，谓五常之性……言信由其德……《管子·心术篇》云："德者道之舍。"舍谓得於心也。
6	《虞夏书》	《皋陶谟》	亦行有九德	【疏】人性虽则难知，亦当考察其所行有九种之德。	总言德之见于行者，其凡有九也。	疏：行者，《周礼·师氏》："以三德教国子。"郑注云："在心为德，施之为行。"……九德谓栗、立、恭、敬、毅、温、廉、塞、义之德，所以扶拔九行。

序号	篇类	篇目	所在语句	唐孔颖达《尚书正义》	宋蔡沈《书集传》	清孙星衍《尚书今古文注疏》
7	《虞夏书》	《皋陶谟》	其人有德	【疏】人欲称荐人者,不直言可用而已,亦当言其人有德。问其德之状,乃言曰其德之所行某事某事。以所行之事为九德之验,如此则可知也。	总言其人之有德也。	/
8	《虞夏书》	《皋陶谟》	日宣三德	【疏】若人能日日宣布三德	"三德、六德"者,九德之中有其三、有其六也。	注:郑康成曰:"三德、六德者,皆'乱而敬'已下之文。"疏:言早夜旬宣三德,以敬勉有家之人。家,谓有采地之臣……郑注见《书》疏。云"'乱而敬'已下之文",是以三者为简、刚、彊三德。
9	《虞夏书》	《皋陶谟》	日严祗敬六德	【疏】若日日严敬其身,又能敬行六德		疏:此六德,郑意以为"乱而敬"至"彊而毅"之文。
10	《虞夏书》	《皋陶谟》	九德咸事	【疏】使九德之人皆得用事	则九德之人咸事其事。	疏:言合受三六德之人,偏用之。
11	《虞夏书》	《皋陶谟》	天命有德	【疏】天又命用有九德,使之居官。	言天命有德之人	/
12	《虞夏书》	《皋陶谟》	迪朕德	【疏】天下之人皆蹈行我德	帝言四海之内,蹈行我之德教者,是汝功惟叙之故	注:史迁说为"道吾德,乃女功序之也"。疏:迪,道。道者,达也。

序号	篇类	篇目	所在语句	唐孔颖达《尚书正义》	宋蔡沈《书集传》	清孙星衍《尚书今古文注疏》
13	《虞夏书》	《皋陶谟》	群后德让	【疏】与群君诸侯以德相让	丹朱在位,与助祭群后以德相让,则人无不和,可知矣。	注:史迁说为"群后相让"。郑康成日:"云'群后德让'者,谓诸助祭者以德让。已上皆宗庙堂上之乐所感也。"疏:德让犹言陟让,德、陟声相近。说文:"德,升也。"《周礼·大卜》注:"陟之言得也,读如'王德翟人'之德"。德、登亦音之转,故《公羊传》以"得来"为"登来"。此"德让"依今文义则是迎尸……云"谓诸侯助祭者以德让"者,郑以德为让之美德。
14	《虞夏书》	《禹贡》	祇台德先	【疏】又天子立意常自以敬我德为先	当此之时,惟敬德以先天下,则天下自不能违越我之所行也。	注:郑康成日……其敬悦天子之德既先疏:《白虎通·姓名篇》引《刑德放》日:"尧知命,表稷,契赐姓子、姬,皋陶典刑,不表姓,言天任德远刑。"

三、今文《尚书·虞夏书》中"罚"字经典训诂一览表

序号	篇类	篇目	所在语句	唐孔颖达《尚书正义》	宋蔡沈《书集传》	清孙星衍《尚书今古文注疏》
1	《虞夏书》	《甘誓》	今予惟恭行天之罚	【疏】故我今惟奉行天之威罚,不敢违天也。	今我伐之,惟敬行天之罚而已。	注:墨翟书作:"……'……予共行天之罚也。'"疏:言谨行天罚。

四、今文《尚书·虞夏书》中"民"字经典训诂一览表

序号	篇类	篇目	所在语句	唐孔颖达《尚书正义》	宋蔡沈《书集传》	清孙星衍《尚书今古文注疏》
1	《虞夏书》	《尧典》	黎民于变时雍	【疏】其万国之众人於是变化从上,是以风俗大和。	黎,黑也。民首皆黑,故曰黎民。	疏:应劭曰:"黎,众也。时,是也。雍,和也。言众民於是变化,用是大和。"……"民",《汉书》注师古一引作"萌"。
2	《虞夏书》	《尧典》	厥民析	【疏】此时农事已起,不居室内,其时之民宜分析适野,老弱居室,丁壮就功。	析,分散也。先时冬寒,民聚于隩。至是则以民之散处而验其气之温也。	注:史迁"厥"为"其",下同。疏:析者,高诱注《吕览·仲春纪》,引经说之云:"散布在野。"《史记·司马相如传·索隐》引如淳云:"析,分也。"言使民分散耕种。
3	《虞夏书》	《尧典》	厥民因	【疏】於时苗稼以殖,农事尤烦。其时之民,老弱因共丁壮就在田野。	因,析而又析,以气愈热而民愈散处也。	疏:因者,《释诂》云:"儴,因也。"《说文》云:"汉令,解衣耕谓之襄。"盖谓民相就而助成耕耨之事。
4	《虞夏书》	《尧典》	厥民夷	【疏】於时禾苗秀实,农事未闲,其时之民,与夏齐平,尽在田野。	夷,平也,暑退而人气平也。	注:史迁作"其民夷易"疑衍"夷"字。疏:史公"夷"作"易"者,《释诂》文。夷读当如《泰誓》"夷居"之夷。《谥法解》云:"安心好静曰夷。"时无农功也。
5	《虞夏书》	《尧典》	厥民隩	【疏】於时禾稼已人,农事闲暇。其时之人,皆处深隩之室	隩,室之内也。气寒而民聚于内也。	注:史迁作"其民燠"。疏:孔安国注《论语》云:"奥,内也。"《尔雅·释宫》云:"西南隅谓之奥。"是为内也。
6	《虞夏书》	《尧典》	下民其咨	【疏】在下之人,其皆咨嗟,困病其水矣。	/	/

序号	篇类	篇目	所在语句	唐孔颖达《尚书正义》	宋蔡沈《书集传》	清孙星衍《尚书今古文注疏》
7	《虞夏书》	《尧典》	黎民阻饥	【疏】众民之难难在於饥	/	注:郑康成曰:"阻读曰俎。阻,厄也。时读曰蒔。始者,洪水时,众民厄于饥,汝居稷官,种蒔五谷以救活之。"
8	《虞夏书》	《皋陶谟》	在安民	【疏】在於能安下民	在于安民……安民,仁之事也。	疏:民,谓众民;人,谓官人也。《诗·假乐》云:"宜民宜人。"传云:"宜安民,宜安人也。"疏云:"民、人,散虽义通,对宜有别。"引此经文……宗族贵戚人才不一,务在知而器使之。民众在下,在偏安之,其政乃可及远也。
9	《虞夏书》	《皋陶谟》	安民则惠	【疏】能安下民,则为惠政	哲,智之明也;惠,仁之爱也。能哲而惠,犹言能知人而安民也。	注:史迁……"安民"作"能安民"。疏:言知人则能器使,安民则众民思归之也。
10	《虞夏书》	《皋陶谟》	黎民怀之	【疏】众民皆归之矣。	/	疏:言知人则能器使,安民则众民思归之也。
11	《虞夏书》	《皋陶谟》	自我民聪明	【疏】以天之聪明视听,观人有德,用我民以为耳目之聪明。	天之聪明非有视听也,因民之视听以为聪明。	疏:民者,人也,统贵贱言之。《孝经》云:"民之行也。"《释文》云:"本作'人'。"《坊记》郑注云:"先民,谓上古之君也。"《春秋·左氏》成十三年《传》:"民受天地之中以生。"疏云:"民,谓人也。"庄廿三年《传》:"所以整民。"疏:"民,谓氓庶,贵贱者皆是也。"民对天言之,自当为人。
12	《虞夏书》	《皋陶谟》	自我民明威	【疏】又天之明德可畏,天威者,用我民言恶而叛之,因讨而伐之,成其明威。	天之明畏非有好恶也,因民之好恶以为明畏。	
13	《虞夏书》	《皋陶谟》	下民昏垫	【疏】下民昏惑沈溺,皆困水灾。	下民昏瞀垫溺,困于水灾,如此之甚也。	注:史迁说为"下民皆服於水"。郑康成曰:"昏,没也。垫,陷也。禹言洪水之时,人有没溺之害。"疏:禹言所以汲汲者,以洪水漫天,包驾山谷,下民有泯陷之患。

续表

序号	篇类	篇目	所在语句	唐孔颖达 《尚书正义》	宋蔡沈 《书集传》	清孙星衍 《尚书今古文注疏》
14	《虞夏书》	《皋陶谟》	烝民乃粒	【疏】於是天下众人乃皆得米粒之食	烝,众也。米食曰粒……然后庶民粒食,万邦兴起治功也。	注:史迁说"众民乃定,万国为治"……郑康成曰:"粒,米也。乂,养也。众民乃复粒食,万邦作相养之礼。"疏:众民粒食,万国始治……史公说"烝"为"众"者,释诂文。
15	《虞夏书》	《皋陶谟》	予欲左右有民	【疏】我欲助我所有之人,使之家给人足	言我欲左右有民	注:马融曰:"我欲左右助我民,汝当翼成我也。"疏:左右者,《释诂》云:"导也。"又与助转训。《易·泰》象曰:"以左右民。"郑注云:"左右,助也。"

五、今文《尚书·商书》中"酒"字经典训诂一览表

序号	篇类	篇目	所在语句	唐孔颖达 《尚书正义》	宋蔡沈 《书集传》	清孙星衍 《尚书今古文注疏》
1	《商书》	《微子》	我用沈酗于酒	【疏】今我纣惟用沈湎酗酱於酒	而子孙沈酗于酒……"沈酗"言我而不言纣者,过则归己,犹不忍斥言之也。	疏:经文言"我",不斥言纣者,为尊亲讳。
2	《商书》	《微子》	方兴沈酗于酒	【疏】纣既沈湎,四方化之,皆起而沈湎酗酱於酒,不可如何。	"方兴"者,言其方兴而未艾也。此答微子"沈酗于酒"之语,而有甚之之意。	疏:江氏声云:《史记》无'方兴沈酗于酒'六字,疑衍文",是也。

注:1. 统计发现,今文《尚书·虞夏书》中"天""德""罚""民""酒"字分别出现 18 次、14 次、1 次、15 次、0 次。

2. 因今文《尚书·虞夏书》中未出现"酒"字,故今文《尚书》中"酒"字的经典训诂情况以今文《尚书·商书》为例。

后　记

　　本书是在我的博士论文基础上修改而成的。"默默扬子留追忆,盈盈翼心踏征程。"回首读博生活,历历在目,收获满满,感慨良多。悠悠之五载,又如白驹之过隙,忽然而已!拙文初就之时,正值武汉院患清零之日,心绪繁杂!尽管书稿仍有诸多欠缺,但也算是对前期努力的一个交代。在此,我要特别感谢给予我鼓励与帮助的人,然词终不能尽意,谨以片言只语,聊表内心无限谢忱!

　　首先衷心感谢我的导师钱宗武教授及师母。遥想当年,《尚书》之语之音如诗如歌,萦绕耳畔心间数年,美不胜收!有幸于学界盛会一睹恩师风采,听闻师名,如雷贯耳!先生儒雅谦恭、学识渊博,为传承经典、弘扬《书》学,献完青春献一生。专事《尚书》研究数十年,焚膏继晷、笔耕不辍、呕心沥血、成果丰硕、培植后学、言传身教、爱生如子、桃李天下,令人敬仰与感动!得友人力荐,蒙先生不弃,忝列师门。先生于我,厚爱有加、寄以厚望,耳提面命、用心良苦,启我于曲路,示我以通途,传授治学之要,教会为人之道。随师辗转香江、忠州、金城拓展视野,受益良多。书稿从斟酌选题至研究思路,从框架结构至细枝末节,皆得先生精心指导。在书稿付梓之际,又拨冗写下长序,言辞之间饱含对我的厚爱与期望!奉报先生殷殷之情,务当"惟日孜孜、无敢逸豫"。师母乃大家闺秀、名门之女,书香陶染、慈爱温和,求学期间,悉心关爱、谆谆教诲,不胜感激!

维扬学府,鸿儒咸聚。今欲诚谢其他桃李之恩:柳宏教授、徐林祥教授、朱岩教授、于广元教授等,热肠古道、铭念心髓;徐时仪教授、张美兰教授等不吝赐教,记忆犹新;孟蓬生教授、黄南津教授、韩高年教授等,素昧平生、如旧相识;曹炜教授、顾明栋教授、于淼博士、陈旭老师等,真诚之意,难以忘怀。然片纸难陈,恐挂一漏万。

瘦西湖畔,紫藤情深。求学之时,赖同门、同窗之弼佐共勉,相互关爱,幸哉乐哉!同门学长陆振慧、陈树、王祖霞、陈丹丹等,同窗学友葛厚伟、沈思芹、秦力等,皆四海菁英,切磋指导,弥足珍贵。

落其实者思其树,饮其流者怀其源。双亲操劳,白发日添,行动日缓,然疼我爱我之心只增不减,叹我多年无暇事亲尽孝,吾心常凄凄,但祈父母幸福安康!似水流年、日复一日,夫君鼎力支持、默默付出,小女聪颖勤奋、自立自强,让我少了很多牵挂,多了很多欣慰。

江淮大地、人杰地灵,才疏学浅,三生有幸。工作之中,幸得领导之厚爱,耐心包容、指点迷津、言传身教、催我奋进;幸有同仁之援手,加班加点、尽心尽力,倾情付出、无私无悔。遂以感恩感激之心,表示诚挚谢意!

江苏人民出版社的相关老师为本书的出版付出了辛勤的劳动,在此一并致谢!

翟明女

2021 年 2 月于淮安